市会町村会 議事必携
【昭和5年 訂正再版】

大塚辰治 著

地方自治法研究
復刊大系〔第二六九巻〕

市会
町村会

議事必携

〔昭和五年 訂正再版〕

日本立法資料全集 別巻1079

信山社

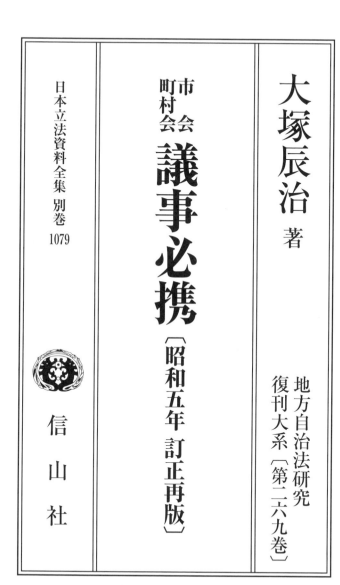

大塚辰治著

市會町村會議事必携

自治館發兌

大塚辰治著

市會
町村會
議事必携

自治館發兌

序

市町村自治の發展は其の住民の共同の力に依るべきは勿論なるも、民意を代表する市町村會議員の献身的努力に俟つこと大なるは言ふ迄もない。蓋し現行市町村の制度は所謂市町村會を中心とし、市町村の意思は茲に決せられ、理事機關を選任するの權限を有するからである。

然し制度は各般に渉り精細な定めをしてゐるので、之を實際に適用して遺憾なきを期するのは、議員として可成の難事であるとの聲を數次聞いてゐる。依て議員を中心として制度の研究を遂げ、少くとも市町村會關係者として制度の運用を爲し、自治公民としての責務を果すに便ぜしむるは、永く自治行政に關係してゐる私等の奉仕すべき時務たるを覺えたので、茲に菲才を顧みず稿したものが卽ち本書である。

本書の載する所は深遠な理論を避け專ら實務に重きを置いたのであるが、小冊子の事とて其の闕く所あるを愢るるのである。幸ひに微意を諒せられ本書が自治行政の運用上幾分なりとも裨補するあらば私の欣幸之に過ぐるものはない。

山陽旭川の淸水を汲みて

昭和二年五月　　著　者　識

改訂に際して

曩に本書を刊行した著書の心持は、凡そ市町村の行政は其の團體員たる市町村住民の一致協力に俟たねばならないから、其の選良たる市町村會議員が中心となり、理事者と提携して行くことが緊要であり、又其の責務も重大であるので、議員及公民を中心として市町村の制度を通俗的に解說し、以て市町村行政の運用上幾分なりとも手助をしたい希望であつた。

今や市制町村制は再び大改正が行はれ、而かも今次の改正は地方分權卽ち自治權の擴充を目途としたものであつて、其の實質は專ら市町村議會中心主義への進出である。議員に發案權を與へたこと、市町村會の意見書の提出權を擴張したこと、所謂原案執行に制限を加へたこと等擧げ來れば誠に著しい。此の改正から見ても市町村行政上市町村會議員の責務は更に一層增大して行くことは明である。加之從來御役所式の市町村行政は、今や其の舊套を脱し市町村住民に對しよりよきサービスを提供すべき、公共的勞務管理機關としての役目を果すべき地位に導かれたのであつて、制度の運用も亦愈々大衆的でなければならなくなつた。

改正制度の經過、理由、見解及之に關聯した諸問題に付ては、既に『地方制度改正詳解』として拙著を刊して置いたので、詳細は之に依つて知つて頂けることと思はれるが、此の改正に伴ひ本書中にも當然改むべき節々を生じて來た。依つて初め本書を刊行した當時の心持のまゝ、茲に改訂を加へることにしたのである。之により市町村行政に關與する自治公民の各位に、幾分なりとも資し得る所あれば誠に欣快に堪へないものがある。

昭和四年晩秋

阪急豐中に紅葉を賞でつゝ

著者識

市會 町村會 議事必携 目次

市町村會 市町村會議事必携

大塚辰治著

第一章　市町村會とは何か

市町村は其の住民の共同の福利を增進する目的を有する公共團體である。換言すれば此の市町村は共存共榮の目的を有する人の集合體である。從て市町村は其の存立の目的を遂する爲に、諸般の施設經營を爲し、又外部に向つて其の意思を表示し、必要な行爲をせねばならないのであるが、市町村は元來多數人の集合體であるから、市町村を組成する住民各個の意思はあつても、團體として纏つた意思はない。而して其の團體として意思を定むるに方り、多數住民の意見を一々聞き正して、其の人々の意見の一致した所を以て、市町村の意思とすることも一方法ではあるが、人は顏容の異ると同樣に、其の意見は異つてゐるのが通例で、俗に十人十種と云ふが誠に左樣である、僅に數人の人を引合せて見ても、其の意見が合致することは誠に稀なことである。況して千、五千、萬、十萬、百萬と非常に多數の住民のある市町村に於ては、各人の意見を聞くと云ふことが既に困難であるばかりでなく、其の一致する所を以て市町村の意思なりとすることは實際不可能事である。故に市町村の意思を定むるには、別に一定の機關を設け、其の機關に依て決定せられた所を以て、市町村の意思、即ち市町村住民全體の代表的意見であるとせねばならぬ。此の機關が即ち市に於ける市會で、町村に於ける町村會である。尤も市にありては市會の外に市參事會があり、市會の委任に基きて市の意思を決定するのであつて、矢張り一の意思機關である。又町村にありては人口少數にして町村會を組織し難き場合に町村公民總會を設けて、町村の意思を決定せしむるが、之れは全くの例外であつて、全國一萬二千の町村中僅に一ヶ村實例があるばかりである。此の市參事會及町村公民總會に付ては、別章で說明することとし、玆には暫く說明の外として置く。

如斯市會町村會は市町村の意思を決定する機關であるから、稱して意思機關としてゐる。而して市會も町村會も共に、多數の市町村會議員を以て組織し、其の多數の意見を綜合して議決するのであるから、一面之を議決機關と稱するのである。

而して市町村會を組織する議員の定數は、市制町村制に夫々規定せられてゐるのであるが、市會と町村會とは議員の定數が異つてゐる。

一　市會議員の定數は通常左の通りである（市制第十三條）。

一	人口五萬未滿の市	議員	三十人
二	人口五萬以上十五萬未滿の市	同	三十六人
三	人口十五萬以上二十萬未滿の市	同	四十人
四	人口二十萬以上三十萬未滿の市	同	四十四人
五	人口三十萬以上の市	同	四十八人

人口三十萬を超ゆる市に於ては人口十萬毎に議員四人を增加し、人口五十萬を超ゆる市に於ては人口三十萬を加ふる每に議員四人を增加するのである。

二　町村會議員の定數は通常左の通りである（町村制第十一條）。

一	人口五千未滿の町村	議員	十二人
二	人口五千以上一萬未滿の町村	同	十八人
三	人口一萬以上二萬未滿の町村	同	二十四人
四	人口二萬以上の町村	同	三十人

以上は通常の場合の定數なるも、市町村の事情に依り特別の必要あるときは、市町村條例の定むる所に依り、議員定數を增減することが出來る。而して議員定數の增加を爲す條例を增員條例と謂ひ、定數の減少を爲す條例を減員條例と言ふのであつて、此の議員定數の增減を爲すのは、原則として總選擧を行ふ場合であるが、特に必要あるときは市にありては內務大臣の許可を受け、町村に在りては府縣知事の許可を受け、必要の時期に於て夫々增減することが出來るのである。而して此の定數の增加を

爲すは如何なる場合に於てするか、市町村の發展著しく、法定の定數にては克く市町村民の意思を反映せしめ得ざる場合か、議員選出上地方的代表者を出し難き場合、又は町村合併市域擴張等の際に於て之が必要を生ずる場合である。

而して此の市町村會の權限如何と云ふに、其の議決機關たる本質上、市町村會は其の市町村に關する一切の事件を議決すべきものであつて、苟も市町村の意思決定に付ては原則として市町村會の議決を經ねばならぬのである。此の市町村會の議決權は所謂概括主義に依るものであり、府縣會の議決とは餘程範圍が廣いのである。即ち府縣會も亦府縣の意思を決定する機關であるが、其の議決すべき權限に付ては法令中に府縣會の議決を經べき旨明定してある場合に限るべきもので、其の明文なき事件に關しては、假令府縣に關する事件にして府縣としての意思決定を爲すべき場合であつても、府縣會としては之を議決するの權限を有せない、此の府縣會の議決權は所謂列擧主義に依るものであつて、市町村會の議決權は之に比し遙に範圍の廣いものである。而して市町村には市町村の意思に基き之を執行すべき機關がある。之を執行機關又は理事機關と云ひ、市町村長等之である。又其の市町村長の事務を補助すべき機關として、助役、收入役、書記等の吏員がある。而して此の執行機關たる市町村長は市町村を代表し、市町村を統轄する權限を有するのであるが、市町村の事務を執行するには常に市町村會の議決した範圍内に於てのみ之を爲すべきものであつて、苟も市町村會の議決なく又は議決の範圍を超越して執行することは不法である。尤も之に對しては一二の例外の場合はあるが、通例の場合に於ては此の原則を遵守すべきものである。

以上の如く市町村には議決機關及執行機關の兩者を有してゐるのであるが、殊に市町村會は市町村の意思を決定すべき機關にして、其の權限は實に廣汎なものがあつて、市町村會は實に市町村の中心機關たるの地位を有してゐる。斯くして市町村會は其の地位重く、從て其の責任も亦大なるを思はねばならぬ。然るに市町村會は理事者の發案を論議批判するの地位にあるを奇貨とし、所謂理事者虐めの毒舌詭辯を弄し、不當に理事者の發案を修正否決して、遂に理事者をして其の抱負經綸を實施せしめ得ざらしむるが如き、或は法の命ずる職責を紊りにし、延て市町村住民の福利を減耗するに至らしむるが如きは、實に其の公器を毒するものにして、神聖なるべき自治の機關として許容すべきものでない。

惟ふに法制が意思機關と執行機關とに之を分ち、各其の權限を行使せしむる所以のものは、兩機關が相互に協力提携し、且つ其の掣肘補足して、市町村の行政を誤らざらしめ、以て市町村の公共の福利を增進せしめむとするものである。殊に市町村會は市町村の代表的意思の決定を爲すものにして、而かも執行機關たる市町村長を選擧し其補助機關たる助役、參與、收入役、副收入役、收入役代理、委員、區長、其の代理者等を選擧し又は決定するの權限をも有するものなるを以て、謂はゞ市町村會は、理事者の生み親たるが故に、之を裨補し之と協力するは當然の義務である。市町村會を組成する議員たるもの、宜しく地位職責の重きを自覺し、市町村住民の公正なる意思の代表者と爲り、一市町村の福利の增進を念とし、苟も私怨私曲あるべからざるは勿論、理事者の庇護者とし侶伴となりて、其の自治の健實なる達成に努力すべきものである。

第二章　市町村會議員

第一節　市町村會議員とは何か

市町村會議員は市町村の意思機關たる市町村會を構成する要職にして、市町村公民の擔任すべき名譽職であつて、市町村公民中選擧權を有する者に依り選擧せられたものである。其の職責は市町村會を組織し、法の命ずる所に依り克く其の義務を果すべきものであると共に、議員相互は一致協力して意思機關たる市町村會の機能を完からしむべきものである。惟ふに國家の發展は先づ基礎團體たる市町村の發達に俟つところ鮮少でない。而して市町村自治の發展は、市町村公民の自覺に依り一村一町共同緝睦の美風を致すべき要あるべしと雖も、先づ以て理事者たる市町村長と市町村會を構成する議員とが相提携し相協力し、以て市町村自治の圓滿なる進展に努力するの要、實に大なるものがある。殊に市町村會議員は理事者たる市町村長其の他の吏員を選任するの權限を有し、市町村の意思を決定し、市町村長其の他吏員の事務の執行出納の狀況を檢閲檢査するの權限を有するものなるを以て、若し議員にして其の地位を惡用し、徒黨を組みて相爭ひ、果ては自黨自派に有利なる理事者を擧ぐるに急にして、眞に公正にして手腕ある市町村長の選任を爲すことをせず、其の自派自黨に屬せざる理事者なるときは、名を愼重審議に藉りて、所謂理事者虐めの醜態を演じ、緊要なる施設も、有用なる事業も無下に其の成立を阻み、遂に市町村長をして抱負經綸を實現せしめざるが如きは、實に其の害毒の良民を災し、自治の破綻を甚しうするものであつて、如斯は名譽ある市町村會議員の職務に寸時もあらしむべきものでない。議員たる者は宜しく自己の職責を感じ、殊に多數公民の輿望を荷負ひて出たる選良たるを自覺し、克く其の住民の正當なる意思の反映に心掛け、苟も私怨私曲の爲め公器たる重職を過らざらむことに意を注ぎ、以て眞に光輝ある自治の發展に努力すべきである。

第二節　議員たるの資格

市町村會議員たるの資格は、市町村公民にして市町村會議員の被選擧權を有することを要するのである。

市町村公民とは何を言ふか、市町村住民中市町村行政に參與することを得べき一定の資格要件を具備する者を指すのである。市町村行政に其の住民の悉くをして參與せしむるは、或は一の理想かも知れないが、市町村住民中には自然人もあり法人もあり、男もあり女もあり、老人もあり幼兒もあり、內地人もあり外國人もあり、富者もあり貧者もある。貴きもあり賤しきもある、而かも市町村住民の要件としては、其の市町村に於て現に住所を有すれば足るものなるを以て、其の住所期間の餘りに短きものに在りては、往々市町村に對する理解乏しく、責任觀念の薄き者があり、又其の年齡の餘りに幼若にして自治行政の何たるかを理解せざるものがないとは云へない。之が爲め從前にありては市町村に對する納稅を爲す者、及獨立生計を爲す者等の詳細なる制限を設けて公民たるの資格を局限せるも、今や普通選擧制と爲りたれば、市町村會議員の選擧資格中より如斯經濟的要件は除かれ市町村公民たるには左の要件を具備すれば足るのである（市制第九條町村制第七條參照）此の要件を公民たるの積極要件と云ふ。

1帝國臣民タル男子タルコト
2年齢二十五年以上タルコト
3二年以來市町村住民タルコト

即ち公民たるの資格は帝國臣民たる男子に限り。外國人又は女子に對しては之を與へず。又選擧せらるるの時に於て必ず年齢二十五年以上（滿二十五歳以上）たるものなるべく、且つ引續き二年以來其の市町村の住民たることを要するのである。假令前後通算して二年以上住所を有するも。若し中途他市町村の住民となりし者は之に該當せないのである。尤も此の二年の期間の計算に關しては。市町村の配置分合又は境界變更があつた爲め。從來甲町村の住民なりし者が乙市町村の住民となりたる場合は。甲乙兩市町村に於ける住民たる年限を通算して二年以上たるときは。乙市町村に於て公民たるの資格を有するのである。又此の二年の制限は市町村會の議決に依り特免し得る途が開かれてゐるから、之に依り特免せられたるときは、必ずしも二年以來住民でなくても、現に住民たれば何等差支ないのである。

然らば以上の資格を具備すれば、直に公民たるに差支ないかと云ふと、更に左に揭ぐる事項に該當するときは、假令以上の要件を具備してゐても、公民たることを得ないのである。

1 禁治產者及準禁治產者
2 破產者ニシテ復權ヲ得サル者
3 貧困ニ因リ生活ノ爲メ公私ノ救助ヲ受ケ又ハ扶助ヲ受クル者
4 一定ノ住居ヲ有セサル者

5 六年ノ懲役又ハ禁錮以上ノ刑ニ處セラレタル者

6 刑法第二編第一章、第三章、第九章、第十六章乃至第二十一章、第二十五章又ハ第三十六章乃至第三十九章ニ掲クル罪ヲ犯シ六年未滿ノ懲役ノ刑ニ處セラレ其ノ執行ヲ終リ又ハ執行ヲ受クルコトナキニ至リタル後其ノ刑期ノ二倍ニ相當スル期間ヲ經過スルニ至ル迄ノ者但シ其ノ期間五年ヨリ短キトキハ五年トス

7 六年未滿ノ禁錮ノ刑ニ處セラレ又ハ前號ニ掲クル罪以外ノ罪ヲ犯シ六年未滿ノ懲役ノ刑ニ處セラレ其ノ執行ヲ終リ又ハ執行ヲ受クルコトナキニ至ル迄ノ者

以上(1)乃至(7)の事項を公民たるの消極要件と稱し、之に該當する者は假令公民たるの積極要件を具備してゐても、其の間公民たることを得ないのである。故に『帝國臣民タル年齡二十五年以上ノ男子ニシテ二年以來其ノ市町村住民タル者』にして右

消極要件に該當せざる者に限り市町村公民として等しく選擧權を有するのである（市制第十四條町村制第十二條）。尤も其の者が後述の如く正當の事由なくして『名譽職ノ當選ヲ辭シ又ハ其ノ職ヲ辭シ若ハ其ノ職務ヲ實際ニ執行セサルカ』爲め、市町村會の議決に依り一定期間其の公民權を停止せられたる者なる場合に於ては、其の期間内にありては公民權を行使し得ないのであるから、從て選擧權をも有せないこととなる。又公民にして『陸海軍軍人ニシテ現役中ノ者（未タ入營セサル者及歸休下士官兵ヲ除ク）及戰時事變ニ際シ召集中ノ者』並『兵籍ニ編入セラレタル學生生徒（勅令ヲ以テ定ムル者ヲ除ク）及志願ニ依リ國民軍ニ編入セラレタル者』なるときは公務に參與することを禁止せられてゐるから（市制第十一條町村制第九條）、矢張り之に該當する間は選擧權を有しないのである（市制第十四條但書町村制第十二條但書）。

而して選擧權を有する市町村公民は被選擧權を有し、玆に完全に議員たるの資格を有するのであるが（市制第十八條町村制第十六條）之に關しても例外がある。

1『在職ノ檢事、警察官吏及收稅官吏』は假令選擧權を有するも、被選擧權を有せない（市制第十八條第二項町村制第十六條第二項）。

2『選擧事務ニ關係アル官吏及市町村ノ有給吏員』は假令選擧權を有するも、其の關係區域內に於ては被選擧權を有せない（同條第三項）。

右に列擧した以外の公民にして選擧權を有する者は總て被選擧權を有することとなるのであるが、夫れが總て議員となり得るかと云ふに、更に左の如き制限が設けられてゐる。

1『市町村ノ有給ノ吏員敎員其ノ他ノ職員ニシテ在職中ノ者』は其の自己の奉職して

ゐる市町村の市町村會議員と相兼ぬことが出來ない（市制第十八條第四項町村制第十六條第四項）。故に是等の者にして市町村會議員に當選せむとするときは、豫め其の職を罷めなければ議員に當選することは出來ないのである。

2『判事。行政裁判所評定官。陸軍法務官。海軍法務官。會計檢査院檢査官』等に在職する者は假令選擧權があるにしても、在職中議員たるを許されないのである（各關係法令參照）。

被選擧權を有する者にして右に該當することなき者に限り、初めて市町村會議員となり得るものと解してよい。但し實際議員となるに付ては尚ほ左の如き制限を受くる者もある。然し之れは當選に應ずる要件であるから、其の議員たるの資格としては何等缺陷があるのではない。

1 前に記述した以外の官吏にして當選したる者は其の所屬長官の許可を受くること（市制第三十二條第四項町村制第二十九條第三項）。

2 『市町村ニ對シ請負ヲ爲シ又ハ市町村ニ於テ費用ヲ負擔スル事業ニ付市町村長若ハ其ノ委任ヲ受ケタル者ニ對シ請負ヲ爲ス者若ハ其ノ支配人又ハ主トシテ同一ノ行爲ヲ爲ス法人ノ無限責任社員、役員若ハ支配人』にして當選したるときは、直に其の請負を罷め又は請負を爲す者の支配人若は主として同一の行爲を爲す法人の無限責任社員、役員若は支配人たることを罷めねば其の當選に應じ、議員たることが出來ない（市制第三十二條第六項町村制第二十九條第五項）。

市町村會議員たるの資格は選擧當時に於てのみ之を有すれば足るか否かと云ふに、其の議員たる間は常に之を持續せねばならぬのであつて、其の選擧の日に於て資格を有するも當選確定する迄に其の資格を失ふときは。自然其の當選を失ひ又議員たる後其の資格を失ふときは、議員を失職するに至るのである。

尙ほ公民として例外のものがある、即ち有給市參與、市助役、有給町村長、有給町村助役。市町村收入役及副收入役等は假令公民にあらざるも、其の在職中公民權を付與せられ、選擧權を行使し得らるるのであるが、是等は何れも有給吏員なるを以て當選に應じ議員たるを得られざる者なるを以て、玆には之に關し詳細な說明は省いて置く。

（註公民權竝議員の選擧權及被選擧權に關しては拙著「市制町村制逐條解說」上卷參照）

第三節　議員の任期

市町村會議員の任期は通例四年にして、總選擧の日より之を起算せらるべきである(市制第十九條町村制第十六條)。玆に總選擧とは議員定數全員を選擧する選擧を指稱し、任期滿了に依る改選、總辭職に依る選擧、選擧全部無效に依る選擧、市町村會の解散に伴ふ選擧等之である。又總選擧の日より之を起算すとは、總選擧の日より議員としての任期の計算を初むべきことを意味したるものにして、即ち總選擧の日より五年目の總選擧應當日の前日に於て任期滿了するものである。例へば昭和二年四月一日に選擧行はれたるときは、其の選擧に依り選出せられたる議員の任期は昭和六年三月三十一日に至り滿了するものである。

如斯議員の任期は通例四年間なるも、之に關しては一二の例外がある。

一　補闕選擧に依る議員　補闕選擧に依り選出せられたる議員は、其の任期を四年とするときは、總選擧に依り選擧せられたる議員との間に任期滿了の日を異にするの不便あるを以て、此の場合は一の例外が設けられてゐる。卽ち補闕議員は前任者の殘任期間在任することとなつてゐる（市制第二十條町村制第十七條）。例へば總選擧が昭和二年四月一日に行はれ、後補闕選擧が同年十月一日に於て行はれたるときは、之に依り選出せられたる議員の任期は、昭和六年三月三十一日に至りて終るものであつて、滿四年間在任することを得ないのである。

2 增員選擧に依る議員　議員定數に異動ありて議員の增員を要し、之が選擧を行ひたる場合に於て、其の當選議員の任期は矢張り總選擧に依り選擧せられたる議員の任期滿了の日まで在任することとせられてゐる（市制第十九條町村制第十六條）。例へば昭和二年四月一日總選擧行はれ、同年十二月十一日增員選擧行はれたる場合に於て、其の選擧に依り選出せられたる議員の任期は、矢張り昭和六年三月三十一日を以て滿了するものである。

第四節　議員の辭任と制裁

市町村會議員は市町村の名譽職にして、之は市町村公民の選擧せらるる權利たると共に、一面之を擔任すべき義務を有するものである。然れども議員擔任の義務は絕對的のものにあらずして正當なる事由あるときは之を辭任する固より妨なきも、若し正當の事由なくして之を辭し又は其の當選を辭し、或は職務を實際に執行せざるときは市町村は之に對し一年以上四年以下其の市町村公民權を停止するの制裁を加へ得るのである（市制第十條町村制第八條）。

茲に正當なる事由とは何か、即ち左の通りである。

1 疾病に罹り公務に堪へざる者

單に病氣に罹りたるのみにして、其の責任を免れるのではない。其の病氣が相當に重態であるか、或は病氣の性質上公務を執ることの出來ない事實がなくてはならぬ。往々單に病氣の故を以て辭し、之が爲め公民權停止の處分を受け、後に兎や角の爭論を生ずることがあるから、此の解釋を誤つてはならぬ。

2 業務の爲め常に市町村内に居ることを得ざる者

此の業務と云ふ中には後述の官公職は包含せないものと解してよい。其の他營業たると否とを問はず、其の人の生計を樹つ上に必要な業務一切を包含するのである。而して其の業務の性質上常時其の住所地市町村内に居住することが出來ず、他市町村に出てゐる者たることを要するのであつて、偶々他市町村に一時出商賣したからとて、直に之に該當はしない。必ず常時其の市町村内に居住の出來ないと云ふ特種の事情がなくてはならぬ。

3 年齡六十年以上の者

滿六十年以上の老年に達した者に限るのであつて、此の場合には疾病に罹ることなく、又常に其の市町村内に居住してゐても差支ないのである。

4 官公職の爲市町村の公務を執ることを得ざる者

官公職とは官吏、官吏待遇者たるは勿論、市町村吏員、議員、其の他の公職に在る者にして、其の官公職の性質上市町村の公務を執ることを得ざる者たるべきである。故に官公職にありと雖も、其の性質上市町村の公務を執るに何等妨なきものなるときは、之を以て辭任の理由となすに足らないのである。

5 四年以上名譽職市町村吏員、市町村會議員、名譽職市參事會員又は區會議員の職に任じ爾後同一の期間を經過せざる者

一定期間其の市町村の名譽職に任じたる者をして、更に引續き名譽職を擔任せしむることは、其の負擔餘りに重きを以て、本號を設けられたのである。即ち四年以上名譽職市町村吏員、議員、參事會員等其の市町村の名譽職たりし者は、之と同一期間內に限り名譽職を擔任する義務を免除するの趣旨である。玆に『四年以上』とあるのは、引續き四年以上名譽職たることを要件とするのであつて、中斷せる期間を前後通算して四年以上たれば足る義ではない。即ち三年にして一旦名譽職を辭任し、更に數ケ月後再び名譽職となり二年を經たるものにありては、前後通算すれば五年以上

とはなるが、途中斷れてゐるから、此の場合は四年以上名譽職にあつたものと云ふことは出來ない。尤も此の名譽職在職期間は必ずしも同一名譽職たることを要せない。例へば名譽職助役にありし者三年にして議員となり、引續き二年其の職にありたるときは兩職を通じて五年以上なるを以て、此の場合に於ては本號に該當し名譽職擔任義務を免かるるのである。而して其の名譽職擔任義務を免るる期間は、『爾後同一の期間』とあるを以て、五年一ヶ月名譽職にありし者は、其の名譽職を罷めたる後五年一ヶ月間に限り名譽職擔任義務を免るるのである。故に其の後に於ては最早や本號の適用に依り名譽職を免るることは出來ない。

6 其の他市町村會の議決に依り正當の理由ありと認むる者

(1)乃至(5)に列記した以外の事由に依り市町村會議員其の他の名譽職を辭したる場

合にありても、其の解任事由に付市町村會に於て之を正當なりと是認したるときは議員等名譽職を解するも別に差支ないのである。

以上(1)乃至(8)の事由に該當するときは、任意に議員の當選を辭し、又は議員を辭することが出來るのであるが。若し之に該當せずして議員を辭したるものなるときは。市町村會は其の議決に依り公民權の停止を命ずることが出來るのである。然らば如何なる事由を以て不可とするか。之を一々列擧することは困難なるも。從前論爭せられた事由であつて。正當の事由と認め難きものを擧ぐると左の通りである。

1 一の名譽職を擔任せるを理由として他の名譽職を辭することは市町村會に於て之を是認せざる限り、直に正當の事由とは云ひ難い。

2 疾病に罹りたるを理由とする場合假令醫者の診斷書あるも、依然他の公務を執る者は尙ほ名譽職を辭する理由とは認め難い。

3 家族中に病人ありとの事由は名譽職を拒辭する事由とは認め難い。

4 町村會が町村制に基き責任を盡すこと能はざるを以て自今辭職すと云ふは正當の事由と認め難い。

5 都合に依り村會議員を辭すと云ふのみにては正當の事由と認め難い。

6 町村事務の紊亂若は町村民の猥雜喧擾の事實は直に以て辭職の事由となすことは出來ない。

7 自己の意見行はれざるに不平を抱き議員たるの職責を盡すこと能はずとして辭職するは之を以て正當事由とは認め難い。

8 町政の紊亂は議員の責任なりとし議員の職を辭するは、之を以て正當の事由と認め難い。

9理由を明示せず辭職するは假りに正當の事由ありと雖も、之を以て其の擔任義務を正當に免れたものとは云へない。

市町村會の議決を以てする制裁は、一年以上四年以下に於て、其の市町村の公民權を停止するのであつて、他に市町村稅の增課其の他の義務を負擔せしむることは出來ない。而かも公民權の停止とは必ず一年以上なるか四年以下なるを要し、一年未滿又は四年を超ゆることは出來ないのである。

若し公民權停止の制裁を受けたる者に於て、自己の主張する事由が正當なるにも拘らず、市町村會が强て之を不當として、公民權停止の處分を爲したるものなるか、或は公民權停止處分の期間が餘りに長くして、法規に照し違法不當なる場合に於て、其の制裁に不服あるときは、府縣參事會に訴願し、其の裁決に不服あるときは更に行政裁判所に出訴することが出來るのである。

府縣參事會に對する訴願は制裁處分を受けたる日より二十一日以內に之を提出すべく。訴願の提出には訴願書を作製し、制裁の議決を爲したる市町村會を經由して府縣參事會に提出すべきものである。此の訴願書には左の事項を記載せねばならぬ。

1 不服の要點　公民權停止の處分が不法不當なるを以て之を不服とする旨を明記すること。

2 不服の理由　何が故に不服なるか。例へば四年以上名譽職を擔任し爾後同一期間內にあるにも拘らず。公民權の停止を爲したるは不當なり等の理由を詳記し、別に之を立證する資料を添附すること。

3要求　公民權停止の處分は違法なるを以て之を取消され度しとか、或は公民權停止期間が不當に永きを以て之を何程に短縮せられ度しとか等の要求を明にすること。

4訴願人の身分、職業、住所及年齡　訴願書には上記の記載を爲し署名捺印すべきである。若し多數人が共同して訴願するときは、各訴願人の身分、職業、住所及年齡を記載して署名捺印し、且其の中より三名以下の總代人を選び、之に訴願に關する一切を委任し、其の總代委任の正當なることを立證する爲め委任狀を添付すること。

5記載　端正に記載することを要し、且其の記載事項が侮辱誹毀に涉らざること。

行政訴訟の提起は、訴願の裁決を受けたる日より三十日以內に爲すべきものであつて其の手續は總て行政裁判法の定むる所に依るべきものである、此の行政訴訟に付ては、普通人に於て取扱ふことは一寸面倒であつて、結局辯護士等其の道の人に委託する外はないと思はれる。

而して公民權停止の處分は、其の處分の確定を俟つて效力を發生するものであるから、訴願又は出訴期間の滿了前、訴願訴訟の提起中にありては、公民權停止處分の執行は當然中止せらるるのである。

而して議員を辭するには通例文書に依り、市町村長に提出又は供述することに依りて、辭任の效力を發生するものであつて、市町村會に於ける辭職事由認定の如何により效力を發生するものではない。故に一旦辭任したる者に對し留任勸告と稱して辭職の撤回を爲すものあるも、既に辭職が正當に效果を發生したる以上、辭職撤回に依り復職すべきものでない。

第五節　議員の權限と制裁

市町村會議員の一般的職務權限は、市町村會を組織し市町村會の有する職務權限を行使するのであるが、更に議員としての權限を尋ぬれば概ね左の點である。

一　會議に列席し議事に參與するの權

議員を設けたる目的が之に依り市町村會を組織せむとするものなるを以て、議員が會議に列席し議事に參與することは當然の事である。但し議員は自己又は父母、祖父母、妻、子孫、兄弟姉妹の一身上に關する事件に付ては、其の議事に參與することは出來ない。尤も市町村會の同意を得たるときは會議に出席して發言することは出來る（市制第五十四條町村制第五十條）。

二　會議招集の請求權

市町村會を招集することは市町村長の專權に屬し、市町村會議員自ら之を爲すことは出來ないのであるが、斯くては、市町村會自ら發案權を有する事件を議するに支障あるを以て、斯かる場合に於ては議員の請求に依り會議の招集を爲さしむることも出來ることとなつてゐる。卽ち議員定數三分の一より會議に付すべき事件を示して市町村會招集の請求あるときは、市町村長は市町村會を招集すべき義務を有するのである（市制第五十一條町村制第四十七條）。故に此の招集請求權を行使するには議員定數の三分の一以上が協同して之を爲すと共に、請求によつて招集せらるる會議に付すべき事件を明示して爲すことが必要である。而して此の會議に付すべき事件とは、次に述ぶるが如く市町村會議員に於て發案權を有する事件でなければならない。

三　發案權

市町村會の議決を經べき事件に付議案を發する權能は原則として市町村長にあるのであつて、市町村會は之に付可否の意見を決するに外ならない。然かも其の議決を爲すことは市町村長の發案權を侵犯せざる範圍に止むべきものであつたから、市町村會の有する議決權――意思決定權――は極めて薄弱のものに過ぎないで、市町村の積極的意思機關は却て市町村長であるかの感を抱かれ、斯くては市町村會が市町村の意思機關として、市町村民多數者の綜合的意思を市町村行政上に發揮することは出來なかつたのである。之が爲め昭和四年市制町村制の改正に方つては、此の點に力を致し、市町村會議員に對してもかなり廣汎なる發案權を付與され、從來存した制度上の缺陷を補足するに至つたのである。

而して市町村會議員の有する發案權は、市町村の豫算にあらざる限り、如何なる事件に付ても隨時發案を爲し得るのである。從つて市町村會議員の發案した事項が可決せられ、其の結果として市町村の經費を要するものであつても、夫れが豫算其のものを發案するのでなければ、任意に發案を爲し得るのである。然かも其の發案が可決せられた場合には、市町村長は之を執行する義務があるのであるが、之が爲め往々財政の膨脹を來し、市町村の經濟に甚しく影響を及ぼす惧あるを以て、かゝる事情のある場合には市町村長はたとへ發案其のものが可決されても、之に伴ふ豫算の追加案を市町村會に提案する義務を有せずとするのが現在主務省の見解である。然し之が見解に對しては多くの反對論があり著者も亦之に服し難いのである。さりとて曩に議會に於て政府委員の答辯したやうに、議員は如何なる事項をも發案し得べく其の發案による議決の執行に伴ひ必要なる豫算の追加は、市町村長は必ず提案して該議決の執行を爲すべきものなりとの論も亦廣義に失するのであらう。惟ふに此の發案權の範圍に付ての正當なる見解としては、豫算其のものは勿論、苟も直に豫算に關係を及ぼすべき諸件に付ては、議員に於て發案を爲し得ざるものと解するが至當である。之は憲法第三十八條に關する見解に徴しても恐らく適當であると思ふ。

而して議員の發案を爲す方式としては、議員三人以上より文書を以て提出することを要し、議場に於て隨時口頭を以て發案することは許されない（市制第五十七條ノ二町村制第五十三條ノ二）。此の發案に付ては、市町村長の發案の場合の如く付議すべき日より三日前迄に提出することを要するや否やの點に付ては、別に制限がないので例へ急施事件にあらざるも直に發案付議し得ることとなつてゐる。然し此の見解に付ても亦考慮を要するものありと思はれる。何れにせよ此の議員發案權の問題は、今回市制町村制の改正に方り、最も注目をひき且つ其の影響する所は甚大であるから、議員其の人に於て法の眞意を理解し、爲めに市町村行政の統制を害するが如き發案を爲すことなきに意を致すべきや勿論である。

四　傍聽禁止の要求權

市町村會は之を公開し傍聽人をして傍聽せしむるを通例とするも、必要に依り其の傍聽を禁止することが出來る。此の傍聽禁止に付ては市會及選擧に依る議長を以てする町村會にありては議員三人以上、其の他の町村會にありては議員二人以上の發議を以て其の要求を爲すことが出來る。此の場合に於ては討論を須ひず其の可否を決すべきである（市制第五十六條町村制第五十二條）。

五　會議開會の請求權

市町村會の會議は議長之を開閉するの權限を有するも、議員定數の半數以上を以てせば、其の日の會議の開會を請求することが出來る。此の場合に於ては議長は必ず開會すべきものにして、若し議長にして此の請求に應ぜざるときは、議長故障あるものとして處理することが出來る（市制第五十七條町村制第五十三條）。

六　會議閉止の異議權

會議の閉會中止は議長の權限なるも、議員は之に對し異議を申立つることが出來る。此の異議あるときは議長は市町村會の議決あるに非ざれば、會議を閉ぢ又は中止することは出來ない（市制第五十七條町村制第五十三條）。

七　會議錄の署名

會議錄は議長に於て之を調製し、會議の顚末を記載すべきものである。此の會議錄は會議の情況を後日に證明する資料なるを以て、議長及議員二人以上の署名を要するものであつて、市町村會に於て會議錄署名者として選擧せられた議員は、會議錄の內容を査閱して、正當なりと認めたるとき。初めて之に署名すべきものである（市制第六十二條町村制第五十八條）。

以上は議員としての權限なるも、又一面議員として服膺すべき義務がある。

一　選擧人の指示又は委囑を受けざること

市町村會議員は其の公務たるを重んじ、苟も選擧人の指示を受け又は委囑を受け自己の正當なる意思に依る活動を阻止すべからざるは勿論、之に由りて私曲を圖り公益を害するが如きことがあつてはならぬ、之れは餘りに當然のことであつて其の公器たるの性質より見て嚴に戒しめねばならぬ(市制第五十八條町村制第五十四條)

三　言論を愼むこと

議員は市町村の公益上必要なることに付ては、誠心誠意を以て克く其の意見を吐露し、市町村の福利を增進することに心掛けねばならぬ。さりとて勢ひに委せて會議中無禮の語を用ゐ、又は他人の身上に涉り言論するが如きは之を愼しまねばならぬ、帝國議會に於ては議場の言論は他の法令に依り之を罪められざるも、市町村會に於ては如斯法令の保護なきを以て、餘りに人身攻擊を爲し、他人の名譽を毀損するが如きことあれば、後日名譽毀損に關する爭訟となるの虞がある故に斯くの如きことなきに注意せねばならぬ（市制第五十八條町村制第五十四條）。

三　法令及會議規則を遵守すること

市町村會は法令に依りて存し。其の議事は會議規則に依り拘束せらるるものなるを以て、議員は克く法令及會議規則を遵守し、苟も之に觸るるが如きことなきを要するのである。

四　靜肅を保つこと

論議は靜肅を守り正々堂々正義を論じ。公平なる選擧及處決を爲すべきものにして、感情に走り又は故意に議場を騷擾ならしむることがあつてはならぬ。

五　議長の命を奉ずること

議長は議場の總理及秩序保持の職責を有するものなるを以て議員は議長の整理す

る所に從ひ、又其の命を奉じて、苟も議事の紛雜を來すことなからしむるの要がある。

以上は議員としての權限及義務なるも、若し議員が正當に其の職務を履踐せず、議場の秩序を紊すときは、議長は之を制止し、其の發言を取消さしめ、又は發言を禁止し若は退場を命ずるのである。更に必要なるときは警察官吏の處分に俟つ場合がある。或は又議員が法令及會議規則に定めたる所に違反したる場合に於ては、會議規則の定むる所に依り、五日以內の出席停止の制裁を爲す場合があるから、苟も議員たるものは如斯義務違反に付き制裁を受くることなきに注意せねばならぬ(市制第六十三條町村制第五十九條)。

第六節　議員と費用辨償

市町村會議員、名譽職市參事會員は共に名譽職なるを以て、有給吏員の如く市町村より其の職務に付給料を受くることなきも職務の爲めに要する費用に付ては市町村に於て辨償する途を設けてゐる。所謂費用辨償が之である。而して此の費用辨償額及其の支給方法は市町村條例を以て之を規定すへきである（市制第百四條町村制第八十四條）、其の費用辨償額を如何にすべきかは、市町村の任意ではあるが、費用辨償の性質に鑑みるときは、宜しく職務の爲めに要する費用の實費辨償の程度に止むべきである。其の定め方に付ては或は歲費として年額を定めて支給するものと、日額を定めて出席日數に應じて支給するものとある。

此の費用辨償を支給することを市町村條例を以て定めたる以上、市町村會議員は條例の定むる所に依り夫々費用辨償を受くべきであるが、若し費用辨償の支給が條例の規定に違反する等、其の支給に付き不當があり、議員に於て異議あるときは、之を市町村長に申立つることが出來る（市制第百七條町村制第八十七條）。其の異議申立は市にありては市參事會に於て、町村にありては町村會に於て之を決定するのである。若し其の決定に不服あるときは、府縣參事會に訴願し、其の裁決に不服あるときは更に行政裁判所に出訴することが出來る。此の異議申立、訴訟の提起に關する手續に付ては前述『議員の辭任と制裁』の項に於て叙述せし所を參看せられよ（市制第百七條町村制第八十七條）。

議員の費用辨償の給否に關し論議あるは、市長詮衡委員又は陳情委員として出京又は他地方に旅行したる場合、其の旅費を支給し得るや否やの點であつて、之に關しては『市會議員ノ旅行ニ對シ市費ヨリ旅費ヲ支給スルハ不可然義トス（大正十五年四月二十一日）』又『市長候補者詮衡委員トシテ出京セル市會議員ニ對シ旅費ヲ支給スルカ如キハ不可然義トス（大正十五年四月九日）』と云ふ行政實例がある。

第七節　議員の失職

市町村會議員の失職の場合は、通例其の被選擧權を喪失したるか、市町村に對し請負關係を有するに至りたる場合なるも、更に市町村會の解散を命ぜられたるとき、市町村の廢止せられたるとき及全部事務の町村組合設立したるときに於ても議員は失職するのである。

一　被選擧權の喪失

市町村會議員が其の被選擧權を有せざるか、又は市町村若は市町村吏員に對し請負を爲すか、若は主として市町村に對し請負を爲す法人の役員、無限責任社員と爲りたる場合に於ては、議員の職を失ふのである。尤も此の場合に於ては、左に掲ぐるものの一に該當するに因り被選擧權を有せざる場合の外、其の被選擧權の有無及請負關係の有無に關しては、市町村會の決定を要するのである。

1　禁治産者又は準禁治産者と爲りたるとき

2　破産者と爲りたるとき

3　禁錮以上の刑に處せられたるとき

4　選擧に關する犯罪に依り罰金の刑に處せられたるとき

故に右以外の原因に基くものなるときは、市町村會に於て之が決定を爲すべく其の決定の確定することに依りて失職するものであつて、假令議員失職の原因に該當する場合にありても、之に關する市町村會の決定確定する迄は失職することはないのである。此の市町村會の決定は文書を以て之を爲し、其の理由を附し本人に交付すべきものである。若し本人が其の決定を不服なりとせば、府縣參事會に訴願し、其の裁決に不服あるときは、更に行政裁判所に出訴することが出來る。此の訴願訴訟の手續に關しては『議員の辭任と制裁』の項に於て前述せし所を參看せられよ。

此の決定に關しては市町村會に於て發案權を有するのであるが、若し市町村長に於て議員中被選擧權を有せざる者あるか、又は市町村と請負關係を有する者ありと認むる場合に於ては、之を市町村會の決定に付すべきものである。

而して市町村會議員にして、市町村會に於て前述の決定を受くることあるも、其の決定確定せず又は之に關して訴願訴訟の繋屬中なるときは、其の決定裁決確定し又は判決ある迄は會議に列席し議事に參與するの權利を失ふものでない。卽ち本處分は確定に依り、初めて失職すべきものである(市制第三十八條町村制第三十五條)。

二 市町村會の解散

市町村會解散せられたるときは、市町村會其のものが解消するものなるを以て、其の構成員たる市町村會議員も亦、當然失職するものである(市制第百六十二條町村制第百四十二條)。

三 市町村の廢止

市町村を廢止したる場合に於ては、團體の消滅するものなるを以て、其の機關も亦自ら解消するのである。從て市町村會の消滅に因り其の構成員たる市町村會議員も亦當然失職するものである（市制第三條町村制第三條）。

四　全部事務組合の成立

町村の全部の事務を共同處辨する爲め、町村組合を設くるときは、新に組合會及組合の機關を設くるの要あるも、之が爲め舊町村の機關は當然解消するものなるを以て、市町村會は自ら解消し、從て其の構成員たる市町村會議員も亦失職するものである（町村制第百二十九條第百三十六條）。

第三章　市町村會議員選擧

第一節　選擧事務

市町村會議員の選擧に關する手續に付き、之を詳說すると相當の誌面を要するが、夫れは本書の期する所でないから、極く槪略を述べることとする。從て市制第六條の市の選擧及市制第三十九條の二の市の選擧手續に關しては、全然之が說明を省略する（註拙著『市制町村制逐條解說』上卷參照）。

一　選擧人名簿

選擧の準備行爲として每年選擧人名簿を調製するのである。從前にありては選擧人名簿は隨時名簿とし、選擧を行ふ都度之を調製することとなつてゐたのであるが、改正法にありては定期名簿とし、選擧を行ふと否とに拘らず、毎年必ず之を調製することに改められた。

此の選擧人名簿は左の要領に依り調製せらるべきものである。

1名簿は毎年九月十五日現在に依り市町村長之を調製すること（市制第二十一條町村制第十八條）。

2選擧區ある市に於ては選擧區毎に名簿を調製すること（同條）。

3名簿は選擧人の氏名住所及生年月日等を記載すること（同條）。

4名簿は毎年十一月五日より十五日間市役所、町村役場又は市町村長の指定したる場所に於て關係者の縱覧に供すること（市制第二十一條ノ二、町村制第十八條ノ二）。

5市町村長は縦覽開始の日前三日目迄に縦覽の場所を告示すること（同條）

名簿の調製に違法不當ありとせば、縦覽期間内に關係者より異議を市町村長に申立つべき途がある（市制第二十一條ノ三町村制第十八條ノ三）。此の場合に於ては市町村長は其の申立を受けたる日より十四日以内に異議申立の内容を審査して之を決定すべきである。從前の規定にありては異議申立に付ては市町村會の決定に付すのであつたが、昭和四年の改正により、市町村長限り之を決定することになつた。而して此の決定は矢張り通常の決定と同樣に、決定の理由を附し、文書を以て申立人に交付すべきである。此の決定の結果名簿の修正を要するものあるときは、市町村長は直に之を修正するのである。尤も市町村長の爲したる異議申立の決定に對し不服ある者は、府縣參事會に訴願し得べく、其の裁決に不服あるときは更に行政訴訟の提起が出來る。

名簿は每年十二月二十五日を以て確定し、翌年十二月二十四日迄之を据置くものである(市制第二十一條ノ四、町村制第十八條ノ四)。名簿は其の確定することに依りて初めて有效に選擧に用ひ得るのであつて、確定前にありては之を選擧に用ふることは出來ない。從て確定名簿として選擧に用ひ得べき期間は、其の年十二月二十五日以降翌年十二月二十四日迄である。若し此の期間以外に該名簿を使用したるときは其の選擧は違法たるを免れないのである。

通常名簿は右の如く確定するものなるも、若し名簿に關する裁決の確定又は判決ありたるに依り、名簿の修正を要するときは、市町村長は直に之を修正し、若し名簿無效と確定したるときは、府縣知事の指定する期間及期限に依り、更に名簿の調製を爲すべきである。又天災事變等に因り名簿を更に調製すべき場合もある(市制第二十一條ノ五町村制第十八條ノ五）。

二　選擧の種別

選擧に付ては種々分類するの法あるも、大別して左の四種となる。

一總選擧　市町村會議員定數の全員を選擧するものを指し、新に市町村を置きたるとき、議員の任期滿了に依り定期改選を要するとき、議員總辭職を爲したるとき、市町村會解散せられたるとき、選擧の全部無效となりたるとき、總選擧を行ひたるも全く當選者なきとき、議員死亡し全員闕員と爲りたるときに於て之を行ふのである。其の選擧を行ふ時期に付ては、選擧無效、市町村會の解散、當選者皆無に原因するものなるときは、其の時より三月以内に必ず選擧を行ふべきであり（市制第三十七條第百六十二條町村制第三十四條第百四十二條）、其の他の選擧に付ては法令上選擧期限を制限したものがないから、市町村長の定むる時期に選擧を行へばよい。

2 補闕選擧　議員職を辭し、議員死亡し、議員失職したる等に因り闕員を生じたるときは、曩に行はれたる選擧の際當選者と同數の得票ありたるも、年少又は抽籤外れの爲め遂に當選者とならざりし者あるときは、直に選擧會を開き補充すべき當選者を決定すべきであるが、此の場合に補充當選者となすべき該當者全く無きか、又は補充當選者を定むるも、闕員議員の數が仍ほ議員定數の六分の一を超ゆるに至りたるとき又は市町村長若は市町村會に於て必要ありと認むるときは補闕の爲め選擧を行ふこととなつてゐる。此の選擧が卽ち補闕選擧である（市制第二十條町村制第十七條）。從前の規定にありては議員闕員となりたるときは、原則として三月以內に補闕選擧を行ふべきことゝなつてゐたのであるが、昭和四年の改正により先づ補充當選の方法を講じ然る後補闕選擧を行ふべきことに改められたのである。尤も議員の任期滿了前六月以內なる場合は、其の闕員議員の數が、議員定數の三分の一を超ゆるのでなければ補闕選擧は行はなくともよい。

3 增員選擧　議員の任期中其の定數の增加を爲したるに依り、其の增員と爲りたる員數の議員を選擧するのを增員選擧と云ひ、其の選擧を行ふ時期に關しては別に制限がない。

4 補充選擧　選擧を行ひたるも其の定數に達する當選者を得ざるか、又は一旦定數に足る當選者を得たるも、其の後當選者定數に足らざるに至りたるかに原因し、更に行ふ選擧を補充選擧と云ひ、其の原因を生じたるときより三月以內に選擧を行ふべきものであるが、尤も議員の任期前六月以內なるときは、議員定數が三分の二を下る場合の外、之が選擧を行はないでよい（市制第三十七條町村制第三十四條）。

5 特種の事故に基く選擧　當選者が當選を辭し、當選を失ひ、死亡者、選擧犯罪の爲め當選無效となりたる等特種の事故に該當したるときは、原則として三月以內に選擧を行ふべきである。其の原因が議員の任期滿了前六月以內に發生し且議員定數が三分の二を下らざる場合、又は選擧を行ふことなくして當選者を定め得る場合は、選擧を行はないでよい（市制第三十三條町村制第三十條）。

以上は選擧の大別であり、是等の選擧は原則として各別に行はるるのであるが、補闕選擧、增員選擧、補充選擧及特種事故に基く選擧を同時に行ふものなるときは併せて之を一の選擧として行ふべきである（市制第二十六條町村制第二十三條）。

三　選擧區と分會

選擧を行ふには原則として市町村の區域に依り之を行ふべきものなるも、都市の如く人口稠密にして區域廣汎なる地域に在りては、選擧人多數にして一選擧區として選擧を行ひ難き爲め、必要あるときは市條例を設け市を分ちて數選擧區として選擧を行ひ得るのである（市制第十六條）。

又一市町村又は一選擧區内に在りても、選擧人多數にして投票を行ふの不便なるときは、區劃を設けて投票分會を設け、又必要あるときは開票の爲め開票分會を設け得るのである（市制第十七條第二十七條ノ四。町村制第十四條第二十四條ノ四）。前者に關しては許可を要せざるも、後者に關しては府縣知事の許可を要するのである。

四　選擧の告示

選擧は選擧の告示に依り愈々開始せらるるのである。選擧の告示は選擧の期日前七日目迄に、市町村長に於て之を爲すべきものにして、其の告示の要領は左の通りである（市制第二十二條町村制第十九條）。

1選擧會場（投票分會場あるときは之を含む）

2投票の日時（投票の日時は本會と分會とは同一日時なるべく又各選擧區も同一日時なること）

3選擧すべき議員數（選擧の種類に依り自ら其の數を異にすべきも、選擧すべき議員を脫し若は超過することは出來ぬ、又選擧區あるときは各選擧區より選擧すべき議員數をも併せて記すること）

4投票分會を設けたる場合は併せて其の區劃

右は一般的の場合であるが、天災事變等の爲め投票を行ふこと能はざるとき、又は更に投票を行ふの必要あるときは、其の投票を行ふべき選擧會又は投票分會のみにつき市町村長は更に期日を定めて投票を行ひ得べく、此の場合に在りては、其の選擧會場（投票分會なるときは其の會場）及投票の日時を、選擧の期日前五日目迄に告示すべきものである。上來說明した選擧の告示は唯一囘之を爲せば足り、從來の如く數日間引續き之を爲すの要はないのである。

五　投票事務

（イ）　選擧會

選擧會場の設備は法令の示す樣に完全ならしむることを要し、殊に投票所の設備には特に注意し、投票の記載は他人をして透視し得ざらしむることを要するのである。

選擧會場にありては市町村長選擧長と爲り、選擧の事務を管理し、數選擧區あるときは市長は其の內一選擧會の選擧長と爲り、他の選擧會は市長の指名した吏員をして選擧長たらしめるのである（市制第二十三條町村制第二十條）。

選擧會は選擧長之を開閉し、其の取締に任ずべく、選擧に關しては二人乃至四人の選擧立會人を立會せしめ、選擧に從事する吏員をして選擧事務を補助せしむべく、選擧會場の取締上必要あるときは、豫め入場劵を交付し、之を到着番號札と引換へしめて投票の順序を定め得べく、投票に方りては名簿と對照したる上投票用紙を交付し、選擧人をして夫々投票せしむるものである。

投票用紙は市町村長に於て豫め一定の用紙を定め置くべく、其の紙質形狀及押印の樣式は任意である。又點字投票用紙を一般投票用紙と紙質を異にするも差支ない。而して此の決定は市町村長に於て之を爲せば足り、豫め之を告示することなしと雖も、效力上何等支障はない（市制第二十五條町村制第二十二條）。

投票の拒否は選擧立會人之を決し、可否同數なるときは選擧長之を決すべく、點字投票の申出あるときは、投票用紙に點字投票なる旨の印を押捺して交付すべく、點字器は豫め用意し置くがよい（市制第二十五條ノ三町村制第二十二條ノ三）。

（ロ） 投票分會

投票分會場にありては其の設備其の他總て選擧會に同じ、投票分會長は市町村長の指名したる者之に當り、別に投票立會人二人乃至四人の立會を要するのである。投票分會場は投票分會長之を開閉し、總て其の取締に任ずるのである。

投票の拒否は投票立會人之を決定し、可否同數なるときは投票分會長之を決定すべく。若し其の決定に對し、選擧人又は投票分會長若は投票立會人に於て異議あるときは、其の選擧人をして假に投票せしむるのであつて、此の場合に於ては選擧人をして投票を封筒に入れ其の表面に選擧人の氏名を記載して投票せしむるである。又點字投票に關しても假投票を認むるのである（市制第二十五條ノ三町村制第二十二條ノ三）。以上の如くにして投票を了したるときは、投票錄を調製し、分會長立會人と共に之に署名し、投票は投票函のまゝ之を選擧長に送致すべく、此の場合は少くとも一人以上の投票立會人の同伴を要するのである（市制第二十五條町村制第二十二條）。其の他選擧會の事務に同じである。

六　開票及當選者決定事務

（イ）　選擧會

選擧會に於ける開票に付ては市町村長に於て豫め其の日時を告示すべきものであつ

て（市制第二十七條町村制第二十四條）、此の開票事務を行ふに際しては選擧人をして參觀を許し得るのである（市制第二十七條ノ三町村制第二十四條ノ三）。而して開票を行ふのは投票事務の終了と投票分會の投票送致とにより決すべきものである。即ち投票を行ひたる日又は其の翌日（投票分會あるときは總て投票函の到達したる日又は其の翌日）に於て之を爲すべきものにして、其の開票に付ては、選擧立會人立會の上投票函を開き、投票の總數と投票人との總數を計算し。更に投票分會に於て爲したる假投票を調査し、其の受理如何は選擧立會人之を決定すべく、可否同數なるときは、選擧長之を決定すべきものである。而して選擧長は選擧立會人と共に投票を點檢すべきものにして、其の投票の效力に關しては選擧立會人之を決定し、可否同數なるときは選擧長之を決定すべきものである（市制第二十七條ノ二第二十九條、町村制第二十四條ノ二第二十六條）。

當選者の決定は有效投票の最多數を得たる者を以て當選者たらしむべく、尚ほ此の場合に於ては、議員定數（選擧區ある場合は其の選擧區の配當議員數）を以て、有效投票の總數を除して得たる數の六分の一以上の得票數（法定得票數と稱す）あることを必要とするのである。若し此の法定得票數に達せざる者なるときは、當選者とすることは出來ない。又當選者を決定するに方り、得票の數同じきときは年長者を採り、年齡同じきときは選擧長抽籤して當選者を定むべきものである（市制第三十條町村制第二十七條）。而して茲に有效投票とは後述の無效投票に該當せざるものを指すのであつて、其の無效投票の內容に付ては後述する所を參看せられよ。

斯くて選擧を終りたるときは、選擧長は選擧錄を調製し、之を朗讀し二人以上の選擧立會人と共に之に署名し、當選者の住所氏名を市町村長に報告すべきものである（市制第三十一條町村制第二十八條）。

（ロ）　開票分會

開票分會を設けたるときは、市町村長の指名したる吏員開票分會長となり、二人乃至四人の開票立會人立會の上開票事務を行ふ。投票の效力及假投票の受理如何は開票立會人之を決し、可否同數なるときは開會分會長之を決定するのである。開票の結果は之を選擧長に報告し、開票錄を調製し、立會人と共に分會長之に署名するのである。開票分會に於ては單に開票を行ふに止まり、當選者の決定を行ふべきものでない。（市制第二十七條ノ四町村制第二十四條ノ四）。

七　補充當選者の決定

當選者を決定するに付き、選擧（投票）を行ふことなく之を決定する場合がある。

1 闕員議員を生じたるときに於て、曩の選擧當時當選者と同數の投票を得たるも、年少又は抽籤外れの爲め當選者たらざりし者あるときは之に就き、選擧會を開き直に當選者を定むべきである。從前の規定によれば闕員と爲りたる議員が、年長又は抽籤の結果當選者となりたるものなる場合に限り、此の補充當選の方法が行はれたのであるが、昭和四年の改正の結果、議員に闕員を生じたるときは原則として補充當選の方法を採り、之を爲し得ざるか、又は之を爲すも闕員を滿たし得ざる場合に限り補闕選擧を行ふべきことに改まつたのである（市制第二十條町村制第十七條）。

2 當選無效と確定したるときは、直に選擧會を開き曩の選擧に於ける法定得票者中に就き更に當選者を定むべきである（市制第三十七條町村制第三十四條）。

3特種の事故に基き更に選擧を行ふべき場合にありて、其の事故が當選辭任期間又は官吏にして當選に應ずる旨の申出を爲すべき期間內に發生したる場合には、曩の選擧に於ける法定得票者中に就き更に當選者を定むべく、此の場合に於ては更に選擧會を開くべきである。若し該期限經過後に於て事故が發生したるものなるときは、曩の選擧に於て年少又は抽籤外れの爲め當選者と爲らざりし者あるときに限り補充當選者を定むべきである（市制第三十三條町村制第三十條）。

八　當選者の告知及告示

當選者定まりたるときは、市町村長は直に當選の旨を告知し、同時に當選者の住所氏名を告示し、且選擧錄（開票錄、投票錄を含む）の寫を添へ府縣知事に之を報告すべきである。又當選者なきときは其の旨を告示し、且選擧錄（開票錄、投票錄を含む）

の寫を添へ之を府縣知事に報告すべきである（市制第三十二條町村制第二十九條）。

而して當選辭任期間を經過したるとき、官吏にして當選に應ずる旨の申立を爲したるとき、又は抽籤に依り當選に應ずべき選擧區を決定したるときは、市町村長は直に當選者の住所氏名を告示し、併せて之を府縣知事に報告すべく、又當選者なきに至りたるとき、及當選者其の選擧に於ける議員定數に達せざるに至りたるときは、市町村長は直に其の旨を告示し、併せて之を府縣知事に報告すべきである（市制第三十四條町村制第三十一條）。

第二節　選擧人及被選擧人の心得

前節に於て選擧に關する事務の梗概を叙したのであるが、更に選擧人及被選擧人の立場から、此の選擧に對する心得を叙して見る、尤も此の市町村會議員の選擧は選擧人の權利であると共に、公民として公の義務であるから、徒に其の選擧權を棄權するが如きことあるべからざるは勿論、選擧に際しては公正無私克く郷黨の利益を代表し、自治行政の健全なる發達に資し得べき者を選擧することを心掛け、他人の委囑又は不正の買收壓迫等に依り、自己の意思に反する選擧を行ふが如きは、選擧人として最も避くべきである。蓋し選擧は公事なるを以て私情に依り、公事を曲くべからざるものなることは、茲に敢て說明する迄もない、故に本稿に於ては是等公民として又選擧人として心得べき精神的注意は之を省略し、專ら選擧法規に對する心得を敍することとする。其の要點は左の通りである。

一　選擧人名簿の縱覽と救濟

選擧人名簿は選擧權の存在を有形的に確認する公簿であつて、假令實質的に選擧權を有するも、此の名簿に登載なきもの又は此の名簿に登載せらるべき確定裁決書若は判決書を所持するに非ざれば、選擧に參與することが出來ない。故に此の名簿に登載せらるると否とは、結局選擧權を行使し得るや否やの別れ目となるのである。

故に關係者は縱覽期間內、卽ち每年十一月五日より十五日間內に名簿を縱覽し、前節に揭げた要領に依り適法に調製せられたるや否や、自己の權利を失ふ所なきや否や、選擧權なき者を登載することなきや否やを調査し、若し違法不當ありとせば縱覽期間內に之に關する異議を市町村長に申立つべきである、此の異議申立は文書を以てし、一定の申立及其の理由を詳具すべきである。此の異議申立に對する市町村長の決定に對し、尙ほ不服あるときは其の決定書の交付を受けたる日より二十一日以內に、又決定書の交付を受けざる者は之が決定の告示の日より二十一日以內に、府縣參事會に訴願を提起して救濟を求むべく、此の訴願は文書を以てし、其の不服の要點、理由、要求及訴願人の身分、職業、住所及年齢を記載し之に署名捺印すべきものである。尚ほ訴願書には證憑書類を添へ、決定を爲したる市町村長を經由して提出すべきものである。若し多數の人員共同して訴願せんとするときは其の訴願書には各訴願人の身分、職業、住所及年齢を記載し署名捺印し、且其の中より三名以下の總代人を選び之に委任し總代委任の正當なる證明を爲すべきである、訴願提出期限を遲れ又は此の手續に違背し若は經由行政廳を脱するが如き場合は其の訴願が却下され受理せられざることがあるから、手續を誤つてはならぬ。

又此の訴願の裁決に不服ある者は、更に行政裁判所に出訴することが出來る。即ち裁決書の到達したる日より三十日以内に、又裁決書を受けざる者は裁決の告示の日より三十日以内に之を提起せねばならぬ、行政訴訟となると、一般の人々では一寸手に負へぬ場合があるから辯護士其の他、其の途に長じた人を煩はすがよい。

二　選擧權の行使（投票）

選擧權を行使することは選擧人の權利であり、又一面公民としての義務であるから、公正無私、克く選良を出すことに心掛けねばならぬ。今選擧權の行使即ち投票を行ふに必要な注意事項を擧げて見る。

1　選擧の告示に注意すること――選擧を行ふ場所及日時を知悉するに非ざれば、遂に貴重なる投票を行ふの機會を失する虞があるから、之に關する告示に注意してゐねばならぬ。

2　投票所を知ること――通例の市町村に於ては選擧會場に於て投票を行ふものなる

も、投票分會を設けたるときは、其の分會の區劃內にある選擧人は、投票分會に於てのみ投票を爲し得るに止まり、又選擧區のある市にありては、所屬選擧區に於てのみ投票を爲し得べく、而かも後日住所に移動あるも、もとの選擧區に於て投票を爲すべきものなるを以て、何れの場所に於て投票を爲すべきやを確知するの要がある。

3　投票時間內に選擧會場に入ること――投票時間內に選擧會場に入るこ非ざれば投票を行ふことを得ざるを以て、必ず投票時間內に選擧會場に入ることを要し、而かも往々投票時間の終りには、混雜する虞あるを以て、出來得べくんばなるべく速に投票を行ふがよい。

4　入場劵あるときは必ず持參すること――選擧會場の整理の爲め、豫め入場劵の配付を受けたるときは、必ず之を持參するがよい。

5　確定裁決書又は判決書を所持すること――選擧人名簿に登載なき選擧人は、名簿に登載せらるべき確定裁決書又は判決書を所持するに非ざれば、投票を拒否せらるるを以て、必ず之を持參することを要し、而して選擧長、投票分會長の要求ありたるときは之を提示するがよい。

6　到着番號札を受くること――選擧人多數なるときは到着番號札を發行し、名簿對照の便に供する向あるを以て、此の場合には必ず到着番號札を受くるがよい。

7　印章を携帶すること――印章の携帶は法律上の要件ではないが、投票簿に捺印を要する場合があるから、豫め實印又は認印を持參するがよい。

8　名簿の對照を受くること――名簿の對照を受くるに當りては、住所氏名年齡を唱ふるを通例とする、此の場合には必要なる事項を明に唱へ以て對照を速にするがよい。

9　投票用紙を受くること――投票用紙は選擧權行使の一要件であるから、必ず正當なる投票用紙を受け汚損してはならぬ。若し記載に際し投票用紙を汚染したるときは、其の引換を乞ひ完全なる投票を行ふべきである。

10　點字投票なるときは其の旨を述ぶること――盲人にして點字投票を爲すに付ては、投票用紙に其の點字投票なる旨の印を押捺せざれば效力なきものなるを以て、必ず之を表示して捺印ある投票用紙を受取るべきである。市町村によりては一般の投票用紙とは紙質を異にしてゐるものもあるから、猶更點字投票を爲すの意思を表示せねば誤りとなる。

11　投票の記載は投票記載所に於て之を爲すこと――投票は所謂祕密投票なるを以て

他人に知らしむべからず、必ず一定の投票記載所に於て之を爲すべきものである。

12 投票は必ず自書すること――投票の要件としては必ず之を自書することを要し、自ら書することを得ざるものは、投票を爲し得ないのである。故に型紙、印版透寫等に依りて爲したる投票は效力がないのである。

13 投票の記載に方りては左の點に注意すること――投票を爲すには有效に意思表示をせねばならぬから、無效投票たるの原因を作つてはならぬ。無效投票となる場合は左の通りであるから、投票の記載上如斯ことがあつてはならぬ。

（一）成規の用紙を用ゐざるもの　投票用紙は市町村長の定めた一定の式を用ふべきものであるから、之に反したものは當然無效となる、往々投票用紙に代へ、別に名札を投入するものあるも、是等は自然無效となる。

（二）現に市町村會議員の職に在る者の氏名を記載したるもの——之れは總選擧以外の選擧の場合に生ずるものであるから、記載上誤つてはならぬ。

（三）一投票中二人以上の被選擧人の氏名を記載したるもの——投票は單記投票主義を採用して居るのであるから、二人以上の被選擧人の氏名を記載すると、何れの人を選擧するのか、選擧人の意思が明でないこととなるから無效となる。

（四）被選擧人の何人たるかを確認し難きもの——被選擧人の何人たるか判明せざるものは、畢竟選擧人の意思を知るに足らざるを以て無效となる、如何なるものが之に該當するかと云ふに、字體不明瞭にして判讀し難きもの、甲候補者の姓と乙候補者の名とを記したるが如きもの、同一氏名の候補者ある場合其の何れなるやを知るに足る記載（例へば住所番地屋號）を爲さざるが如きもの之れである。

（五）被選擧權なき者の氏名を記載したるもの――選擧は被選擧權ある者に付てのみ之を爲すべきものにして、其の被選擧權なき者を選擧するも當選者たるを得ざるを以て、其の投票が無效たるは當然である。

（六）被選擧人の氏名の外他事を記入したるもの但し爵位職業身分住所又は敬稱の類を記入したるものは此の限に在らず――投票は神聖にして記載明瞭ならざるべからざるを以て、之が記載は常に必要の限度に止めねばならぬ。從て必要以外の他事を記入したるものは無效としてゐる。他事記入とは何かと云ふに、選擧人の氏名を記し、投票に捺印し、假名文字、朝鮮文字、數字、符號等を以て或る種の意味を示せるものの如きは、有害なる記載であるから、之は無效にしてゐる。然し爵位、職業、身分、住所、博士、君殿等の敬稱の類を記入したるものは有害の記載にあらざるを以て、之れありとするも無效とはならない。

（七）　被選擧人の氏名を自書せざるもの――投票を爲すには必ず自書するの要あるを以て、選擧人自ら書せざる投票は當然無效である。

以上の如くであるから、投票の記載に關しては誤りなき樣注意を要するのである、若し然らざれば折角の投票も無效となり、公民として貴重なる選擧權の行使を爲し得ない事となる。

14　投票記載の爲めにする字體を明確にすること――投票の記載に用ふる文字は漢字、假名、羅馬字たれば差支ない、又點字を用ふるは盲人に限るべきである。普通人が點字を用ひ又朝鮮文字を用ふるは不可である。而して投票の記載に付ては明確なることを要するのである。

15　假投票を行ひ得ること――投票分會に於て投票を拒否せられたる場合、選擧人自ら之を不服とするか、投票分會長又は投票立會人に於て異議あるときは、假投票を爲さしむることが出來る。此の場合には投票を所定の封筒に入れ、表紙に選擧人の氏名を記載して投票すべきである。此の場合點字を以て假投票を爲すに付ては、投票を封入する前に、封筒の表面に點字を以て、選擧人の氏名を記載するも差支はない。

16　投票を他人に示さざること――投票は祕密を嚴守して行はるべきものなるを以て、他人に之を示すことは出來ないから注意せねばならぬ。

17　靜肅を守ること――選擧會場、投票分會場に於て演說討論を爲し若は喧騷に涉り、又は投票に關し勸誘を爲し、協議を爲し、其の他會場の秩序を紊るが如きことがあつてはならぬ。此の場合選擧長又は投票分會長の制止に從はざるときは、會場外に退場を命ぜらるることがある、尤も退場後靜肅を守れば、適當の時期に投票を行ふことが出來、又は一番最後に至り投票を行ふことが出來るのである。

三　立會人

選擧會、投票分會及開票分會に於て、選擧人が選擧立會人、投票立會人、又は開票立會人に選定せられたるときは、必ず定刻に參加せねばならぬ。故なく參加せざるときは、處罰せらるることがあるから、之に注意し義務の履行をせねばならぬ。

而して立會人の職務は、選擧の公正、投票、開票の適正を監視すべきものであつて、選擧立會人となりしときは、投票の拒否及效力の決定權あり、投票立會人となりたるときは、投票の拒否の決定又は其の拒否の異議を申立つる權限あり又開票立會人となりたるときは、投票の效力の決定權がある。尙ほ投票立會人としては一面投票函の送致に立會する義務もある。更に選擧錄、投票錄、開票錄に署名する義務をも有するのであるから、正當なる記錄なりや否やを判定して、然る後に之に署名せねばならぬ。

四　選擧會の參觀

選擧人は選擧會又は開票分會の選擧事務の參觀を求むることが出來る。尤も開票開始前にありては、之を求むることは出來ない。此の參觀に方りては最も靜肅を旨とし、苟も喧騷に涉り又は選擧事務に付容喙してはならぬ。

五　選擧又は當選の效力に關する救濟

選擧人にして選擧又は當選の效力に付き異議あるときは、選擧に關しては選擧の日より七日以內に、又當選に關しては當選者決定又は當選者なしとする市町村長の告示の日より七日以内に、又は當選者なきに至りたるとき若は當選者選擧すべき議員定數に達せざるに至りたるときに爲す市町村長の告示の日より七日以内に、市町村長に異議の申立を爲すべきである。異議申立の方式に關しては『選擧人名簿の縱覽及救濟』の項に於て述べた通りである。又異議申立に對する市町村會の決定に對し不服あるときは、更に府縣參事會に訴願し其の裁決に不服あるときは、尙ほ行政訴訟の提起が出來る。此の取扱に關しては『議員の辭任と制裁』の項に於て説明した所を參着せられたし。

六　當選の告知と辭任

被選擧人が當選したるに依り、當選の告知を受けたるときは、五日を經過することに依り、當然議員たる身分を取得するのである。若し當選を辭せむとせば、右期間内に之を申立ねばならぬ。數選擧區に於て當選したる場合には、何れの選擧區の當選に應ずるかを、最後に當選の告知を受けたる日より五日以內に、市長に申立つべきである。又市町村に對し若は市町村吏員に對し請負を爲す等請負關係者又は主として市町村に對し請負を爲す法人の支配人等の役員なるときは、右期間中に之を罷めたる旨の申立を爲さざれば、其の當選は自然效力を失ふものであるから注意せねばならぬ。又當選者が官吏である場合は、所屬長官の許可を受け、告知を受けたる日より二十日以內に、當選に應ずる旨を申出でぬと、其の當選は效力を失ふから注意を要する。

七　選擧の取締と罰則

選擧人、被選擧人共に選擧に關する取締規定に牴觸せざる樣、又選擧に關する罰則に觸れざる樣心掛けねばならぬ。其の詳細は別項『選擧の取締と罰則』の說明を參看せられよ。

第三節　選擧の取締と罰則

市制第三十九條ノ二の規定に依り勅令を以て指定せられたる市にありて、府縣制を準用して議員候補者制度を採用するものを除くの外。一般市町村會議員の選擧の取締に關しては、市制第三十九條ノ三第二項町村制第三十六條ノ二に夫々規定せられ、選擧の罰則に關しては市制第四十條町村制第三十七條に夫々規定せられてゐる。

一　選擧の取締

一般市町村の市町村會議員の選擧の取締に關しては、衆議院議員選擧法第九十一條第九十二條。第九十八條、第九十九條第二項、第百條及第百四十二條の規定を準用せられてゐる。之を概説すれば左の通りである。

1戸別訪問の禁止　從來選擧に際して議員候補者と稱し、よく選擧人の居宅又は勤務先に出掛けて叩頭百遍して、自己に投票せられむことを乞ふものもあり、又は他人の爲に投票せられむことを懇願して廻るものもあり、又之と全く反對に何誰に對しては投票せられざらむことを懇願し又は要求して歩く風があつたが、是等は往々情實關係から選擧人の公正なる判斷を誤らしむる虞もあり、且其の間種々の弊害例へば金錢其の他の利權を提供して、投票を買收する等の弊風をも助成し易い爲め、今後の選擧に際しては、如斯所爲は一切嚴禁することとせられた。又選擧人又は其の運動員其他直接各選擧人の住居に戸別訪問をせなくても、苟も自ら投票を得若は他人に投票を得しめ又は他人に投票を得しめざる目的を以て、個々の選擧人に面接し又は電話を以て選擧運動をすることも禁止せられたのである。

2 選擧事務所の制限　選擧當日選擧會場の附近に選擧事務所を設け、投票の爲に來る選擧人に自己又は他人の爲に投票を得むとして、種々の談議や勸誘をする風もあつたが、是等も亦選擧の公正を害する虞ありしを以て、今後に於ては選擧の當日は投票所を設けたる場所の入口より三町以内の區域に、選擧事務所を設くることを禁止せられた。

3 休憩所の禁止　選擧に際し選擧人を休憩せしめ茶菓を饗する風もあつたが、是等も亦往々にして情實を釀し弊害があつたので、將來は選擧人を休息せしむる爲に、休憩所を設くることは出來なくなつたのである。

4 官吏吏員の運動制限　選擧事務に關係ある官吏市町村吏員は其の關係區域内に於け

る選擧運動を爲すことは出來ない。

5 **宣傳用圖書の制限**　選擧運動の爲め頒布し又は掲示する文書は、大正十五年六月內務省令第二十一號（昭和四年同省令第四號改正）地方議會議員ノ選擧運動ノ爲ニスル文書圖畫ニ關スル件及大正十五年二月內務省令第五號（昭和四年同省令第三號改正）選擧運動ノ爲ニスル文書圖畫ニ關スル件に依り（一）選擧運動の爲に頒布又は掲示する文書圖畫の表面には、其の氏名及住所を記載し（二）引札は二度刷又は二色以下とし、長一尺幅七寸を超えてはならず又名刺は白色とし（三）立札、看板の類は議員候補者一人に付十五箇以內とし、白色に黑色を用ひ縱九尺橫二尺を超えぬこととし（四）選擧當日は投票所の場所の入口より三町以內に文書圖畫を頒布し又は掲示することは出來ぬ（五）選擧運動の爲にする文書圖畫は航空機に依り頒布することは出來ぬ、又（六）立札、看板の類は承認を得ずして、他人の土地又は工作物に之を掲示してはならぬ。

二　選擧の罰則

市町村會議員の選擧に關しては、衆議院議員選擧に關する罰則が準用せられ、衆議院議員選擧及府縣會議員選擧と同一の制裁の下に律することとしてゐる。衆議院議員選擧法第百三十七條に依れば『本章ニ掲クル罪ヲ犯シタル者ニシテ罰金ノ刑ニ處セラレタル者ニ在リテハ其ノ裁判確定ノ後五年間、禁錮以上ノ刑ニ處セラレタル者ニ在リテハ其ノ裁判確定ノ後刑ノ執行ヲ終ル迄又ハ刑ノ時效ニ因ル場合ヲ除クノ外刑ノ執行ノ免除ヲ受クル迄ノ間及其ノ後五年間衆議院議員及選擧ニ付本章ノ規定ヲ準用スル議會ノ議員ノ選擧權及被選擧權ヲ有セス云々』と規定せられてゐるのであるから、市町村會議員の選擧權及被選擧權を有せざるに至るは勿論、府縣會議員、市町村組合會議員、町村組合會議員、區會議員の選擧權及被選擧權をも併せて有せざるに至るのである。唯玆に疑問なるは此の場合衆議院議員の選擧權及被選擧權をも有せざるに至るや否やの問題であるが、之に關しては法文上明かならざるも、本條の精神より廣く解すれば、其の選擧權及被選擧權をも有せざるに至るものとするの外はない。又當選人が選擧罰則の規定に觸れたるときは、其の當選は無效となるのである。今選擧罰則にして其の主なるものを擧ぐれば左の通りである。

1 詐欺の方法に依り選擧人名簿に登錄せられたる者又は投票管理者に對し虛僞の宣言を爲したる者は百圓以下の罰金に處せらる（衆議院議員選擧法（以下單に法と稱す）第百十一條）。

2 當選を得若は得しめ又は得しめざる目的を以て選擧人又は選擧運動者に對し金錢、

物品其の他の財産上の利益若は公私の職務の供與、其の供與の申込若は約束を爲し又は饗應接待、其の申込若は約束を爲したるときは二年以下の懲役又は千圓以下の罰金に處せらる（法第百十二條）。

3 同上の目的を以て選擧人又は選擧運動者に對し其者の又は其の者の關係ある社寺、學校、會社、組合、市町村等に對する用水、小作、債權、寄附其の他特殊の直接利害關係を利用して誘導を爲したるときは同上の處罰を受く（法第百十二條）。

4 投票を爲し若は爲さざること、選擧運動を爲し若は止めたること又は其の周旋勸誘を爲したることの報酬と爲す目的を以て選擧人又は選擧運動者に對し第3に掲げたる行爲を爲したるときは同上の處罰を受く（法第百十二條）。

5 第2若は第4の供與、饗應接待を受け若は要求し第2若は第4の申込を承諾し又は第3の誘導に應じ又は之を促したるときは同上の處罰を受く（法第百十二條）。

6　第2乃至第5に揭ぐる行爲に關し周旋又は勸誘を爲したるときは同上の處罰を受く（法第百十二條）。

7　立會人が選擧人の投票したる被選擧人の氏名を表示したるときは二年以下の禁錮又は千圓以下の罰金に處せらる（法第百十七條）。

8　投票所又は開票所に於て正當の事由なくして選擧人の投票に關渉し又は被選擧人の氏名を認知するの方法を行ひたる者は一年以下の禁錮又は五百圓以下の罰金に處せらる（法第百十八條）。

9　選擧人に非ざる者投票を爲したるときは一年以下の禁錮、又は五百圓以下の罰金に處せらる（法第百二十七條）。

10氏名を詐稱し其の他詐僞の方法を以て投票を爲したる者は二年以下の禁錮又は千圓以下の罰金に處せらる（法第百二十七條）。

11投票を僞造し又は其の數を增減したる者は三年以下の懲役若は禁錮又は二千圓以下の罰金に處せらる（法第百二十七條）。

12若し選擧立會人、投票立會人等にして前記第11の罰を犯したるときは五年以下の懲役若は禁錮又は二千圓以下の罰金に處せらる（法第百二十七條）。

13立會人正當の事故なくして其の義務を缺くときは百圓以下の罰金に處せらる（法第百二十八條）。

14法に違反して選擧事務所を設け又は法に違反して休憩所其の他之に類する設備を設けたる者は三百圓の罰金に處せらる（法第百三十條）。

第四章　市町村會議長

第一節　市町村會議長とは何か

市町村會は市町村の意思機關なるも、多數の市町村會議員より成る會議體なるを以て、議員の意思を綜合統轄するの機關なくんば、遂に纏りたる市町村の意思を決定することが出來ない。市町村會議長は即ち此の統轄機關にして、市町村會の會議を總理し、議事を開閉し、議場を整理するの權限を有するものである。

而して市會にありては、市會に於て議員中より議長及副議長一人を選擧すべきものなるも（市制第四十八條）、町村會にありては原則として町村長議長となり、町村長故障あるときは、町村助役議長の職務を代理するのである。即ち市會にありては議員をして議長、副議長たらしむるも、町村會にありては理事機關をして議長の職務を行はしむるものである(町村制第四十五條)。蓋し町村の施設經營は都市の如く複雜ならず、其の議する所の事務も亦簡單なるを常とし、且理事者をして議長たらしむれば、議決機關と理事機關との間圓滑なるを得て、町村自治の平和を保ち得るの利益あるを以てである。

然れども人口稠密にして施設經營の多端に亘り、且財政も亦大にして其の狀態都市と異ることなき町村、又は都市に準ずる發達を爲したる町村に付ては、理事者をして議長たらしむるより、寧ろ議員中より議長及其の代理者を選擧せしむる方實際に適合し、自治の健全なる發達を遂ぐるの場合がある。改正町村制第四十五條第三項の規定は、是等特別の事情ある町村に於ては町村條例を以て町村會の選擧に依る議長及其の代理者一人を置くことを得しめてゐる。此の規定に依り町村條例を設けて議長及其の代理者を選擧し得る町村の範圍如何と云ふに、主務省は(一)議員定數三十人以上を有し市に準ずべき狀態の町村、(二)現在議員の數三十人に達せざるも同數を選出し得べき法定人口を有し、市に準ずべき狀態の町村、(三)府縣廳、府縣支廳若くは元郡役所在地等にして、且相當の人口を有し府縣內樞要の町村と認むべき町村又は(四)其の他特別の事情ありと認むる町村の何れかである場合に限り許可するの方針の如くである。今特別の事情ある町村として、町村條例の許可を受け、議長及其の代理者を選擧することとした町村を擧ぐれば左の通りである。

東京府豐多摩郡大久保町　埼玉縣北足立郡浦和町
埼玉縣北足立郡大宮町　滋賀縣犬上郡彥根町
東京府北豐島郡王子町　岡山縣苫田郡津山町

議長、副議長又は議長代理者の任期は議員の任期に依るべきものにして、議員を失職し又は辭したるときは、議長、副議長又は議長代理者の任期も亦自ら消滅するものである。

第二節　議長の職權

市町村會議長は市町村會の會議を總理し、會議の順序を定め、其の日の會議を開閉し、議場の秩序を保持するの權限を有するものである。此の議長の權限を說明すれば概ね左の通りである。

一　會議の開閉

市町村會を開閉するは市町村長の職權なるも、既に市町村會の開會後其の閉會迄の間に於ける、其の日の會議を開閉するの權限は、議長に於て之を有するものである。故に議長に於て會議を開くにあらざれば、如何に議員集合するも、會議することを得ない。然れども議員半數以上の請求あるときは、議長は必ず其の日の會議を開くべきものにして、若し此の請求あるにも拘らず、其の日の會議を開かざる時は、議長故障あるものとして、議長の職務を代理すべき者に於て其の日の會議を開き得るのであある（市制第五十七條第四十九條町村制第五十三條第四十五條）。

又會議の閉會中止は議長の意見に依り之を爲し得べしと雖も、議員定數半數以上の請求ありたるに依り開きたる會議、又は會議を閉づるに付議員中異議ある場合に於ては、市町村會の議決に依るに非ざれば、會議を閉ぢ又は中止することは出來ない（市制第五十七條第三項町村制第五十三條第三項）。

二　會議時間の伸縮

會議時間を定むるは元來議長の權限に屬するものなるを以て會議規則に依り會議時間を定むるものありと雖も時宜に依り議長に於て之を伸縮し得るの規定を設けて置かねばならぬ、即ち會議時間の決定及伸縮は議長の有する絕對權である。

三　議事日程の決定

各日の議事日程を定むるは、議長の權限に屬するを以て、議長は適宜之を定むれば足り、市町村會の議決に依り議長の意に反し之を變更又は決定すべきものではない。唯市町村會に諮り議長に於て之を決定する取扱を爲すは固より妨げない。

四　發言の許可

議場に於ける發言に付ては、議長の許可を受けしむることとし、議事の整理を爲すの要がある。故に議員にして發言せむとせば、常に議長の許可を受けねばならぬ。而して何人に發言を許すべきかは議長の任意なりと雖も、發言要求の前後に依りて之を許可すべく、決して不公平あるべからざるは勿論、議事に參與せる市町村長及其の委任又は囑託を受けたる者等、列席者に對しては其の要求に基き直に發言を許すべきものである。尤も之が爲め議員の演說を中止せしむることは出來ぬ（市制第五十條町村制第四十六條）。

五　議事裁決權

市町村會の議事は議員の多數決に依るべきものにして、即ち出席議員の過半數を以て決すべきものである。然れども可否同數なるときは議長に於て之を裁決すべきである（市制第五十三條町村制第四十九條）。此の場合に於て議員にして議長たるときは、議長として此の裁決を爲すは勿論、之れが爲め議員として議決に加はる權限を失ふものではない。即ち議長は議決權及裁決權の兩者を併有するものである（市制第五十三條第二項町村制第四十九條第二項）。

六　選舉の管理

市町村會に於て行ふ選舉に付ては、議長之が管理者となり、投票處理、當選者の決定を宣すると共に、其の選舉に用ふべき投票用紙は議長に於て之を定むべきものである（市制第五十五條町村制第五十一條）。

七　議場の整理

會議中市制、町村制又は會議規則に違ひ、其の他議場の秩序を紊る議員あるときは、議長は之を制止し、又は發言を取消さしめ、命に從はざるときは、當日の會議を終る迄發言を禁止し、又は議場外に退去せしめ、若し必要あるときは警察官吏の處分を求むることが出來る。更に又議場騷擾にして整理し難きときは、議長は當日の會議を中止し、又は之を閉づることが出來る（市制第五十九條町村制第五十五條）。

八　傍聽人の取締

傍聽人公然可否を表し又は喧騷に渉り、其の他會議の妨害を爲すときは議長は之を制止し、若し命に從はざるときは之を退場せしめ、又傍聽席騷擾なるときは、議長は總ての傍聽人を退場せしめ、且必要ある場合に於ては警察官吏の處分を求むることが出來る（市制第六十條町村制第五十六條）。

九　傍聽禁止の發議

市町村會は原則として公開するものなるも、必要あるときは議長は傍聽禁止の發議を爲すことが出來る。此の場合に於ては市町村會は討論を須ひず可否を決すべきである。尤も町村長が議長たる場合に於ては、其の意見に依り直に傍聽禁止を爲し得るのであるから、議長として傍聽禁止の發議を爲すの要はない（市制第五十六條町村制第五十二條）。

一〇　書記の任免

市町村會の事務は總て議長之を總理するものなるも、複雜多岐に渉る議事を單り議長に於てのみ整理して行くことは實際困難なるを以て、其の補助機關として書記を置き議長に於て之を任免するのである。書記は市町村吏員にあらざるも、其の取扱ふところ市町村の事務に外ならざるを以て、其の給料其の他の諸給與は總て市町村費を以て支辨すべきは當然である。而して書記は如何なる仕事をするか、常に議長の命を承け、市町村會に關する庶務に從事するのであつて、一般市町村の事務を掌理するものではない。從て會議錄の如き議長は書記をして調製せしむるのである（市制第六十一條町村制第五十七條）。

二　會議錄の調製及署名

議長は書記をして會議錄を調製せしむべく、此の會議錄には會議の顛末及出席議員の氏名を記載すべきものなるも、惟ふに會議錄は其の會議の狀況を證明する一資料たるを以て、事實を誤りたる記載を爲すが如きことなきを要するは勿論、後日濫りに改竄するが如きは法の許さざる所である。而して會議錄の調製を了したるときは議長は二人以上の議員と共に之に署名し、其の正當なることを立證すべきである（市制第六十二條町村制第五十八條）尙ほ此の署名は議長自ら之を爲すべく、他人をして代書せしむべきものでない。

市町村會々議錄例

何市（何郡何町村）會々議錄

昭和何年何月何日何市町村會ヲ何市役所（何町村役場）（何々ノ場所）ニ招集ス

一、出席議員左ノ如シ

何　某

何　某

一、會議事件左ノ如シ

一、昭和何年度何市町村歲入歲出豫算

二、何區長ヲ定ムルノ件

三、市町村長選擧ノ件
四、何々(官廳)ヨリ諮問ニ係ル何々ニ付答申ノ件
五、昭和何年度何市町村歲入歲出決算認定ノ件
六、役場新築ニ關スル件
七、何々規程中改正ノ件
八、何々ニ關スル意見書提出ノ件
一、市町村長何月何日午前(後)何時市町村會開會ヲ宣告ス
一、會議規則ニ依リ抽籤ヲ以テ議員ノ席次ヲ定ムルニ其ノ結果左ノ如シ
何番　何　某
何番　何　某
一、市制第五十條(町村制第四十六條)ニ依リ市町村長ノ委任(囑託)ヲ受ケ議事ニ參與スル者左ノ如

シ

職　何　某

何　某

一、本會ノ書記左ノ如シ

一、議長(町村長)(町村助役何某)何月何日午前(後)何時開議ヲ宣告ス

一、議長　本日ノ議事日程ヲ報告ス

一、日程第一　昭和何年度何市町村歳入歳出豫算

一、日程第二　區長ヲ定ムルノ件

日程第一　昭和何年度何市町村歳入歳出豫算

一、議長　第一讀會ヲ開ク旨ヲ告ク

一、市(町村)長(助役)提案ノ理由ヲ說明ス

一、何番　何々ニ付質問ス
一、助役　何番ノ質問ニ對シ何々ト答フ
一、議長　第一讀會ハ終了ト認メ第二讀會ヲ開クヤ否ニ付會議ニ諮ヒ異議ナキヲ以テ第二讀會ヲ開ク旨ヲ告ク
一、議長　議事ノ便宜上先ツ歲出各款ヲ付議スル旨ヲ告ク
一、何番　左ノ修正動議ヲ提出シ其ノ理由ヲ說明ス
歲出經常部第何款第何項第何目ヲ金何程ニ修正ス
一、何番　何番ノ修正動議ニ贊成ス
一、議長　何番ノ修正動議ハ何人以上ノ贊成者アリテ成立セシニ付之ヲ議題トシ修正說贊成者ニ起立ヲ命ス
起立者　何名
一、議長　起立者過半數ニ付修正說ニ可決スル旨ヲ告ク

一、議長　他款ニハ異議ナキヤ否ニ付議場ニ諮リタルニ滿場異議ナキヲ以テ原案ニ決スル旨ヲ告ク

一、議長　歳入各款ヲ付議スル旨ヲ告ク

一、何番　左ノ修正動議ヲ提出シ其ノ理由ヲ説明ス

歳入經常部第何款第何項第何目ヲ金何程ニ修正ス

一、議長　何番ノ修正説ニハ定規ノ賛成者ナキニ付動議成立セサル旨ヲ告ク

一、何番　左ノ修正動議ヲ提出シ其ノ理由ヲ述フ

歳入經常部第何款第何項第何目ヲ金何程ニ修正ス

一、何番　何番ノ修正説ニ賛成ス

一、議長　何番ノ修正動議ハ何人以上ノ賛成者アリテ成立セシニ付之ヲ議題トシ修正説賛成者ニ起立ヲ命ス

起立者　何名

一、議長　起立者半數即チ可否同數ナルニ付市制第五十七條町村制第四十九條ニ依リ議長ニ於テ

（原案）（修正說）ニ決スル旨ヲ告ク

一、議長　其ノ他歳入ニ異議ナキヤ否ヤヲ諮リタルニ滿場異議ナキヲ以テ第三讀會ヲ開ク旨ヲ告ク

一、何番　第二讀會決定ノ通異議ナシト呼フ

一、議長　第二讀會決定ノ通異議ナキ者ニ起立ヲ命ス

起立者　何　名

一、議長　起立者過半數ニ付第二讀會決定ノ通確定スル旨ヲ告ク

一、議長　午後何時會議ヲ閉ツヘキ時刻ニ至リタルモ議事ノ都合ニ依リ引續キ議事ヲ繼續スル旨ヲ告ク

日程第二　何區長ヲ定ムルノ件

一、議長　本件ヲ議題ト爲ス旨ヲ告ク

一、何番、何番、原案ニ贊成ノ旨ヲ述フ

一、議長　原案賛成者ニ起立ヲ命ス

起立者　全　員（何名）

一、議長　全會一致（過半數）ニ付何某ハ本村區長ニ選定セラレタル旨ヲ告ク

一、議長　第二日ノ議事日程ヲ報告ス

一、日程第三　市町村長選擧ノ件

一、日程第四　何々（官廳）諮問ニ係ル何々ニ付答申ノ件

一、日程第五　昭和何年度何市町村歳入歳出決算認定ノ件

一、議長散會ヲ宣告ス于時午前（後）何時何分

昭和何年何月何日

議長（町村長）（町村助役何某）午前（後）何時何分開議ヲ宣告ス

出席議員何名其ノ氏名前日ニ同シ（左ノ如シ）

（何　番）（何　某）
（何　番）（何　某）

日程第三　市町村長選擧ノ件

一、議長　本件ノ選擧ヲ行フ旨ヲ告ケ投票用紙ヲ配付ス
一、議長　投票結了ニ付其ノ結果ヲ報告ス

有效投票　何　票
無效投票　何　票

内

一、成規ノ用紙ヲ用ヰサルモノ　何　票
二、何々　何　票

有效投票ノ內得票者ノ氏名及其ノ得票數左ノ如シ

何票　氏名
何票　氏名

一、議長有效投票ノ過半數ヲ得タル何某ヲ當選者トスル旨ヲ告ク

日程第四　何々官廳ヨリ諮問ニ係ル何々ニ付答申ノ件

一、議長　本件ヲ會議ニ報告シ且シ便宜議長ニ於テ答申書案ヲ作製シ提出ス
一、何番　讀會省略ノ動議ヲ提出ス
一、何番　何番、何番ノ讀會省略ノ動議ニ贊成ス
一、議長　何番ノ動議成立ニ付讀會省略ニ異議ナキヤ否ヤヲ會議ニ諮フ
一、議長　異議ナキヲ以テ讀會ヲ省略スル旨ヲ告ク
一、議長　原案贊成者ニ起立ヲ命ス

起立者　仝　員（何名）

一、議長　全會一致ニ付原案ノ通答申スルコトニ決スル旨ヲ告ク
　日程第五　昭和何年度何市町村歳入歳出決算認定ノ件

△一、議長　本件認定ヲ求ムルニ付町村制第百二十二條ニ依リ町村長助役共ニ議長ノ職務ヲ行フコトヲ得サル旨ヲ告ケテ退席シ年長議員何某町村制第四十五條ニ依リ議長ノ職務ヲ代理シ假議長ヲ選擧スルニ指名推選ノ法ニ依リ何某ヲ假議長ニ指名シ滿場異議ナキヲ以テ之ニ決シ何某議長席ニ着ク

一、議長　本件ハ讀會ヲ省略スル旨ヲ告ケ會議ニ諮ヒ異議ナキニ付之ニ決ス

一、何番　決算調査ヲ附託スル爲委員何名ヲ設クルコト及其委員ハ議長ノ指名ニ依リ之ヲ選定センコトスルノ動議ヲ提出ス

一、何番　何番、何番ノ動議ニ賛成

一、議長　何番ノ動議成立ニ付之ヲ會議ニ諮ヒ賛成者ニ起立ヲ命ス

起立者　全員（何名）

一、議長　賛成者全會一致（過半數）ニ付何番ノ動議ニ決定スル旨ヲ告ケ左ノ何名ヲ委員ニ指名シ一名毎ニ會議ニ諮ヒ異議ナクク之ニ決ス

何番　何某

何番　何某

一、議長　委員ニ於テ調査ヲ了スル迄休憩ヲ宣告ス時ニ午前（後）何時何分

一、議長　午前（後）何時何分開議ヲ宣告ス出席議員休憩前ニ同シ

一、議長　決算調査委員長ニ對シ調査シタル結果ノ報告ヲ命ス

一、何番　委員會ヲ代表シ昭和何年度何市町村歳入歳出決算ハ正確ナルモノト認ムル旨報告ス

一、議長　委員長報告ニ對シ賛成者ニ起立ヲ命ス

起立者　全員

一、議長　起立者全員ニ付認定スルコトニ決定スル旨ヲ述ヘ議長席ヨリ退席ス
一、町村長　議長席ニ復ス
一、議長　第三日ノ議事日程ヲ報告ス
一、日程第六　役場新築ニ關スル件
一、日程第七　何々規程中改正ノ件
一、日程第八　何々ニ關スル意見書提出ノ件
一、議長　散會ヲ宣告ス干時午前(後)何時何分

昭和何年何月何日

議長(何某町村長)(町村助役何某)午前(後)何時開議ヲ宣告ス
出席議員何名其ノ氏名第二日ニ同シ(左ノ如シ)

(何　番)　(何　某)

（何　番）　（何　某）

日程第六　役場新築ニ關スル件

一、議長　第一讀會ヲ開ク旨ヲ告ク

一、市町村長（助役）　提出ノ理由ヲ述フ

一、何番　何々ニ付質問ス

一、市町村長　何番ノ質問ニ對シ何々ト答フ

一、何番　何々ニ付延期ノ動議ヲ提出ス

一、市町村長　本案ハ尚調査ノ必要ヲ生シタルヲ以テ撤回スル旨ヲ告ク

日程第七　何々規程中改正ノ件

一、議長　本案ハ簡單ナル改正議案ニ付讀會省略ノ可否ヲ諮リ之ニ決ス

一、何番　原案ニ贊成

一、議長　原案贊成ノ外他ニ異議ナキヤト諮リタルニ異議ナキニ付原案ニ確定スル旨ヲ告ク

日程第八　何々ニ關スル意見書提出ノ件

一、何番　何番ヨリ何々ニ關スル意見書提出ニ付左ノ如ク動議ヲ提出ス

何々……………………………………(意見書ノ全文記載)

一、何番　何番何番ノ動議ニ贊成

一、議長　動議成立ニ付議題トシ且ツ讀會省略ニ依リ決スル旨ヲ告ケ贊成者ニ起立ヲ命ス

起　立　者　全　員

一、議長　起立全員ニ付動議ノ通可決シタル旨ヲ告ク

一、議長　署名議員ハ何名トシ其ノ選擧ハ指名推選ニ依リ指名者ヲ議長ト爲スヘキ旨ヲ會議ニ諮フ

一、議長　異議ナキヲ以テ指名推選ニ依ルコトニ決スル旨ヲ告ク

一、議長　左ノ者ヲ指名シ一名毎ニ會議ニ諮ヒ異議ナク決ス

何番　何
何番　何

一、議長　會議ヲ閉ツル旨ヲ宣告ス
一、市町村長　第何回市町村會ノ閉會ヲ宣告ス
于時午前(後)何時何分
右會議ノ顚末ヲ記載シ其ノ相違ナキコトヲ證スル爲茲ニ署名ス
昭和何年何月何日

何市町村會議長
市町村會議員
△何町村長　何某
△何町村會議長代理
何町村會議員　何某

市町村會議員　何　某

市町村會議員　何　某

備考　△印は町村會の會議録に於てのみ事實を生ずるのである。

三　會議の結果報告

市町村會を終了したるときは、會議録を添へ、其の結果を市町村長に報告すべきである。蓋し市町村會は市町村長の發案に基きて之を議決し且つ法令に依り選擧を行ひたるものなるを以て、議決の執行權ある市町村長に之を報告し其の執行上遺憾なからしむるの要がある、更に市町村長は議決又は選擧の適法に行はれたるや否やを監視する職權を有するものなるを以て、其の職務の執行に便する爲め、必ず之が報告をせねばならぬ。尤も町村長が議長たるときは、自ら其の状況を知悉せるを以て議了後議長として殊更報告するの要はない（市制第六十二條町村制第五十八條）。

三　市町村會の代表

市町村を代表するものは市町村長なるを以て、市町村の意思に基き之を外部に代表し執行するものも亦原則として市町村長の名に於て爲すべきも市町村會に於て爲す官廳の諮問に對する答申及公益上必要に基きて爲す意見書の提出は、市町村會議長の名に於て之を爲すべきものであつて、市町村の外部代表の例外となるものである。從つて此の場合に於て市町村長の名に於てすることは總て違法となる（市制第四十六條第四十七條町村制第四十三條第四十四條）。

以上の如く市町村會議長の權限は非常に廣汎にして、其の責任も亦重大である。從て往々議長の爭奪を行ひ、多數派議長を擧ぐれば自派の勢力を擁し小數派を壓迫し、若し又少數派議長を得れば議長は其の權限の絕對的なるを賴みに、多數派の言論を壓迫し遂に議事の公正なる運用を阻害するの虞がある、如斯は公器を壟斷するものにして、許すべからざる不德の所爲である。宜しく議長たるものは、其の職責の重大なるに鑑み、小利黨爭の爲め、公平なる處置を誤ることなきに心掛けねばならぬ。先年帝國議會に於て議長の黨籍離脫の問題を起したるも、專ら議長をして黨派を離れ自由公正に其の職務を遂行せしめむとするに外ならぬ。市町村會に於ても亦此の精神を尊重すべきは言ふ迄もない。

法に徵するに議長の絕對權に對しても相當の制限が加へられてゐる。若し議長が其の權限を不當に用ひて、開會すべき其の日の會議を開かざるときは、議員半數以上より議長に開會を請求し得べく、此の場合に於て議長尙ほ會議を開かざるときは、議長故障あるものとして議長の職務を行ふべき者に於て其の日の會議を開き、議事を進め得る途がある。又議長にして其の權限あるを賴み、不當に其の日の會議を閉ぢ、又は之を中止せむとするときにありても、議員中異議あるときは、市町村會の議決に依るに非ざれば、會議を閉ぢ又は中止することを出來なからめしてゐる。又前述の如く議員の請求に依りて開きたる會議なるときは、市町村會の議決に依るに非ざれば、會議を閉ぢ又は中止することを得ざらしめてゐる。如斯にして議長の權限の不當行使は、會議法に依り夫々掣肘し得べしと雖も、此の法を以てするも議長の權限の惡用を全然防止し得たるにあらざるを以て、黨爭の結果所謂議長橫暴の弊に陷ることなきを保し難い遺憾がある。要は市町村會の自覺及議長たる人の德に俟つの外はないのである。

第三節　議長の忌避及故障代理

市町村會議長にして其の職務を執行し得ざる場合がある、即ち左の通りである。

１　一身上に關するとき　議長は自己又は父母、祖父母、妻、子孫、兄弟姉妹の一身上に關する事件に付ては、其の議事に參與することは出來ない。若し市町村會の同意を得たるときは、議員として會議に列席し發言することは出來るが、議決に加はることは全然出來ない。此の一身上に關する事件とは、假へば市町村と請負契約を爲し、土地の賣買を爲し、又は議員の失職決定若は異議の決定等の如く一身上に關する具體問題を指すのであつて、戸數割の賦課額を決定し、費用辨償額及其の支給方法を決定し、又は選擧の效力に關する決定の如く一般議員に廣く關係ある事件は、之を包含せざるものと解すべきである（市制第五十四條町村制第五十條）。

2決算認定のとき　町村長にして議長となり、又は町村助役として議長の職務を代理する者にありては、町村の決算を町村會の認定に付する會議に於ては共に議長の職務を行ふことは出來ないのである（町村制第百二十二條）。

以上の場合又は其の他の事由に依り議長に故障ある場合、例へば議長死亡し、議長旅行し、議長會議に缺席し、議長其の職を辭し又は議員の要求あるも之に應じて其の日の會議を開かざる等、議長として其の職務を採らざる場合、又は採ることを得ざる各種の場合を包含するのである。是等の事由に依り議長故障あるときは、市會にありては副議長之を代理し、副議長も亦故障あるときは、臨時議員中より假議長を選擧して、議長の職務を行はしむるのである（市制第四十九條）。町村會にして町村長議長たる場合は、助役其の職務を代理すべきものなるも、助役にも亦故障ある場合は、臨時に議員中より假議長を選擧して議長の職務を行はしむるのである（町村制第四十五條）。又町村會にして町村制第四十五條第三項に依り町村條例を設け、選擧に依る議長及其の代理者を置きたる場合にありては、其の議長に故障あるときは、議長の代理者之を代理すべく、尙ほ其の代理者にも故障あるときは、議員中より臨時に假議長を選擧し議長の職務を行はしむるのである（市制第四十九條町村制第四十五條）。此の假議長を選擧するには、年長議員議長の職務を行ふべきものであるが、此の年長議員は、假議長選擧の爲めにのみ、議長の權限を行使し得るに止まり、一般議事及其の他の選擧に付議長の權限を行ふことは出來ないのである。然るに議長及其の代理者共に故障あるとき、假議長を選擧せず、直に年長者が議長と爲り各種の議事を進行せしむるは違法であるから、取扱上注意せねばならぬ。

第五章　市町村會の職務權限

市町村會の職務權限に關しては、市制第四十一條以下町村制第三十九條以下に夫々規定せられ、其の主要なものは市町村の意思を決定することである。更に市町村會は諮問の答申、意見の提出、異議申立の決定、事務出納の檢査、議員の資格審査、發案及規則の制定等を爲すの權限を有するのである。

第一節　市町村會の議決

市町村會は市町村の意思機關なるを以て、議決即ち市町村の意思の決定を爲すことは、市町村會の權限中洵に重要なことであり、且其の權限行使の大部分を占むるものである。

而して市町村會に於て議決すべきものは、市町村に關する事件及法律勅令に依り其の權限に屬する事件であつて、要するに市町村に關する事件に付ては、總て市町村會の議決を經て初めて之を執行し得るものであつて、一二の例外の外市町村の理事機關に於て獨斷專行すると云ふ事は法の認めない所である。如斯市町村會は廣汎な議決權を持つてゐるのであるが、さりとて理事機關たる市町村長の執行權に屬する事項に付て迄、容喙することは全然出來ないのである。即ち豫算の成立には市町村會の議決を必要とするも、成立したる豫算を執行して事業を行ひ、物品の購入勞力の供給を受くるが如きは、市町村長の權限である。又吏員の定員を定め、給料給與の決定を爲すは市町村會の權限なるも、吏員を採用し之に給料給與の支給を爲すは市町村長の權限である。法律は議決機關と理事機關の權限を各別に規定し、各侵犯することなく、又各其の權限の行使に掣肘を受けしめざることとしてゐる。蓋し法の運用を圓滑にし、事務管理の迅速を期せむが爲めである。故に市町村會は自己の權限を嚴守して、他に犯され又は無視せられざるの意氣を存すべきは勿論なるも、さりとて市町村長の執行權の範圍に喰入りて、事毎に容喙するが如きは明に越權であり、又以て事務處理の澁滯を來す惧があるから、其の權限を逸脫することなきに注意せねばならぬ。

以上の如く市町村會の議決權は大別して二となるのである。茲に所謂『市町村に關する事件』とは、市制第二條町村制第二條に依り、市町村の處理する公共事務は勿論、委任事務をも包含するのであるが、是等の事務の中には法令等に依り市町村會の議決を經ることを要せないものがあり、又議決の範圍内に於て事實に適合する處置を採る爲めにする行爲、卽ち議決の執行に屬するものに付ては、市町村會は一々之が議決を爲すべき限りでない。『法律勅令ニ依リ其ノ權限ニ屬スル事件』とは、法律又は勅令の規定に依り、市町村會の議決を經べきことを明規する事件を指す義である。右に依り市町村會の議決を經べき主なるものを擧ぐれば概ね左の通りである。

一　市町村條例及市町村規則を設け又は改廢する事

市町村條例及市町村規則の制定改廢に付き議決することとは、畢竟市町村會が市町村の自治立法に參與することであり、法律の制定改廢に帝國議會が參與すると同樣の關係である。如斯條例及規則の制定改廢に付き其の案を議決する事は、重要な職責であるから、其の性質內容を究めて置く必要がある。條例及規則は法律の特別の授權に基く市町村の自治立法權の發動の形式であつて之に關しては市制第十二條町村制第十條の規定がある。卽ち市町村は市町村住民の權利義務又は市町村の事務に關し市町村條例を設くることを得べく、又市町村は市町村の營造物に關し市町村條例を以て規定するものの外、市町村規則を設くることを得しめてゐる。

甲　市町村條例

市町村條例は之を大別して、權利義務に關する條例と、事務に關する條例とがある。而して『市町村住民の權利義務に關する條例』とは、市町村住民の市町村に對して有する、一般的の服從義務を基本として生ずる直接の權利義務に關するものであつて民勢調査に方り住民に申告を命ずるが如きを指し、法令に根據なくして住民の所有する土地の使用權を制限し、又は法令の規定なくして、住民に負擔を命ずるが如きは之を包含しない。又『事務に關する條例』とは、市町村の事務中其の公共事務に關してのみ條例を設け得るに止り、委任事務に關しては條例を設くべきものでない。

而して此の條例を設くると否とは、原則として市町村の任意であるが、法律勅令に依り其の制定を命ずるものがある。卽ち左の條例である。

1 市町村會議員定數增減條例（市制第十三條第四項町村制第十一條第三項）
2 市會議員選擧區條例（市制第十六條第一項第二項第十九條第五項）
3 市制第六條の市會議員各區選出條例（市制第十六條第三項）
4 勅令を以て指定する市の名譽職參事會員の定數增加條例（市制第六十五條第一項）
5 町村會議長及其の代理者條例（町村制第四十五條第三項）
6 名譽職市長設置條例（市制第七十三條）
7 市町村助役定數增加條例（市制第七十二條第二項町村制第六十條）

8 町村長又は助役の有給條例（町村制第六十一條第二項）
9 市參與設置條例（市制第七十二條第三項）
10 市參與有給條例（市制第七十四條第一項）
11 市町村副收入役條例（市制第七十九條第一項町村制第六十七條第一項）
12 市町村委員の別段の組織條例（市制第八十三條第三項町村制第六十九條第三項）
13 市町村名譽職の費用辨償、報酬額及其の支給方法竝有給吏員の給料旅費額及其の支給方法條例（市制第百四條百五條町村制第八十四條第八十五條）
14 市町村有給吏員の退職給與金、死亡給與金又は遺族扶助料條例（市制第百六條町村制第八十六條）
15 市町村使用料條例（市制第百二十九條第一項町村制第百九條第一項）

16 市町村手數料條例（同上）

17 市町村特別税條例（同上）

18 市町村使用料、手數料、市町村税、財産及營造物に關する過料條例（市制第百二十九條第二項第三項町村制第百九條第二項第三項）

19 市町村督促手數料及納付命令手數料條例（市制第百三十一條第三項町村制第百十一條第三項）

20 市町村の一部の財産營造物に關する區會又は區總會の設置條例（市制第百四十五條町村制第百二十五條）

21 市制第六條の市の區會條例（市制町村制施行令第六十一條）

22 同上區會議員の定數増減條例（同第六十五條）

23同上區の營造物の使用條例(同第六十九條)
24同上區の使用料條例(同上)
25同上區の督促手數料條例(同第七十一條)
26下水道法第三條第二項第一號の費用徵收條例(下水道法第三條)
27町村學校組合又は市町村學校組合の學區の學務委員條例(小學校令第六十二條)
以上の條例は法令の規定に基き制定を要するものであるから、之に該當する事項を生じたるときは必ず條例を設くべきである。而かも其の設定には原則として市町村會の議決を經ることを要するのであるが、20 21の條例に付ては府縣知事は市町村會の意見を徵して之を設定し得べき例外がある。

條例の改正又は廢止に付ては、其の形式に關して明定したものはないが、法律の改正又は廢止に、法律の形式を以てすると同樣、條例の改正又は廢止に付ても亦、條例の形式を以てせねばならぬ。條例の改正の爲にする條例を改正條例と謂ひ、條例廢止の爲にする條例を廢止條例と謂ふのであつて、共に市町村會の議決を經べきものである。

乙　市町村規則

市町村規則も亦市町村の特有する自治立法權の發動の形式であるが、其の規定し得べきものは、市町村の營造物に關し市町村條例を以て規定するもの以外の事項に關してのみである。例へば水道使用規則、溜池使用規則、墓地使用規則、火葬場使用規則、上屋使用規則、住宅使用規則、公園使用規則、傳染病院使用規則等が之であつて、更に市制第百十一條町村制第九十一條に依り、舊來の慣行ある財產の使用方法に關しても亦、規則の制定を爲し得るのである。

以上條例及規則は共に市町村長の發案に俟つて、市町村會之を議決すべきものなるも、玆に一の例外がある。夫れは市町村會の會議規則及傍聽人取締規則之である。是等二規則は市町村會の會議の整理上設くるものであるから、常に市町村會の發案に基き市町村會之を決定すべきものであつて、上述營造物又は財産の爲に設くる規則とは性質を異にするものである。

往々市町村に於て各種の『規程』を設くる向がある。例へば財産管理規程、物品勞力供給規程、財産其他賣却規程、會計規程、市町村吏員定員規程、吏員共濟資金管理規程、物品會計規程、市町村税賦課徴收規程、住宅貸付規程等を設けてゐる。此の規程と云ふのは前叙の條例及規則の如く市町村の特有する自治立法權の發動に依るものでなく、市町村會の爲す議決の效力を比較的永續せしむる爲めに設くるものであつて、各事件の發生したる都度、議決する代はりに、豫め各種の場合を豫想して議決を遂げ、該當事項は之に基きて夫々處理せしめむとするに外ならぬ。

二　市町村費を以て支辨すべき事業に關する事

市町村會は市町村の意思機關なるを以て、市町村の施設經營其の他、苟も市町村の費用を以て支辨すべき事業を行ひ又は中止若は廢止するに方りては、常に市町村會の議決を經ねばならぬ。茲に市町村費を以て支辨すべき事業とあるを以て、其の公共事務たると委任事務たるとを問はないのである。而かも其の豫算の設けあると否とに拘らず、重要なる事業に關しては總て市町村會の議決を經べきである。例へば上水道布設事業を起すが如き、溜池の築造を爲すが如き、農業倉庫の建設を爲すが如き、補助又は寄附を爲すが如き、公會堂の廢止を爲すが如き、質庫事業の中止を爲すが如き之である。如斯市町村の施設事業に關しては常に市町村會の議決を經べきものであるが、此の『事業』とは『事務』より狹義に解すべきを以て、豫算に基きて執行すれば足る樣な單純なる事務、即ち豫算の執行に屬する程度のものに付ては、一々市町村會の議決を經ることを要せないのである。更に左の二の場合に付ては、假令市町村費を以て支辨する事業に該當しても、市町村會の議決を經る限りでない。

甲　市制第九十三條町村制第七十七條の事務

右事務は元來國府縣其の他公共團體の事務であるが、法律命令の定むる所に依り、市町村長其の他の吏員に委任せられた事務である。謂はば他人の事務であつて、市町村其のものの事務ではない、市町村會は市町村の意思を決する機關ではあるが、其の決定を爲すには自己の意思を以て左右し得る範圍に限らるべきである。以上の事務は市町村たる團體の事務でもなく、又市町村の意思を以て左右し得べきものでないから、之に關し市町村會が議決することは結局市町村會が國家の意思を決定することとなり、夫れでは行過ぎるから、法律は之に關する議決を爲さしめない事としたのである。然らば如何なる事件が之に該當するか、一二の事例を左に掲げて見る。

1衆議院議員選擧又は府縣會議員選擧事務を執行すること――從つて投票所の設備を爲すことは市町村會で兎や角言へない。

2道路の管理に關すること――道路の維持、修繕、開鑿、新設、認定は管理者の權限であつて、其の要否を議することは出來ない。

3都市計畫事業に關すること――都市計畫事業は市長に於て執行すべき事業なるを以て、其の施設事業が宏大にして而かも費用を多額に要し、且市民の生活に重大な關係があるにもせよ、之に關して市會が容喙することは出來ない。

4 職業紹介事務に關する――職業紹介事務は市町村長の權限であつて、其の可否を議決することは出來ない。

5 行旅病死人其の他救護に關すること――行旅病人死亡人の取扱、精神病者監護、水難救護等の事務は總て市町村長の權限なるを以て、之に關して要否を議決することは出來ない。

乙 法律勅令に規定あるもの

市町村に委任せられたる事務は、元國家又は府縣其の他の公共團體の事務を法令の規定に依り市町村に委任したるものなるを以て、其の性質必要事務なることを常とし、市町村の意見に依り之を行ふと否とを決すべきものでない。唯此の例外としては市町村に委任するに方り之を行ふと否とは之を市町村の意見に委し其の之を行ふに方りては、常に法規と依遵せしめむとするものがある。玆に法律勅令に規定あるものとは法令に依り事業其のものを命ずるものを指すのであつて、其の法令に反して市町村が別に其の意思を決定して處理するを許さぬものである。其の主なるものを擧ぐれば左の通りである。

1國税府縣税の徵收――之れは市町村の義務であつて之を行ふと否とを議決すべき限りでない。

2小學校の設置――市町村は小學校を設置する義務があるのであつて、之を設くると否とを決すべき限りでない。尤も小學校經營の爲に學校組合を設くるか否かは市町村の議決に俟つべきは勿論である。又學校の建物の建築工事を爲すに付ては其の議決を經るのである。

3 學務委員、傳染病豫防委員の設置――法令に依り市町村が設置すべきものなるを以て、其の設置に關して議決を經るの限りでない。

4 傳染病、隔離病舍の設置――傳染病豫防救濟の爲め市町村に傳染病及隔離病舍の設置を爲す義務を有するものにして之が設置に關し議決を經べき限りでない。尤も傳染病院、隔離病舍に關する組合の設置又は建物の建築等に關しては固より議決を經べきものである。

5 結核療養所の設置――肺結核豫防救治の爲め結核療養所の設置を指定せられたる市町村にあつては、之が設置の可否に付議決するの餘地はない。

6 職業紹介所の設置――職業紹介所の設置は固市町村の任意事務なるも、內務大臣より設置を命ぜられたるときは、最早之が設置に關し可否を決すべきでない。上水道下水道の布設、屠場の設置に付ても亦同樣の場合がある。

7 史蹟名勝天然紀念物の保存――史蹟名勝天然紀念物の保存管理に關し内務大臣より指定せられたるときは、法令に基く義務にして市町村に於て其の管理を爲すと否とに關し議決すべき限りでない。

三　歳入出豫算を定むる事

市町村の財政整理に關しては、一切の收入及一切の經費は總て之を歳入歳出豫算に編入し、豫算に基きて之を爲すべきものなるを以て、市町村會に於て歳入歳出豫算を定むることは、結局市町村の財政經理の基本を定むることであつて、誠に重要なことである。故に市町村會の有する各種の議決權の中にありて、此の權限は最も主要なものである。豫算は一會計年度間の收支の見積にして、市町村長に於て之を調製すべきものである。從て豫算の內容には其の一年度間に於ける市町村の各種の施設經營其の他の事務に要する經費の總てを見積り、且市町村の機關を構成する議員、吏員の給與をも悉くして居る、加之豫算の示す所は一面市町村住民の直接の負擔に歸すべき市町村税及負擔を將來に貽すべき市町村債をも包含するのであるから、愼重な審議を遂げねばならぬ。即ち適確ならざる豫算に基きて收支を執行せむか、或は必要なる經費に不足を來し、事業を中止停止せざるべからざることあり、又無用の經費を見積れば財政自ら放漫に流れて市町村の負擔を苛重ならしむることもあり、或は償還計畫不熟の公債を亂發せば、市町村財政の將來に困難を來すこともあり、殊に過大なる歳入の見積りは、遂に豫定歳入に缺陷を生じ、市町村財政の將來を破綻に陷らしむるが如きこともある。要するに豫算は市町村事務の基礎を爲すものであるから、豫算に關する議決を爲すに方りては、宜しく愼重なる審議に努めねばならぬ。

豫算は歳入及歳出より成り、時に之を經常及臨時の二部に大別し、更に之を款及項に分別するのである。豫算には必ず説明を付すべきものにして、先づ種目及其の金額を掲げ、且前年度豫算額を掲げ更に比較增減額を明示し、附記には豫算金額の基く所を明にすべきものである。而して豫算の樣式は、市制町村制施行規則別記樣式市町村歳入歳出豫算樣式に準據せねばならぬのである。

而して豫算に關しては、豫算不可分の原則があつて、一會計年度間の收支は、原則として一の豫算に編入すべきものなるも、臨時不得已の必要あるときは、既定豫算の追加又は更正が出來る、此の追加の爲にする豫算を追加豫算と云ひ、更正の爲にする豫算を更正豫算と云ふ。又追加更正豫算と云ふものあるも、之れ豫算の追加と更正とを併せて、而かも同一豫算の形式を以て執行せむとするものである。唯此の追加又は更正の豫算を設け得るのは、會計年度內に限られてゐるから、翌年三月三十一日を過ぎてからは、最早や豫算の追加又は更正を爲すことは出來ない。

又市町村の施設經營の多岐多端なる場合には、其の施設經營に關して一般會計と別けて、所謂特別會計を設くることが出來る。此の場合には特別會計を設くる議決を爲すと共に、一般會計の豫算の例に傚つて、特別會計の豫算を設くるのである。而して其の必要あるときは特別會計に關しても亦、豫算の追加又は更正を爲すことが出來る。

豫算は會計年度の初より直に必要なものであるから、年度開始の日迄卽ち四月一日迄には必ず之が執行を爲し得る樣になつてゐなければならない。而して豫算中には使用料、手數料、制限外課稅、特別稅、又は起債等監督官廳の許可を受くるに非ざれば執行することの出來ないものがある。故に豫算に付ては相當期間前に之を議決し、以て年度開始の前日までに夫々手續を完了する樣にせねばならぬ。茲に於て法律は會計年度開始の一月前、卽ち每年二月末日迄に豫算を市町村會に於て議決する樣規定してゐる（市制第百三十三條町村制第百十三條）。尤も此の規定は市町村長に對し命令したものであり、市町村會の議決權を拘束したものではないが、豫算に關しては前述の如く夫々許可の手續を採らねばならぬ事項が多いのであるから、市町村會に於ても成るべく法の希望する時期迄に議決を爲し、以て豫算の執行を圓滑ならしむることが肝要である。

四　決算報告を認定する事

決算は豫算に基き執行せられたる市町村の收支の結果を表示したものである。故に豫算を議決する市町村會に於て、決算の審査を爲すは當然である。而して豫算は收支の見積謂はゞ收支の豫定であるが、決算は收支の實績であるから。果して豫算の趣旨に適合して執行せられたか、收支に不正不當の跡はなきか、不經濟の事實なきか、最も愼重に審査せねばならぬ。然るに豫算に關しては口角泡を飛ばし。數十日論議する市町村會も、決算に關しては僅々數十分にして議了するが如き例を見るが、之れは餘りに決算に對する理解と用意とが缺けてゐるのであるまいか、決算に對しては少くとも豫算に臨むと同樣の心持を以て愼重に審査し、若し不正不當ありて市町村に損害を及ぼしたるものありとせば、責任者に對して其の損害を賠償せしむるの方途を講ずべく、若し其の取扱が豫算の趣旨に反するが如き場合は、少くとも後日の取扱を是正せしむる樣注意を喚起をせねばならぬ。此の注意喚起の方法は市町村長に質問して説明を求むるか、又は市町村會の有する意見書提出權により、市町村長又は監督官廳に對し意見書を提出し、理事者の自省を求むるか又は監督權の發動を求むべきである。尤も市町村會の斯くすることは、最も公正に市町村の財政の整理に資せむとするのであつて、故意に理事者を虐め又は事務の澁滯を來たさしめんが爲めにするものではない。若し夫れ私心を以て敢て理事者の困惑を事とするが如きは、公人たる市町村會議員の採るべき所でない。

決算の認定とは如何なることか、決算が適正に調製せられたるや、收支が完全に行はれたるやを審査するの意にして、認定に依つて決算たるの效力の發生を爲さしむるものではない。即ち決算は認定に依りて其の效力を發生するものに非ずして、適法なる決算の調製に依りて其の效力を發生するものである。故に市町村會は決算の認定に付せらるゝや、叙上の審査を遂げ、意見あるときは相當之を開陳せば足り、强て決算不認定と稱して理事者を困らす樣なことがあつてはよくない。

決算の調製は收入役に於て之を爲すを原則とし、市町村の出納は每年五月三十一日を以て閉鎖せられ、收入役は六月三十日迄に決算を調製して證憑書類と共に之を市町村長に提出し、市町村長は之を審査し意見を付して、通常豫算を議する市町村會迄に之を認定に付せねばならぬ。而して決算の樣式は豫算樣式に準じ、豫算と決算との過不足を表はし、且つ其の理由を付すべきものである。又市町村長は必ず意見を付すべきものである。

決算の認定を爲す町村會に於ては、町村長及町村助役共に町村會議長の職務を採ることは出來ない。此の場合に於ては町村會に於て假議長を選擧せねばならぬ。

五　使用料、手數料、加入金、市町村稅又は夫役現品の賦課徵收に關する件

市町村の經費を支辨する財源は、財產より生ずる收入、使用料、手數料、加入金、過料、過怠金其の他の收入を以てし、其の不足ある場合に於て、市町村稅又は夫役現品に之を求むべきものであつて、之を換言すれば市町村の財源は先づ稅外收入に之を求め、然る後に市町村稅、夫役現品等稅收入に求めよと云ふのである、之れは財政經理上當然の事である。前者を第一次收入と云ひ、後者を第二次收入と云ふ。市町村の財政が此の第一次收入を以て經理し得るは、眞に自治財政の理想に達したものである。全國一萬二千の市町村中此の自治財政の理想に達した町村が二つある。即ち左の通り

である。

靜岡縣賀茂郡白濱村

同　縣田方郡網代町

而かも白濱村に於ては第一次收入を以て村財政を經理したる上、更に一年三百圓乃至四百圓を村民各戸に配當してゐると云ふのであるから、斯樣な理想鄉は又と見ることは出來ない。一般市町村に於て直に之を望むことは出來ないが、此の域に進んで行くことを期待せねばならぬ。

此の使用料、手數料、加入金、市町村稅及夫役現品の賦課徵收に關することは、直接市町村住民の負擔に關する所、即ち私經濟に及ぼす影響も相當大なるものがあるから、審議上餘程の注意を致さねばならぬ。而かも此の收入を如何なる程度迄課徵するかは、市町村財政の經理上特に至大の關係を齎すものであるから、豫算の審議と相關聯して充分の考慮をせねばならぬ點である。

甲　使用料

市町村に於て使用料を徴收し得るは、市町村の經營する營造物の使用者より徴收するのと、市町村財産に關して舊來の慣行あるとき其の使用者より徴收する場合がある（市制第百十二條第百十三條町村制第九十二條第九十三條）。更に他の法令の規定に依り市町村の收入に屬する使用料もある。前二者に關しては市町村會の議決を要するも、後者に關しては市町村會の議決を要せない。

イ　營造物の使用料

市町村は溜池、上水道、公園、屠場、農業倉庫、墓地、火葬場、質庫、住宅等直接

公共の用に供する施設を經營することがある。之れを市町村の營造物と云ふのである。營造物に對しては市町村住民に於て供用する權利を有するのであるから、營造物は其の用法に從ひ一般住民に對して使用せしむべきものであるが、此の營造物を現に使用する者は、之に依りて相當の利益を受け、又市町村にありては相當の維持經營費を要するのであるから、此の使用に對する一の報償として、使用者から使用料を徴收し得ることゝなつてゐる。而して此の使用料は如何なる程度に之を徴收すべきかと云ふに、或は無償主義と云ひて、全然無料にするがよろしいと云ふ說もあり、或は利潤主義と云ひ私人の經營すると同樣な料金即ち營利的に料金を定め以て市町村稅の負擔を輕減せよと云ふ說もあり、更に實費辨償主義と云ふて、營造物の維持管理に要する費用を支辨するに足る程度の料金に止めむとするものもある。現在にありては營造物の使用料に關しては、大體此の實費辨償主義に依るべきものとされてゐる。

使用料の徵收に關しては、市町村條例を設けねばならぬ、使用料の徵收は總て此の條例に夫々規定せらるゝのであるから、結局市町村會に於ては、之が條例の設定改廢に關し議決することゝなるのである。

又使用料の條例には使用料の徵收を免れ其の他使用料の徵收上不都合ありたる者に對して科する過料に付ても規定せらるゝのであるが、此の過料は一の行政罰に外ならぬから、法の定むる規定に反せざる樣な定めを爲すことに意を致すべきである。

ロ　財產の使用料

市町村の財產は通例民法の規定に依り使用せしむるものであるが、市町村住民中舊來の慣行に依り財產を使用する權利を有する者あるとき、即ち舊來の慣行ある財產に付ては、其の使用關係は民法の作用を受くるにあらずして、市制町村制の規定の適用を受くるのである。此の使用に關しては一般の賃貸料にあらずして使用料を徴收し得るのであつて、其の料金の程度、徴收方法等は總て營造物の使用料と全く同樣である。

ハ　他の法令に依る使用料

イ及ロに於て說叙した使用料は、共に市制町村制の規定に基く使用料であつて、謂はゞ公共事務に伴ふ使用料である。然し市町村に於ては單に公共事務の外、法令に基き國の事務をも執行し、又市町村長等市町村の機關に委任せられた國の事務もある。是等の事務に伴ふ國の營造物に關し徴收する使用料を市町村に於て收入する場合がある。是等の使用料は本來國庫の收入に歸屬すべきものであるが、委任事務の執行に關しては、市町村に於て相當費用を支辨してゐるのであるから、國は之を市町村の收入に歸屬せしめたのである。而して國の營造物より生ずる使用料の徵收に關しては、國自ら法令の規定を以て定めを爲してゐるのであるから、更に市町村に於て使用料條例を設くるの必要もなく、又市町村會の議決を經て之が徵收を爲すの意思を決定するの要はないのである。此の種使用料に屬するものは、概ね左の通りである。

1 小學校授業料
2 各種學校授業料
3 幼稚園保育料
4 圖書閱覽料
5 道路占用料
6 史蹟名勝天然紀念物觀覽料
7 獵區承認料

乙　手數料

市町村は特に一個人の爲めにする事務に關し、手數料を徴收することが出來る（市制第百十三條町村制第九十三條）。又他の法令の規定に依り徴收する手數料にして、市町村の收入に屬するものもある。前者に關しては市町村會に於て議決を要するも、後者に關しては市町村會の議決を經ることを要せない。

イ　市制町村制に依る手數料

市町村の事務は市町村住民全體の爲めにするものであるが、特に一個人の爲にする事務がある。例へば身分、印鑑、營業の證明、公簿の閲覽、丈量、設計等が之である。是等の事務に關しては其の事務を要求したる一個人が特に利益を受くるのであるから、其の利益に對する報償として手數料を徴收するのである。此の手數料の徴收に關しては、市町村條例の設定を必要とするのであるから、手數料の徴收に關する市町村會の議決は、結局手數料條例の設定改廢として議決するのである。

市制町村制に依る手數料に今一つのものがある、夫れは督促手數料及納付命令手數料である。市町村税其の他公法上の收入を定期內に納付せざる者に對しては、市町村は期日を定めて督促し、夫役又は現品を納付せざる者に對しては、市町村は更に期日を定めて納付を命令するのである。此の場合に於ては市町村は條例の定むる所に依り手數料を徴收し得るのであつて、此の手數料は一の行政罰的性質を有し、前叙の報償的性質を有する手數料とは、格段の差違がある。然し此の手數料に關しても、市町村條例の設定を必要とするのであるから、矢張り市町村會の議決を經ることゝなる。

ロ　他の法令に依る手數料

市町村又は市町村長に委任せられた國の事務に關しても、特に一個人の爲めにする場合には夫々手數料の徵收を爲す場合がある。而して此の手數料も亦市町村の收入に歸屬せしめられたものがある。然れども此の手數料は、もと國の事務に伴ふ手數料であるから、其の徵收に關する規定は總て國の直接意思たる法令に夫々規定せられてゐるのであつて、市町村條例の設定を要せず、而かも此の手數料を徵收すると否とは、總て法令の規定に從ふべくして、特に市町村會の議決を經るの限りでない。其の主なるものを擧ぐれば左の通りである。

1 戶籍手數料
2 寄留手數料
3 馬籍手數料

4入學料入園料
5入學試驗手數料
6生絲正量檢査手數料

丙　加入金

市町村の住民が、舊來の慣行に依り使用する權利を有する市町村の財産に關しては、市町村は新に使用せむとする者に、使用を許可することが出來る。此の新使用者よりは市町村は加入金を徵收することが出來るのである（市制第百十二條町村制第九十二條）。此の加入金は新に使用を許す際に、一時に徵收するものであつて、數度に亘つて徵收することは出來ない。而して加入金の徵收に關しては、必ずしも市町村條例の設定を要せないが必ず市町村會の議決を要するのである。

丁　市、町、村、税

市町村税は市町村の第二次收入である市町村の經費は所謂稅外收入を以て支辨し、尚不足ある場合に於てのみ市町村稅として之を課徵し得るのである。市町村稅は一般住民其の他の納稅義務者の擔稅力に應じ、公平なる負擔を命ずるものである。市町村稅には國稅府縣稅の附加稅と特別稅とがある。前者は法律勅令の規定に依り本稅額を課稅標準として一定限度の課率を以て課稅し得るのであるが、後者は必要あるとき特に稅目を起して課稅するのであつて必ず市町村條例の設定を要するのである。

大正十五年の稅制整理に方り市町村稅に就ても相當の改正が行はれたのであるが、今其の主なるものを擧ぐれば左の通りである。

稅目	制限率	備考

地租附加税	宅地地租百分ノ二十八 其他土地地租百分ノ六十六	制限外課税アリ
特別地税附加税	地價百分ノ三、七ノ百分ノ八十	同上
營業收益税附加税	營業收益税一百分ノ六十	同上
所得税附加税	所得税　百分ノ七	同
取引所營業税附加税	取引所營業税　百分ノ十	制限外課税ナシ
鑛業税附加税	各鑛業税　百分ノ十 試掘鑛區税　百分ノ三 採掘鑛區税　百分ノ七	同 同 同
砂鑛區税附加税	砂鑛區税　百分ノ十	同
	一戸數割ヲ賦課スル市町村本税百分ノ五十	制限外課税アリ

家屋税附加税	2 戸數割ヲ賦課シ難シト認メタル市ノ家屋税附加税總額ハ市税豫算總額ノ百分ノ三十六但シ所得税附加税ヲ賦課スルトキハ同上百分三十	同
	3 同上町村ノ家屋税附加税總額ハ町村税豫算總額ノ百分ノ六十但シ所得税附加税ヲ賦課スルトキハ同上百分ノ五十五	同
營業税附加税	營業税百分ノ八十	同
雜種税附加税	雜種税附加税額ハ本税總額ノ百分ノ八十九	同
特別税戸數割	1 戸數割ノ總額ハ市ニ在リテハ當該年度ニ於ケル市税豫算總額ノ百分ノ三十七	同
	2 同上ハ町村ニ在リテハ當該年度町村税豫算總額ノ百分ノ六十	同

特別税段別割	各地目平均　段步金一圓	同
都市計畫特別税		
地租割	地租百分ノ十二	制限外課税ナシ
營業收益税割	營業收益税百分ノ二十二	同
營業税	府縣税營業税十分ノ四	同
雜種税	府縣税雜種税十分ノ四	同
家屋税	府縣税家屋税十分ノ四	同
特別地税	地價千分ノ五	同
其ノ他勅令ヲ以テ定ムルモノ	（未設定）	

イ　附加税

國稅及府縣稅の附加稅に關しては、其の課率及賦課徵收期日を市町村會に於て議決すればよい。而して附加稅の課率は原則として均一の課率に依るべく、不均一の課率に依ることは特別の必要ある場合に限らねばならぬ。さりとて人に依り課率を異にすると云ふことは稅たるの本質を失ふのであるから、如斯課稅方法は絕對に採ることが出來ない。又附加稅は本稅額を課稅標準とし、納稅義務者を同じうするものなるを以て本稅と同一日に於て徵收することが便宜である。

ロ　特別稅

特別稅として通例認めらるゝものは、戶數割及段別割である。而して特別稅は前叙の通り特に稅目を起して課稅するものであり、且特別稅に關しては必ず市町村條例の設定を必要とするものである、此の條例には特別税の税目、納税義務者、課税標準、賦課率、賦課期日、課税せざる範圍（課税部外）徴收期限其の他賦課徴收方法等を規定すべきである。

市町村税は大體以上の通りであるが、市町村税は直接住民の負擔に關するものであり、又市町村財政上重要なる地位を占めてゐるのであるから、實際如何なる程度に如何なる税を課徴すべきかは非常に注意を要する點である。之は市町村の歳入豫算を審議するに方り、相關聯する重要問題である。唯玆に注意するのは市町村税の賦課徴收に關しては法令に相當詳細なる規定があるから、之に牴觸せざる樣に條例及賦課徴收の規定を爲すと共に。豫算の外必ず賦課率の議決を爲さなければならぬ點である。

市町村税は市町村の公益上其の他の事由に依り課税を不適當とする場合には之が課

税を見合はすことができるのであるが、其の課税せざる範圍は固より市町村會の議決を以て定むべきである。市町村税は特別の事情ある者に對しては減免する途もある。之に關しては市町村會の議決を要するのである。又市町村税の賦課上必要なる場合には、市町村は納税義務者をして必要事項の申告を爲さしむることが出來るが、之に關しては市町村條例を設定することを要すべく、從て市町村會の議決を經べき筋合である。市町村税を納税期限迄に納めざる者に對し、督促したる場合には市町村は滯納の日より市町村税完納の日迄延滯金を徴收することが出來るのであつて、其の延滯金の割合は一日に付萬分の四の範圍内に於て市町村會の議決を以て定むべきものである。是等は何れも市町村税の賦課徴收に關する事として市町村會の議決を經べきものである。然れども市町村會の議決を經べき範圍は法令に定むるもの以外に止まるべきを以て、法令即ち地方税ニ關スル法律、地方税ニ關スル法律施行ニ關スル件、地方税ニ關スル法律施行規則、市制、町村制、市制町村制施行令、市制町村制施行規則、國税徴收法、同法施行令等に規定ある事項に付ては、殊更議決する限りではない。

戊　夫役及現品

市町村は其の必要なる收入を得る爲め市町村税を賦課徴收し得べしと雖も、更に税金に代へ直接勞力又は現品の提供を必要とするときは、夫役又は現品を賦課徴收することが出來る（市制第百二十五條町村制第百五條）。此の夫役現品は直接市町村税又は直接國税の準率に依るべきものなるも、特別の必要あるときは他の標準に依り之を徴收することが出來る。此の賦課徴收に關しては市町村會の議決を經ることを要するのである。

六　不動産の管理處分及取得に關する事

市町村の財產は其の目的に從ひ、之を收益財產及不收益財產とに分割することが出來る、收益財產とは收益を圖るを目的とする財產であつて、所謂基本財產之である。不收益財產とは收益を圖るを目的とするに非ずして、直接行政の目的に供する財產を指し、公用又は公共用財產で、例へば役場の敷地、建物、營造物を組成する財產の如き之である。玆に所謂不動產とは以上財產の何れの種類に屬するも、苟も不動產たる以上總て之を包含するものである。不動產とは民法に所謂不動產であつて土地及其の定著物である。例へば土地、建物の如き之である。

『管理』とは不動產の所有權に基く作用中處分權以外の作用を云ひ、即ち不動產の使用收益權であつて、土地を用法に從ひて利用し、家屋の維持修繕を指すが如き之である。

『處分』とは所有權の作用中の處分權であつて、不動産の所有權の喪失を來すことを指すので、卽ち土地を賣却し、交換し、建物を贈與するが如き之である。『取得』とは主として繼受取得を指すのであつて、土地の買收、寄附受納、交換受等總て之を包含するのである。

以上の內不動産の管理に付ては、通例不動産の管理規程を設け、豫め各種の場合を豫想して、管理上必要な定めを爲し、處分に關しては、其の必要を生じたる都度之を決するのである。又土地の買收の如き家屋の寄附受納の如きは其の都度之を決すべきである。

七　基本財産及積立金穀等の設置管理及處分に關する事

收益を目的とする市町村の財産は之を基本財産として維持すべき義務がある。之れ市町村の財政は財産より生ずる收入其の他税外收入を以て之を經理し得るを以て一の理想とするからである。而して此の基本財産は前叙の收益財産であつて、通例一般の目的の爲めに維持するのであるが、特別の目的例へば學校費の爲め、上水道費の爲め、罹災救助費の爲めに之を設くることが出來る。之れを特別基本財産と云ひ、本號の基本財産中には之を包含するものと解するが至當である。

積立金穀等とは特別の目的の爲めに現金、有價證券、穀物、工事材料等を積立て、必要を生じたる時直に處分使用するものである。其の現金有價證券なるときは特別基本財産に等しきも、基本財産は其の元本を費消せざるを本則とするも、積立金穀にあつては必要を生じたるときは直に其の元本を費消するものなる點に於て差違がある。

茲に設置とは基本財産又は積立金穀等を新に設くることを云ひ、管理とは前號に説敘した通り所有權中の處分權以外の使用收益權に基く作用を云ひ、處分とは所謂處分權に基く作用を指すのである。設置に付ては別に疑問もないが基本財産の管理と處分との間には往々疑問を生ずることがある。今其の主なるものに付て示すと左の通りである。

1 現金を貸付することと預入することとは管理である。
2 現金を以て有價證劵を購入することとは管理である。
3 債劵の償還を受くることとは管理なるも之を賣却することとは處分である。
4 土地を貸付することとは管理なるも地上權、質權を設定することとは處分である。
5 共有權を分割することとは處分である。

6田を池となし、畑を宅地となすことは處分である。

7土地を開墾することは處分である。

8林野を開墾し立木を伐採することは處分なるも、間伐作業技打芝草採取を爲すことは管理である。

9基本財産を歳計に繰入るゝ爲め積戻條件を附し運用することは處分である。

10基本財産を他の不收益財産とすることは一の處分である。

以上の內設置及處分に付ては其の都度市町村會の議決を經べきものなるも、管理に關しては豫め一定の管理方法を設けて、所謂規程として市町村會の議決を經て置けば其の都度市町村會の議決を經るの要はない。而して市町村會にありては、基本財産が市町村財政上重要なるものたるを惟ひ、之が處分は勿論管理に付ても愼重なる考慮を致さねばならぬ。

八　豫算外新に義務の負擔を爲し及權利の拋棄を爲す事

市町村の債務は通例豫算に定むる所に依り、所謂豫算の執行として之を負擔するのであるが、時に豫算に定むるもの以外の事項に渉り新に義務の負擔を爲すことがある。

1保證を爲すこと――市町村が他人の債務に關し保證を爲す能力ありや否やは、疑義の存する所であるが、既に市町村に保證能力あることは、主務省の行政實例に於ても之を是認し、實例として存するのであるから、市町村に於て保證能力ありと解する外はない。唯此の保證を爲すことは市町村が保證債務を負擔することゝなり容易ならぬ負擔であるから、其の公益上更に已むを得ない場合に限らねばならぬ、此の保證は卽ち豫算外の義務負擔である。

2 數年度に渉り補助又は寄附の契約を爲すこと――補助又は寄附は豫算に定め之を爲すを通例とするも、數年に亘りて之を爲すことは豫算外の義務負擔となる。

3 翌年度に亘る工事の負請契約を爲すこと――當該年度の工事の請負は豫算に基きて之を爲し得べきも、翌年度以上に亘り工事の請負を爲すは豫算外の義務負擔である。此の場合に於て該工事に關し繼續費の設けありて、其の繼續支出年期内に屬するものなりと雖も、其の請負契約は尙ほ豫算外の義務負擔である。

4 數年度に亘る土地家屋の借入契約を爲すこと――數年に亘り土地家屋の借入を爲すときは、自然後年度に亘り借地借家料の支拂義務を負擔せねばならぬ、從て此の契約も亦豫算外の義務負擔となるのである。

市町村に於て權利の拋棄を爲すとは、市町村の有する債權を拋棄し又は辨償義務を以上豫算外の義務負擔及權利の拋棄は市町村としては財政上重要なる事項なるを以て、之に關しては必ず市町村會の議決を經ることゝしてゐるのである。

九　財産及營造物の管理方法を定むる事

基本財産、積立金穀、不動産の管理方法に關しては、前叙の通り夫々市町村會の議決を經べきものであつて、茲に所謂財産とは以上の財産以外の財産を指すものと解するを至當とする。而して其の財産にありても、若し營造物を組成するものとせば、營造物として其の管理方法を定むべきが故に結局市町村住民の共用に供する、所謂公共用財産を指すものである。

營造物とは曩に叙說した通り、市町村が繼續して直接公共の用に供する設備を指すのであつて、其の管理方法に付ても市町村會の議決を經べきものとしてゐる。

此の財產及營造物の管理方法に付ては市町村に於て適宜に之を定め得べしと雖も、舊來の慣行に依り市町村住民に於て使用するの權利ある財產に關しては、其の用法に從ふべくして、市町村として特別の管理方法を定むるの由はない。故に法律勅令に規定あるものは此の限にあらずとして、右の如く管理方法の法定してあるものに付ては市町村會に於て議決するの限りでない事としてゐる。而して其の他の管理方法を定むるには通例管理規程を設け、豫め一般的の定めを爲すこととしてゐる。

一〇　市町村吏員の身元保證に關する事

市町村吏員殊に收入役、副收入役、收入役代理者又は財產監理者たる市町村長等に就ては、市町村の收支事務の掌理又は財產の管理を掌らしむるものなるを以て、動もすれば其の取扱上の誤りに依り、市町村に損害を及ぼさしむる處がある。此の場合に於ては市町村は損害賠償を命ずることを得べしと雖も、其の無資力なるに於ては、辨償を强制するに由なきを以て、豫め一定の身元保證を提供せしめ、叙上の場合に處するの便宜を得しめむとするのである。

此の身元保證を徵するや否やは、固より市町村の任意なるを以て、之に關しては市町村會の議決を經て決せねばならぬ。而して身元保證を徵するに付ては、保證の種類價格、程度其の他必要なる事項を定めねばならぬ。此の保證に關しては物的保證と人的保證とありて、物的保證とは保證金其の他の物件を擔保として提供せしむるものであつて其の價格算定と種類の選擇を誤ることとなければ、最も適當なものである。人的保證とは所謂保證人を設くるのであつて、物的保證の提供を爲し難き場合に其の確實なる人を選び、以て保證人たらしめねばならぬ。是等の詳細は常に市町村會の議決を經ねばならぬ。

十一　市町村に係る訴願訴訟及和解に關する事

市町村に係る訴願訴訟とは市町村の提起するものと、市町村が辯明書を提出するとを問はず、又行政訴訟たると民事訴訟たるとを問はないのである。今市制町村制其の附屬命令及府縣制施行令に基き市町村が訴願又は行政訴訟を提起し得べき場合を擧ぐれば概ね左の通りである。

1　市町村の境界の爭論に關する府縣參事會の裁決に對する訴訟の提起（市制第五條町村制第四條）。

2　市町村の境界不判明なる場合に於ける府縣參事會の決定に對する訴訟の提起

（同上）

3　市町村會の違法越權の議決又は選擧に關する府縣知事の處分又は府縣參事會の裁決に對する訴訟の提起（市制第九十條町村制第七十四條）。

4　市町村會の議決明に公益を害し又は收支に關し執行し能はざる議決に關する府縣知事の處分に對する訴願の提起（市制第九十條ノ二町村制第七十四條ノ二）

5　組合費分擔の異議に關する組合會の決定に對する訴願の提起（市制第百五十七條町村制第百三十五條）。

6　同上の訴願に關する府縣參事會の決定に對する訴訟の提起（同上）

7　市町村の監督に關する府縣知事の處分に對する訴願の提起（市制第百五十八條町村制第百三十八條）。

8 強制豫算又は代執行に對し訴訟の提起（市制第百六十三條町村制第百四十三條）

9 市町村吏員の損害賠償に關する府縣參事會の裁決に對する訴訟の提起（市制町村制施行令第三十六條）。

10 府縣税納入義務免除に關する府縣參事會の決定に對する訴願の提起（府縣制施行令第三十二條）。

市町村に係る和解とは市町村財產又は工事請負等に關し專ら民事上の爭訟となりし場合に、互に權利關係を讓步して裁判上の爭訟を止むることである。

以上の訴願、訴訟及和解は共に市町村に至大の關係あるを以て市町村會の議決を經るのである。

十二 其の他市町村に關する事

一乃至十一の事項は法文に概目として列擧したるところなるも、右の外市町村會の議決を經べきことを法令に明示したるものを擧ぐれば概ね左の通りである。

1　市町村の名稱を變更すること（市制第七條町村制第五條）。
2　村を町と爲し若は町を村と爲すこと（町村制第五條）。
3　町村役場の位置を變更すること（同上）
4　市町村公民の要件たる住所の年限を特免すること（市制第九條町村制第七條）。
5　名譽職擔任義務違反者に對し市町村公民權の停止を爲すこと（市制第十條町村制第八條）。
6　市に選擧區を設くること（市制第十六條）。
7　市町村に投票分會を設くること（市制第十七條町村制第十四條）。

8　市町村に開票分會を設くること（市制第二十七條ノ四町村制第二十四條ノ四）。

9　指名推選の法を定むること（市制第五十五條町村制第五十一條）。

10　傍聽禁止を決すること（市制第五十六條町村制第五十二條）。

11　議員中異議ある市町村會の閉會又は中止を議決すること（市制第五十七條町村制第五十三條）。

12　違反議員に對する出席停止を議決すること（市制第六十三條町村制第五十九條）。

13　市長、市助役、有給町村長、助役等の任期中退職を承認すること（市制第七十三條第七十五條町村制第六十四條）。

14　市參與並市町村の助役、收入役、副收入役、區長、其の代理者及委員の推薦を決定すること（市制第七十四條第七十五條第七十九條第八十二條第八十三條町村

制第六十三條第六十七條第六十八條第六十九條）。
15　收入役事務兼掌者を定むること（町村制第六十七條）。
16　行政區の設置を爲すこと（市制第八十二條町村制第六十八條）。
17　委員を設くること（市制第八十三條町村制第六十九條）。
18　有給吏員の定數を定むること（市制第八十五條第八十六條町村制第七十一條）。
19　市參事會に市會の權限の一部を委任すること（市制第四十三條）。
20　市町村會の權限に屬する事項の一部を市町村長をして專決處分せしむること（市制第九十二條ノ二町村制第七十六條ノ二）。
21　助役、區長、副收入役又は區收入役に對する分掌事務に同意すること（市制第九十四條第九十七條町村制第七十八條第八十條）

22 收入役代理者の推薦を定むること(市制條九十七條町村制第八十條)。

23 舊來の慣行ある財產の使用を許可すること及其の舊慣を變更又は廢止すること(市制第百十條町村制第九十條)。

24 財產の賣却貸與、工事の請負及物件勞力其の他の供給に關し競爭入札に依らざることに付同意すること(市制第百十四條町村制第九十四條)。

25 寄附又は補助を爲すこと(市制第百十五條町村制第九十五條)。

26 非常災害の場合他人の土地を一時使用し土石竹木其の他の物品を使用し收用すること(市制第百二十六條町村制第百六條)。

27 市町村稅の減免又は年度を超ゆる納稅延期を爲すこと(市制第百二十八條町村制第百八條)。

28　市町村債を起し又は一時借入金を爲すこと（市制第百三十二條町村制第百十二條）。

29　繼續費を定むること（市制第百三十五條町村制第百十五條）。

30　特別會計を設くること（市制第百三十八條町村制第百十八條）。

31　市町村組合又は町村組合に關し協議を決すること（市制第百四十九條以下町村制第二十九條以下）。

32　市町村吏員に賠償を命ずること（市制町村制施行令第三十三條第三十四條第三十五條）。

33　延滯金の割合を決すること（同令第四十五條）。

34　市町村稅の徵收義務者を定むること（同令第五十三條）。

35 徴收義務者の稅金拂込義務の免除を決すること(同令第五十七條)。

36 歳計剩餘金の蓄積を定むること(市制町村制施行規則第三十七條)。

37 費目流用を議決すること(同令第五十三條)。

38 公金の受拂に付郵便振替貯金の法を採用すること(同令第五十六條)。

39 公金の出納保管に付市町村金庫を設くること(同令第五十七條)。

40 市町村金庫事務取扱銀行を定むること(同令第五十八條)。

41 金庫の提供する擔保の種類、價格、程度を決すること(同令第六十一條)。

42 金庫現在金の運用を許す範圍を定むること(同令第六十二條)。

43 同上運用金の利子を定むること(同令第六十二條)。

44 收入役をして公金の預入を爲さしむるの議決を爲すこと(同令第六十四條)

45　財務に付必要なる定めを爲すこと（同令第六十五條）。

46　府縣會の議決に依り府縣税賦課の細目を議決すること（府縣制第百九條）。

以上は市町村會の有する議決權の大要である。而して此の議決權を行使するには原則として市町村長の發案に依り、之に可否の意見を表示するを通例とし、又必要なる場合は、市町村會議員自ら發案し又は市町村長の發案權を侵害せざる範圍に於て修正するの權限を有するのである。此の議決權の行使及修正權の範圍に付ては、後述『市町村會議事法』の項に於て詳説する所を參看せられよ。

若し市町村會の議決にして。其の權限を超え又は法令若は會議規則に違背するときは、市町村長は自己の意見に依り、又は監督官廳の指揮に依り理由を示して再議に付することがある。此の場合にありては市町村會は、克く其の再議に付されたる理由を詳知し、其の議決にして不法不當なるに心付かば、宜く其の議決を翻すべきである。若し再びなしたる議決にして非違あらば市町村長は府縣參事會の裁決を乞ふのである。又一面監督官廳に於ては違法越權の議決に對しては之を取消す權限を有してゐるのである（市制第九十條町村制第七十四條）。

又市町村會の議決にして明に公益を害し又は收支に關し執行し能はざるものなるとき又は緊要なる費用を否決し若は減額したるときにありても、市町村長は之を再議に付し、若し之が議決を改めざるときは府縣知事に具情し所謂原案執行を爲すの權限を有してゐるのであるから（市制第九十條ノ二町村制第七十四條ノ二）市町村會に於ては常に適法にして且適正なる議決を爲す樣深甚な注意を爲し、若し再議に付された時は感情に走ることなく冷靜に再考を重ねばならぬ。

議決書例

議第何號

何々――（議決の全文を掲ぐ通例議案を其の儘用ひ修正したるものにありては修正箇所を朱記すること）。

年　月　日　可決確定（修正議決）（否決）

何市町村會　議長　何　某

第二節　市町村會の選擧

市町村會は市町村に關する事件及法令に依り市町村會の權限に屬せしめられたる事

件を議決するの外、別に法律勅令の規定に依り選擧を行ふ權限がある。法律勅令に依り市町村會に於て行ふ所の選擧を擧ぐると概ね左の通りである。

1 市會議長及副議長又は町村會議長及其の代理者の選擧（市制第四十八條町村制第四十五條）。

2 假議長の選擧（市制第四十九條町村制第四十五條）。

3 市町村事務及出納檢査委員の選擧（市制第四十五條町村制第四十二條）。

4 名譽職市參事會員の選擧（市制第六十五條）。

5 出納臨時檢査立會議員の選擧（市制第百四十一條町村制第百二十一條）。

6 市町村長の選擧（市制第七十二條町村制第六十三條）。

7 市町村長職に在らざる場合に於て助役、收入役、副收入役の選擧（市制第七十

五條第七十九條町村制第六十三條第六十七條)。

8　市會議員より選出する都市計畫委員會委員の選擧(都市計畫委員會官制第八條)。尚選擧を行ふは市町村會の權限なるを以て、市町村長たる理事者の發案を俟つの要はない。市町村會に於て必要ありとせば開會中は何時たりとも之を行ひ得るのである。

而して法律勅令に依り市町村會に於て行ふ選擧に付ては、從前にありては一人毎に無記名投票の方法を行ひ、過半數の得票者を以て當選者とし、同數得票者二人以上あるときは、決選投票を行ひて當選者を定むる取扱であるが、此の方法によれば往々當選者は多數派に獨占せられ小數派の代表を出す能はざるの不合理ありしを以て、昭和四年の改正に方り之が方法を根本的に改め、市町村會に於ける選擧も選擧の一般方則たる比較多數主義を採り、市町村會議員選擧の場合と同様の方法によることとなつた。

之が爲め同時に二人以上を選擧する場合に於ても、之を合せて一の選擧として行ひ、無記名投票の方法により一人一票に限られる、卽ち無記名單記單數投票の法によるのである。投票用紙は議長の定むる一定の用紙に依り、議員自ら之に被選擧人の氏名を書し自ら投票函に投入するのであつて、投票に選擧人の氏名を記することを許されない。矢張り此の投票も一の祕密投票主義に依るものである。投票の效力に關しては、一般市町村會議員選擧に於ける無效投票は總て無效とし、其の他投票の效力に關し異議あるときは市町村會之を決定すべきである（市制第五十五條第二十五條第二十八條町村制第五十一條第二十二條第二十五條）。

而して有效投票の最多數を得たる者をして順次當選者と定むべきであるが、之に付ては尙ほ法定得票の制限を受ける（市制第五十五條第三十條町村制第五十一條第二十七條）。卽ち選擧すべき者の數を以て、有效投票の總數を除して得たる數の六分の一以上の得票ある者にあらざれば之を當選者とすることは出來ない、例へば議員四十八人を有する市會に於て二人を選擧する場合、有效投票四十七票、無效投票一票ありとし、甲は二十五票、乙は十二票、丙は七票、丁は三票を得たる場合にありては、此の法定得票數は、四十七票を選擧すべき數二人を以て除すれば二十三票五となる。更に之を六分すれば三票九一となるを以て、四票以上を得たる者に非ざれば當選者となる資格を有せない。故に甲乙丙の三人は資格あるも、丁は資格を有せないこととなる。而して選擧すべき數は二人なるを以て、得票數の多き者より順次當選者とし、甲及乙を以て當選者と定むべきである。若し同數得票者ありたる場合は年長者を以て當選者とし、年齢同じきときは抽籤を以て當選者を定むべきである。

此の選擧方法は從前にありても市會に於て名譽職市參事會員を選擧する場合にありては用ひ來つたものであつたが、昭和四年の改正に於ては之を廣く如何なる選擧にも原則的に採用することとなつたまでである。此の結果として從前存したる連名投票の方法は、矢張多數派獨占の弊あるものとして、同年の改正に方り全く之を排除するに至つたのである。故に法律勅令による市町村會の選擧に付ては連名投票の方法を用ふることは許されないのである。

以上の如く市町村會に於ける選擧は原則として單記單數の無記名投票によるべきであるが、ことの簡捷を期する爲め市町村會の議決を以て指名推選の方法を用ふることも出來る。此の指名推選の方法は選擧の便法として從來克く利用せられたる所なるも、從來の方法によれば矢張り多數派獨占の弊を釀成し易かりしを以て、同年の改正に於ては指名推選に對し相當多くの改良を加へられたのである。

市町村會に於ける選擧方法として指名推選の方法を採用し得るは、之に關し議員中異議なきときに限られてゐる、故に議員中一人が反對しても指名推選の方法を用ふることが出來ず、矢張り一般の投票法によるの外はないのである。而かも指名推選の方法を用ふる場合にありても、被指名者を以て當選者と定むるや否やは必ず會議に付し議員全員の同意を得たる者を以て當選者とすべきである。而して若し被指名者に對し異議を申立つる議員あるときは、結局當選者を得ることなきに至るのであるから、更に本則に立戻り投票法による選擧を行はねばならぬ。而かも一の選擧を以て二人以上を選出する場合にありては、被指名者毎又は被指名者の一部毎に之が可否決をすることを許されないのであつて、必ず同時に全部の被指名者につき可否を決せねばならぬ。故に三人を選擧する場合に於て市町村會に於て指名者を定め、其の指名者が被指名者三人を指名したる上、之を當選者と爲すの可否を議場に諮りたるに、其の內一人に對して議員中僅に一人が反對しても、其の指名推選による當選者は一人も出來ないこととなり、結局指名推選は成立せず、再び一般投票法により選擧を行ふの外はないのである。如斯指名推選の法は嚴重な制限を受けた結果として、從來の如く之を利用することは出來難いのであつて、餘程市町村會の統制がとれ、無事圓滿なる場合でなければ之によつては成果を見出し得ないのであらう。

而して市町村會の行ふ選擧が法令に違背したる場合にありては市町村長は自己の意見に依り又は監督官廳の指揮に依り理由を示して再選擧を行はしむることがある、此の場合にありては市町村會は必ず再選擧を行ふべきものにして、之れに應ぜざるときは曩の選擧は取消處分を受け自然失效するに至るのである（市制第九十條町村制第七十四條）。

尙ほ市町村會に於て、會議錄署名者を定むるに際し投票を以てし、又會議規則又は議決に依り設けたる委員を選ぶに投票を以てすることあるも、是等は所謂法律勅令に依り行ふ選擧に非ざるを以て、其の選擧に關しては必ずしも上述の方法に依るの要はない、市町村會の定むる便宜の方法に依りて之を行へばよいのである。

第三節　諮問の答申

市町村會は行政官廳又は行政廳より諮問あるときは必ず答申するの義務がある（市

制第四十七條町村制第四十四條）。然らば如何なる場合に諮問せらるるか、其の主なるものを擧ぐれば左の通りである。

1　市の廢置分合を行ふに付内務大臣の諮問（市制第三條）。

3　同上の場合財産處分を行ふに付府縣知事の諮問（同條）。

3　町村の廢置分合及市町村の境界變更竝之に伴ふ財産處分に付府縣知事の諮問（市制第四條町村制第三條）。

4　所屬未定地の編入に付府縣知事の諮問（同上）。

5　市制第六條の市の區の境界に付右に準じたる諮問（市制第六條）。

6　市町村内一部一區の財産營造物の管理の爲め區會又は區總會設定に關する市町村條例に付府縣知事の諮問（市制第百四十五條町村制第百二十五條）。

7　市町村組合又は町村組合に關する公益上必要なる處分に付府縣知事の諮問（市制第百四十九條以下町村制第百二十九條以下）。

8　府縣の廢置分合又は境界變更に伴ふ財産處分に付内務大臣の諮問（府縣制第三條）。

9　公有水面埋立免許に付府縣知事の諮問（公有水面埋立法第三條）。

10　市町村道の路線の認定、變更、廢止に付諮問（道路法施行令第二條）。

11　學區の廢止に付府縣知事の諮問（地方學事通則第四條）。

12　傳染病毒汚染の建物の處分及土地の使用に付府縣知事の諮問（傳染病豫防法第十九條ノ二）。

13　消防組の分割手當被服其の他に付府縣知事の諮問（消防組規則第五條第十一條

第十二條）。

以上列記の事項を處理するには必ず市町村會に諮問し其の意見を徵さねばならぬ。卽ち此の諮問は法律上の要件であるから、之れなくして適法の行政處分を行ふことは出來ないのである。或は諮問すべき事項に關しては當該市町村會より豫め意見の提出あるときは、最早や諮問せざるも可なるが如しと雖も、上述の場合は諮問其のものを以て法律上の一要件としてゐるのであるから、假令同一の答申を得る迄も形式上諮問をせねばならぬ。從て市町村會にありては、是等の諮問を受けたる場合にありては所定の期日あるものは其の期日迄に、其の期日定めなきときは可成速に意見の答申をせねばならぬ。

然るに市町村會に於て何等意見の答申をすることなく、荏苒日を經過するが如き場合は之を如何にするか、若し其のまゝ之を放置するときは行政處分の時機を失するの虞なきにあらざるを以て、市制第四十七條第二項町村制第四十四條第二項の規定を設け、左の場合に於ては當該行政廳は市町村會の意見を俟たずして直に處分を爲すことが出來る特例が認められてゐる。

1　市町村會成立せざるとき
2　市町村會招集に應ぜざるとき
3　市町村會意見を提出せざるとき
4　市町村會を招集すること能はざるとき

右は全くの例外であるから、通常の場合に於ては市町村會は必ず是非の意見を提出することに努めねばならぬ。

而して此の諮問に對する答申は、市町村會自ら發案するを通例とし、特に必要あるときは市町村長より發案するも固より妨ない。其の答申書の提出は必ず市町村會議長の名を以て執行すべきものにして、市町村又は市町村長の名を以て執行すべき限りでない。

諮問答申書例

何月何日第何號ヲ以テ御諮問相成候何々ノ件ニ付テハ本町村會ニ於テハ異議無之候

（又は何々ノ件ニ對スル本町村會ノ意見左ノ如シ）

（何々…………）

右及答申候也

昭和何年何月何日

何市町村會議長

（何町村長）何　某

官職氏名殿

〇

第四節　意見書の提出

市町村會は市町村の意思機關として議決及選擧を行ふを本態とするも、又市町村の公益に關する事件に付ては、關係行政廳に對して意見書を提出することが出來る（市制第四十六條町村制第四十三條）

從前の規定に依れば市町村會より意見書の提出を爲し得る先は市町村長及監督官廳

に限られてゐたのであるが、市町村行政の進展に伴ひ、かゝる狹き範圍にのみ限られてゐては、克く其の公益上必要なる希望の貫徹を期し難いので、從來も便宜上關係官廳等に對し夫々意見書の提出を爲し來つたのである。されどこのことたる法の明に許容したるものに非ざるを以て、若し法規の正面より論ずれば或は違法越權の所爲たるを免れないのである。

昭和四年市制町村制の總汎的改正を行はるるに方り、市町村會の權義を尊重する思想の下に、或は議員に發案權を付與し、原案執行權を制限するの方途を講ずると共に、市町村會の外部的活動能力を擴張する爲め、意見書の提出先を擴張するに至つたのである。卽ち從來の如く市町村長及監督官廳に限らず、苟も關係を有する行政廳に對しては自由に正當に意見書を提出し得ることと改められたのである。故に府縣知事、內務大臣は固より鐵道、商工、農林、陸海軍、遞信の各大臣又は營林局長、稅務監督局長等に對しても夫々公益上必要なる意見書の提出を爲し得るに至つたのである。

而して市町村の公益に關する事件とは、其の市町村特有の事件に關する事項のみを指すのであつて、例へば市町村に公設市場を設置し、質庫を設け、學齡兒童の奬勵を行ひ、上水道の普及擴張を圖り、屎尿處分を實行し、電燈町營を望み、縣費補助の增額を要求し、町村基本財產の造成を促進し、道路の改修、溜池の築造を求むるが如き、又は市町村行政の監督權の發動を求むるが如き卽ち之である。然るに一般的に地租營業收益稅の地方委讓を要望し、軍備の制限を求め、女子參政權の獲得を促し、選擧制度の改正を要求するが如き、直接當該市町村に關係なき一般事項に亘りて意見書を提出するが如きは行き過ぎたる所爲と思はれる。

意見書を提出せんとするときは市町村會議員の發案に俟つべく、市町村長より發案すべきものでない、而かも意見書の提出を執行するは、市町村會を代表する市町村會議長の名に於て之を爲すべく、市町村長の名に於て之を執行すべきではない、而して意見書は之を關係行政廳に對し提出するに止まり、其の答辯を要求し、指令を望むべきものではない。

第五節　異議申立の決定

市町村會に於ては異議申立の決定を爲す權限を持つてゐる。此の權限は市町村の意思を決定する作用にあらずして、一の裁判機關として事の是非曲直を裁斷する行爲である。故に此の權限を行使するに方りては極めて冷靜に私心黨派的感情を挾むことなく、公正なる判斷を爲さねばならぬ。市町村會に於ける異議申立の決定を爲す場合及其の決定を爲すべき期限を示せば概ね左の通りである。

	異議申立の種別	決定期限	法令
1	選擧又は當選の效力に關する異議	市町村長より送付を受けたる日より十四日以内	市制第三十六條第百四十六條町村制第三十三條第百二十六條
2	費用辨償其の他給與に關する異議	町村長より決定に付されたる日より三月以内	町村制第八十七條第百四十條ノ二
3	町村税の賦課に關する異議	同上	町村制第百十條第百四十條ノ二
4	財産又は營造物の使用に關する異議	同上	同上
5	使用料手數料、加入金、夫役現品に關する異議	同上	同上

右の場合異議申立に對し決定を爲すには、必ず文書(決定書)を以てし之を本人に交付すべきである。而して異議申立決定書の發案は市町村會に於て之を爲すべきも、市町村長に於て決定書案を具し提出するも妨なき取扱例であり、其の決定書は市町村會議長名に於て執行すべきものである。

市制第五十五條町村制第五十一條に依れば、法律勅令に依り市町村會の行ふ選擧に關し、投票の效力に關し異議あるときは市町村會之を決定すべき旨規定しあるも、此の決定は玆に所謂異議申立の決定とは異り、單に投票の效力を決すれば足り、文書を以て決定するの要はないのである。

異議決定書例

何郡何町村大字何何番地
異議申立人　何　某

異議申立ノ要旨ハ何々ニシテ其ノ理由トスルトコロハ何々ナリト謂フニ在リ仍テ町村制第何條ニ依リ之ヲ受理シ審査ヲ遂クル處……………
何々ハ何々ナリトス
右ノ理由ニ依リ決定スルコト左ノ如シ
何々ハ之ヲ何々ニ變更ス
（何々ハ之ヲ取消ス）

（異議ノ申立相立タス）
（異議ノ申立ハ之ヲ却下ス）
年　月　日
何郡何町村會議長
何町村長　何　某

第六節　事務及出納の檢査

市町村會は市町村の意思機關として市町村の意思決定を爲すを本態と爲すも、一面市町村内部に於ける監督機關として、市町村長其の他執行機關の爲したる事務の執行及出納に付檢査檢閲するの權限を有するのである（市制第四十五條町村制第四十二條）

而して市町村會の檢査を爲し得るは單に市町村の事務に限られ、市町村又は市町村長に委任せられた國府縣其の他公共團體の事務の執行に付ては、之を檢査檢閲することは出來ないのである。

市町村會が此の權限を行ふに二つの方法がある、其の一は書面檢査で、其の二は實地檢査である。

一　書面檢査

市町村の事務に關する書類及計算書即ち事務執行の稟議、決定書、處分書、往復文書、臺帳、統計表、賦課書類、徵收簿、日計表、收支命令書、入札書類其の他金錢物品の出納に關する計算書の類を檢閲し、更に調査上必要あるときは市町村長に請求して報告を爲さしめ、適宜質問して其の答辯を求め以て事務の管理、議決の執行及出納の狀況を檢査するのである。

而して此の書面檢査を行ふは市町村會の開會中。會議場に於て之を爲すべきものである。

二　實地檢査

市町村會に於ける檢査は通例書面檢査に止まるべきも、必要あるときは實地に就き檢査を行ふことが出來る。而して此の實地檢査を行ふには、議員中より委員を選擧し、市町村長又は其の指名したる吏員立會の上、前述市町村會の有する權限を行ふことが出來る。此の實地檢査は。市町村會議場外に於て之を行ひ得るものであつて、市町村會の開會中にあらざるも尚ほ之を行ひ得るのである。故に事務室又は收支執行の場所、市町村金庫。市町村の施設事業の實地に就き夫々檢査を行ふことが出來る。

而して以上檢査の結果不正不當の事實を發見したるときは、理事者に對し反省を促すことあるは勿論、市町村會は公益上の意見書として之を市町村長又は監督官廳に提出し、反省又は監督權の發動を求むることが出來るのである。此の市町村會の有する檢査權は、議決機關たる市町村會が、其の公正に議決したる意見が完全に執行され、又市町村の財務行政が適正を得、以て市町村の公益增進に資せむとするものである。然るに往々市町村會にありては此の權限あるを奇貨とし、理事者の缺點を發き以て理事者虐めを敢てすることあるも、夫は法の與へたる公器を惡用し延て自治の健全なる發達を阻害するものであつて、誠に許すべからざるものである。市町村會は克く其の地位の重きと其の與へられたる權限とに鑑み、苟も過誤なきを期せねばならぬ。

第七節　議員の資格審査

市町村會議員たるには、市町村會議員の被選擧權を有すると共に、議員との兼職を禁止せられたる公私の職にあらざることを要するのは勿論、一旦議員たる後に於ても亦此の資格の存續することを要するのである。然るに議員在職中被選擧權を失ひ又は議員と兼ぬることを得ざる職に就きたる時は如何となるか、此の場合に於ては當然其の職務を失ふべきである。然れども議員の職は洵に重職にして、市町村の意思機關の構成上重要なるものなるを以て、不明確なる原因に依り直に其の職を失はしむることは適當ならず、而かも其の影響する所甚大なるを以て、左に揭ぐる四個の原因に依り被選擧權を失ひたる場合の如く、其の原因の明確にして且被選擧權を失ふ時期の明かなものに付ては、直に議員を失職すべきも、其の他の原因に依り被選擧權を失ひ又は市町村に對し又は市町村吏員に對し請負を爲し若は其の者の支配人と爲り若は主として市町村又は市町村吏員に對し請負を爲す法人の取締役、監査役、無限責任社員又は支配人と爲りたるものに付ては、其の議員の失職に關しては市町村會に於て之を決定することゝしてゐる（市制第三十八條町村制第三十五條）。

1　禁治産者又は準禁治産者と爲りたるとき
2　破産者と爲りたるとき
3　禁錮以上の刑に處せられたるとき
4　選擧に關する犯罪に依り罰金の刑に處せられたるとき

市町村會議員中被選擧權を有せず又は市町村との請負關係にあるが爲め議員失職の

原因と爲れる者あるときは、原則として市町村會發案して、其の該當の有無を決定すべきものなるも、又市町村長に於て該當者ありとして、市町村會の決定に付されたるときは、其の送付を受けたる者より十四日以內に之を決定すべきである。而して此の決定は直に議員を失職せしむるものにして、其の及ぼす所大なるを以て、常に決定書たる文書を以てし、且つ其の決定を爲したる理由を付し、該決定書を本人に交付すべきものである。其の決定書を受けたる本人が其の決定に不服あるときは、府縣參事會に之を訴願し、其の裁決に不服あるときは、更に行政裁判所に出訴することが出來る。

而して此の決定の效力は何時より生ずるかと云ふに、此の決定は議員を失職する重要なる結果を招徠するものなるを以て、該決定が確定したる場合に於てのみ效力を發生するのである。決定が確定するとは、決定ありたる後訴願の提起なく、訴願期間たる二十一日間を經過するか、裁決後出訴することなく出訴期間たる三十日間を經過したるか、又は判決ありたる場合に於て、該決定の效力が確定するのである。故に議員は假令失職の原因を有する場合も、前記四個の原因の爲め被選擧權を有せざる爲め失職するは格別、其の他の原因に基くものなるときは、該失職決定の確定する迄は、會議に列席し議事に參與するの權を失ふことはないのである。

決定書例

何市町村會議員　何　某

右ニ係ル市町村會議員ノ被選擧權（又ハ何々）ニ關シ本市町村長ヨリ本會ノ決定ニ付シタリ依テ市制第三十八條（町村制第三十五條）第一項ニ依リ之ヲ受理シ審査ヲ遂クル處本市町村會議員何

某ハ何々（事實を詳細に記載す）ニ依リ市制（町村制）第何條第何項第何條ニ依リ市町村會議員ノ被選擧權ヲ有セサルモノト認ム

右ノ理由ニ依リ決定スルコト左ノ如シ

本市町村會議員何某ハ本市町村會議員ノ被選擧權ヲ有セス（又ハ何年何月何日ヨリ何年何月何日迄本市町村會議員ノ被選擧權ヲ有セサリシモノトス）

年　月　日

何市町村會議長
（何町村長）　何　　某

〇

第八節　市町村會の發案權

市町村會の議事に關しては、原則として市町村長之を發案すべきものなるも、市町村の豫算を除くの外市町村會議員に發案權を有することは既に前に述べた通りである。而して從來にありても市町村會が特有する權限の行使に付ては市町村會自ら發案すべきものとして來たのであつて、此の點は今も變りはない。從て之に付ては市町村長に於ては全く發案權を有せないのであつて、必ず市町村會議員に於て發案を爲すべきである。今市制町村制中之に關する事項を示せば概ね左の通りである。

1　意見書の提出（市制第四十六條町村制第四十三條）。

2　諮問に對する答申（市制第四十七條町村制第四十四條）。

3 市參事會に對する權限の委任（市制第四十三條）。

4 市町村長の專決事項の議決（市制第九十二條ノ二町村制第七十六條ノ二）。

5 議長副議長又は議長代理の選擧（市制第四十八條町村制第四十五條）。

6 市町村長助役等の選擧（市制第七十二條第七十五條第七十九條町村制第六十三條第六十七條）。

7 其の他法律勅令に依る選擧（市制第四十四條町村制第四十一條）。

8 異議申立の決定（市制第二十一條ノ三第三十六條第百四十六條町村制第十八條ノ三第三十三條第八十七條第百二十六條第百四十條ノ二）。

9 會議規則、傍聽人取締規則の設定改正（市制第六十三條町村制第五十九條）。

10 議員の失職決定（市制第三十八條町村制第三十五條）。

11　市町村長及助役任期中退職の承認（市制第七十三條第七十五條町村制第六十四條）。

12　市町村會の議決又は選擧に對する處分に付訴訟の提起（市制第九十條町村制第七十四條）。

13　議員出席の停止（市制第六十三條町村制第五十九條）。

14　府縣税家屋税等賦課細目の議決（府縣制第百九條市制第四十一條町村制第三十九條）。

右の場合は時に市町村長より之に該當する發案を爲す場合あるも、之れ全く一の便宜に出づるものであつて、原則として市町村會に於て發案すべきものである。

議案

何々………………………（議案の全文を記載すること）、…………セムトス

年月日提出

何市町村會議員　何　某

同　何　某

同　何　某

贊成者

同　何　某

理由

何々………………………（發案事由を詳記すること）

第九節　市町村會の訴權

市町村會が市町村行政に關し訴願又は訴訟を提起し得ることに付ては、前既に之を叙述したが、其の主なる事項を擧ぐれば、市町村會の議決又は選擧に對する監督官廳の取消、又は議決に對する府縣參事會の裁決に付て、不服ある場合に提起する行政訴訟があり、又市町村會の議決明に公益を害し又は收支に關し執行不能なりとして爲す府縣知事の處分に付て不服ある場合に提出する訴願等がある（市制第九十條ノ二町村制第七十四條ノ二）。此の場合に於ては市町村會の發案に依り之を議決し市町村會議長の名を以て之が提起を爲すべきものである。

訴願書例

訴願人　何市町村會

右代表　何市町村會議長　何　某

訴　願　事　件

何々……（訴願すべき事件を概記すること）

不　服　の　要　點

何々……（何が不服なるかを明記すること）

理　　由

何々……（何故に不服なるか其の理由を詳記すること）

要　　求

何々……ノ裁決ヲ求ム（訴願の裁決に依りて得むとする要求事項を明示すること）

年　月　日

何市町村會

右代表　何市町村會議長　何　某　㊞

内務大臣　何　某　殿

（參考）理由を證明すべき書類を添附するがよい

〇

行政訴狀例

何市町村會

原　告　何市町村會議長　何　某

何里（住居地が行政裁判所より八里以上に在るときは其の里程を記載すること）

何縣何市町村何番地

訴訟代理人　辯護士　何　某

何府縣參事會

被　告　何府縣知事　何　某

（又は何府縣知事　何　某）

一定ノ申立

何々……………（行政訴訟に依り判決せられむことを求むる事項を記載すること）

事　實

何々……………（行政訴訟を提出するに至りたる經過及事實を詳記すること）

立　證

何々……………（右事實何（一定申立の正當なることを證明すに足る證據を示すこと））

行政廳ヨリ處分書又ハ裁決書ノ交付ヲ受ケタル年月日

何々…………

年　月　日

何市町村會

原　告　何市町村會議長　何　某㊞

訴訟代理人　辯護士　何　某㊞

行政裁判所長官　何　某殿

〇

證據物寫

何々…………

右相違無之候也

年　月　日

何市町村會

原　告　何市町村會議長　何　某㊞

行政裁判所長官　何　　某　殿

第十節　議決委任と專決處分の報告

市町村に關する事件は常に市町村會に於て之を議決すべきものなるも、之に關して例外の場合が三つある。其の一は市に於て市會が其の權限の一部を市參事會に委任することであり、其の二は市町村會の權限を其の議決により市町村長をして專決處分せしむることであり、其の三は臨時急施を要する場合に市町村長に於て專決處分することとである。

一　議決委任

市會にありては其の權限に屬する事項の一部を市參事會に委任することが出來る

其の權限中の一部に限り委任し得るのであつて、其の權限の全部を市參事會に委任することは出來ない。而かも市制第六十七條に依れば市參事會は市會の權限に屬する事件にして其の委任を受けたるものを議決する事とあるを以て、市會より委任することを得べきものは、市會の權限中其の議決權の範圍に止まるべく、異議申立の決定權等は之を委任することを得ないのである。又市會本來の性質より鑑みるも、市參事會に委任し得べきものは、概して輕易なるものに止まるべく、通常豫算の議決、條例の議決の如き之を委任することは不當である。

市會に於て市參事會に議決權の委任を爲すには、委任すべき事項を明示して、其の意思を議決すれば足り、其の議決を市參事會に通告するの要はない。而して市參事會にありては、其の委任に依り適宜に議決を爲し得べくして、其の結果を市會に報告するの要はない。而かも一旦市會に於て之を市參事會に委任したる以上、最早や之に付ては市會は議決權を失ふものにして、其の委任を取消さざる限り、市參事會に代はり市會に於て之を議決することは出來ないのである。

而して町村會にありては、其の權限の一部を他の機關に委任し得べき規定なきを以て、假令其の議決を以てするも之を町村長等に委任することは出來ない。

二　專決委任

市町村會は自ら其の意思を決定すべきものなるも、輕易なる事項に付てまで、悉く市町村會に於て之を議決するときは、事務自ら繁多となり、爲めに市町村行政の迅速なる達成を期することは出來難い。此の故を以て其の權限に屬する事項の一部は市參事會をして議決せしむる途を開き、更に市參事會に於て其の必要なしとせば、其の議決に依り市長の專決處分に委することも出來たのであつた。されど市町村會の權限に屬する事項中には、殊更市參事會の議決に委する迄もなく、直に市町村長をして專決處分せしむるも何等支障なきものあるのみならず、之により事務の速成を期し得るのである。故に昭和四年の改正に方りては、市町村會は豫め其の議決に依り、市町村長をして其の權限に屬する事項の一部を專決處分せしめ得ることとしたのである（市制第九十二條ノ二町村制第七十六條ノ二）

而して市町村會又は市參事會が、其の權限に屬する事項を、市町村長をして專決處分せしむることは、事の簡捷に資するものなれば、其の權限に屬する事項の一部に止むべきは勿論、而かも事の輕易なる事項に限るべきは當然である。

市町村會又は市參事會の議決により市町村長の爲す專決處分は畢竟市町村會の議決權の委任なれば、此の範圍に於ては市町村會は議決權を失ひ、市町村長の專權に歸するのである。而かも之により市町村長の爲す專決處分は事の急施たると否とを問はざるは勿論であり、其の專決處分に付き、市町村會又は市參事會に對し結果を報告するの要はないのである。

三　專決處分

市にありて臨時急施を要する事件あるに市參事會成立せざるか、又は市長に於て市參事會を招集するの暇なき場合(市制第九十二條)又町村にありて臨時急施を要する事件あるに町村會成立せざるか又は町村長に於て町村會を招集するの暇なき場合(町村制第七十六條)に於ては、市町村長に於て市參事會又は町村會の議決又は決定すべき事件を專決處分することが出來る、之は前述の市町村會の委任による專決處分とは趣を異にし、市參事會又は町村會の議決、決定權に對するの例外を爲すものであるから、萬已むを得ざる場合に限り之が處分を爲すべくして、漫然專決處分を爲すべきでない。茲に臨時急施とは、例へば非常災害に際して應急措置を要するか、傳染病蔓延し急速豫防施設を爲す爲めに豫算の追加を爲す等の場合を指すのであつて、其の臨時急施なりや否やは獨り市町村長の認定のみに止まらず、一般的に觀察して其の臨時急施事件なることを要するのである。

此の專決處分は文書を以て處分を爲したることを明にすると共に、此の處分は市參事會又は町村會の權限行使の例外を爲すものなれば、其の結果を次の市參事會又は町村會に報告すべきものである。

今専決處分報告の形式例を示せば概ね左の通りである。

専決處分報告例

報告第何號

何々ニ關スル件

何々ニ關シ何々スルノ要アリ（専決處分を要するに至りたる事件及其の經過の大要を記載すること）之ニ關シ市町村會又ハ市參事會ノ議決ヲ經ベキ處急施ヲ要シ市町村會及市參事會ヲ招集スルノ暇ナシト認メ市制第九十一條及第九十二條町村制第七十二條ニ依リ昭和何年何月何日市町村長ニ於テ之ヲ専決シタリ

右報告ス

昭和　年　月　日

市町村長　氏　名

第十一節　規則の制定

市町村會に於ては會議規則及傍聽人取締規則を制定するの權限を有するのである。

一　會議規則

會議規則は市町村會に於ける議事進行、議決方法其の他會議の法則を定むるものである。此の會議規則の一例を示せば左の通りである。

◉市町村會々議規則（第一例）

第一條　議員ハ議事開始前ニ會場ニ參集シ出席簿ニ捺印スヘシ

第二條　議事ハ午後第一時ニ始マリ午後第四時ニ終ル但シ時宜ニ依リ議長之ヲ伸縮ス

第三條　議員ノ席次ハ改選毎ニ抽籤ヲ以テ之ヲ定ム但シ補缺議員ハ前任者ノ席次ニ依ル

第四條　議事中ハ互ニ姓名ヲ稱ヘス議長ニ對シテハ議長ト呼ヒ議員ニ對シテハ其ノ席次番號ヲ呼フヘシ

第五條　議長議事ヲ開クコトヲ宣告セサル以前又ハ散會中止ヲ宣告シタル後ハ何人タリトモ議事ニ

付發言スルコトヲ得ス
第六條　議事中ハ私語シ吸煙シ又ハ喧噪ニ亙ルコトヲ禁ス
第七條　議事中議員着席又ハ退席セントスルトキハ議長ニ申告スヘシ
第八條　議員闕席スルトキハ其ノ事由ヲ記シ開會時限前ニ議長ニ屆出ツヘシ
第九條　議事ヲ開クトキハ議長書記ヲシテ議案若ハ報告書等ヲ朗讀セシムヘシ但シ時宜ニ依リ之ヲ省略スルコトヲ得
第十條　議案ハ第一讀會第二讀會第三讀會ヲ經テ之ヲ議決ス但シ議長ノ意見又ハ會議ノ決議ニ依リ讀會ヲ省略スルコトヲ得
第一讀會ニ於テハ議案ノ大體ヲ討議シ第二讀會ヲ開クヘキヤ否ヤヲ議決ス
第二讀會ニ於テハ議案ノ逐條ニ付審議決定ス
第三讀會ニ於テハ議案全體ヲ通シ覆議確定ス

第十一條　可否若ハ修正ノ動議ハ第二讀會ニ於テ贊成ナキモノ及第三讀會ニ於テ三名以上ノ贊成ナキモノハ之ヲ議題トナスコトヲ得ス

建議ハ三名以上ノ贊成者アルニ非サレハ議題ト爲スコトヲ得ス

第十二條　可否若ハ修正ノ動議ヲ提出セントスル者ハ文案ヲ具ヘテ之ヲ議長ニ提出シ又ハ議席ニ於テ陳述スルコトヲ得

動議ノ否決セシモノハ其ノ同一讀會ニ於テ再ヒ提出スルコトヲ得ス

第十三條　建議セントスル者ハ文案ヲ具ヘテ之ヲ議長ニ提出シ又ハ議席ニ於テ之ヲ陳述スルコトヲ得

建議ノ否決セシモノハ其ノ會期內ニ於テ再ヒ提出スルコトヲ得ス

第十四條　既ニ成立シタル動議又ハ建議ハ會議ノ許可ヲ經ルニ非サレハ之ヲ撤回スルコトヲ得ス

發議者ノ撤回シタル動議又ハ建議ハ他ノ議員ノ定規ノ贊成者ト共ニ之ヲ繼續スルコトヲ得

第十五條　發言セントト欲スル者ハ先ツ起立シテ議長何番ト呼ヒ番號ヲ唱ヘ議長其ノ番號ヲ呼フヲ俟テ發言スヘシ同時ニ二人以上起立シテ發言ヲ求ムルトキハ議長ハ先ツ起立者ト認ムル者ヲ指定シテ發言セシメ同時ノ起立者ナルトキハ議長ノ指定スル所ニ依ル討論問答ト雖モ必ス議長ニ向テ之ヲ爲ス可シ

第十六條　討論ハ議題外ニ亙ルコトヲ得ス

第十七條　發言ノ未タ議題トナラサルモノニ對シテハ討論辯駁スルコトヲ得ス但シ質問ハ此ノ限ニ在ラス

第十八條　議長ニ於テ討論終結ト認ムルトキ議長ハ表決ニ付スヘキ問題ヲ宣告スヘシ此ノ宣告ヲ爲シタル後ハ議題ニ付發言スルコトヲ得ス

第十九條　表決ノ際議場ニ現在セサル議員ハ其ノ表決ニ加ハルコトヲ得ス又着席ノ議員ハ可否ノ數ニ入ラサルコトヲ得ス

第二十條　議長表決ニ付スヘキ問題ヲ宣告シタルトキハ其ノ問題ヲ可トスル者ヲ起立セシムルモノトス但シ議長ノ意見若ハ議員ノ請求ニ依リ記名投票又ハ匿名投票ヲ以テスルコトアルヘシ

第二十一條　表決ノ順序ハ原案ニ最モ遠キモノヲ先ニス其ノ順序ニ異議アルトキハ討論ヲ用ヰス之ヲ採決スヘシ

議長ノ意見若ハ議會ノ請求ニ依リ議題ヲ分合シ又ハ條項ノ順序ニ拘ラス議決スルコトアルヘシ

第二十二條　議題ハ一說每ニ可否ヲ決シ修正案總テ否決セラレタルトキハ原案ニ就テ決ヲ採ルヘシ

修正ニ可否ヲ表シタル議員其ノ否決セラレタルトキハ次ノ表決ニ加ハルヘシ

第二十三條　可否ノ數ハ書記之ヲ檢シ議長其ノ結果ヲ宣告ス

第二十四條　會議ノ決議ニ依リ委員ヲ設クルトキハ議員中ヨリ之ヲ互選シ又ハ議長之ヲ指定ス但シ其ノ員數ハ奇數トス

第二十五條　委員ハ議會ノ付託シタル事ノ外ニ涉ルコトヲ得ス

第二十六條　委員會ハ委員半數以上出席スルニ非サレハ會議ヲ開クコトヲ得ス
第二十七條　委員會ノ議事ハ最多數ヲ以テ之ヲ決ス
第二十八條　委員會ノ決議ハ委員ヨリ之ヲ議會ニ報告スヘシ
第二十九條　委員會ハ傍聴ヲ許サス
第三十條　質問會ハ議案若ハ報告等ニ付質問ヲ要スルトキ之ヲ開ク但シ傍聴ヲ許サス
第三十一條　質問會ハ議員ノ出席定數ニ至ラサルモ之ヲ開クコトヲ得
第三十二條　此ノ規則ハ議員三分ノ一以上ノ請求アルニ非サレハ改正刪補等ノ議事ヲ開クコトヲ得ス

◉市町村會々議規則（第二例）

第一章　總則

第一條　會議ハ午前（後）何時ニ始メ午後何時ニ終ル但シ時宜ニ依リ時間ヲ伸縮スルコトアルヘシ此

ノ場合ニハ議長直ニ之ヲ決シ又ハ會議ニ諮ヒ之ヲ決ス
（會議ノ始終ハ號鈴ヲ以テ之ヲ報ス）
第二條　議員席ハ番號ヲ附ス
議員ノ席次ハ定期改選ノアリタル會議ノ初ニ於テ抽籤ヲ以テ之ヲ定ム但シ補闕議員ハ前任議員ノ席ニ着クモノトス
第三條　市（町村）長及其ノ委任又ハ囑託ヲ受ケ議事ニ參與スル者及書記ノ席及傍聽人席ハ別ニ之ヲ設ク
第四條　議員ハ會議中濫リニ議場ヲ退クコトヲ得ス但シ已ムヲ得サル事故アルトキハ議長ニ申告シ退場スヘシ
第五條　議員ハ會議ノ半ニシテ着席スルトキハ議長ニ申告スヘシ
第六條　議題ノ外議事中ニ起リタル總テノ事件ハ議長直ニ之ヲ決シ又ハ會議ニ諮ヒ之ヲ決ス

第七條　議事ヲ始ムルトキハ議長ハ書記ヲシテ其ノ案ヲ朗讀セシム但シ時宜ニ依リ朗讀ヲ省略スルコトヲ得

第八條　自己若ハ父母祖父母妻子孫兄弟姉妹ノ一身上ニ關スル議事ニ參與セントスル議員ハ其ノ議事ニ先チ會議ノ同意ヲ求ムヘシ此ノ場合ニ於テハ討論ヲ用ヰス議長ハ會議ニ諮ヒ之ヲ決ス

第九條　議事中ハ氏名ヲ唱ヘス議長ハ職名議員ハ議席ノ番號ヲ呼フモノトス

第十條　此ノ規則ノ疑義ハ議長之ヲ決ス若シ出席議員三分ノ一以上ノ異議アルトキハ會議ノ決スル所ニ依ル

第十一條　此ノ規則ハ議長又ハ議員定數三分ノ一以上ノ發議ニアラサレハ改正增補又ハ削除等ヲ議スルコトヲ得ス

第二章　議事日程

第十二條　議長ハ會議ノ終リニ於テ次日ノ議事日程ヲ會議ニ報告ス但シ初日ノ會議ニ於テハ議事ヲ

始ムル前之ヲ報告ス

第十三條　議員中緊急事件ヲ議題トスル爲議事日程變更ノ動議ヲ提出シ議員二名以上ノ賛成アルトキハ議長ハ之ヲ會議ニ諮ヒ可否ヲ決ス

議長自ラ緊急事件ト認ムルカ市（町村）長又ハ其ノ委任若ハ囑託ヲ受ケタル者ノ請求アルトキハ議長ハ之ヲ會議ニ諮ヒ討論ヲ用ヰス之ヲ決シ議事日程ヲ變更スルコトアルヘシ

第十四條　議事日程ヲ定メタルモ其ノ當日會議ヲ開クコト能ハスシテ後日會議ヲ開クトキハ前ニ報告シタル日程ニ據ル

第十五條　議事日程ニ定メタル事件中當日議了ニ至ラサルトキハ議長ハ更ニ其ノ日程ヲ定メ會議ニ報告ス

第三章　讀　會

第十六條　會議ハ第一讀會、第二讀會及第三讀會ニ區別ス議長ニ於テ緊急議決ヲ要スルモノ又ハ簡

易ノ議題ト認ムルトキハ（會議ニ諮ヒ）讀會ノ順序ヲ省略スルコトヲ得

第十七條　第一讀會ニ於テハ其ノ議案ニ就キ第二讀會ヲ開クヘキヤ否ヤヲ決スルモノトス

第二讀會ニ於テハ議案ノ條項ニ就キ逐次之ヲ議決スルモノトス

第三讀會ニ於テハ議案ノ全體ニ就キ審議確定ス但シ豫算ハ一款若ハ數款ニ對シ審議確定スルコトヲ得

第十八條　議案ノ說明ヲ求ムルモノハ第一讀會ニ於テ之ヲ爲スヘシ但シ已ムヲ得サル場合ニアリテハ第二讀會ニ於テ之ヲ爲スコトヲ得

第四章　動議及建議

第十九條　動議ハ第一讀會及第二讀會ニ於テハ議員一名ヲ以テ足ルモ第三讀會ニ於テハ議員二名以上ノ贊成アルニ非サレハ議題ト爲スコトヲ得ス

第二十條　建議ヲ爲サントスルモノハ文案ヲ具ヘテ議長ニ提出スヘシ但シ緊急事件ハ文案ヲ省略シ

之ヲ述フルコトヲ得建議ハ議員二名以上ノ賛成アルニ非サレハ議題ト爲スコトヲ得ス
否決シタル建議ハ同一會期內ニ再ヒ提出スルコトヲ得ス

第五章　發言及討論

第二十一條　議員發言セントスルトキハ起立シテ議長ト呼ヒ自己ノ番號ヲ告ケ議長ノ許可ヲ受クルヲ要ス

第二十二條　議題ニ付キ暫ク發言ナキトキハ議長ニ於テ異議ナキモノト認メ採決スルコトヲ得

第二十三條　討論ハ必ス議長ニ向テ之ヲ爲スヘシ議員互ニ相問答スルコトヲ得ス
討論ハ議題外ニ涉ルコトヲ得ス

第二十四條　討論未タ終ラスト雖モ議長ニ於テ論旨既ニ盡キタリト認ムルトキハ之ヲ會議ニ諮ヒ討論ヲ用ヰス採決スルコトヲ得

第六章　修　正

第二十五條　議案ニ對スル修正ノ動議ハ第二讀會ニ於テ之ヲ提出スルモノトス

第二十六條　第三讀會ニ於テハ文字ヲ更正スル外修正ノ動議ヲ爲スコトヲ得ス但シ議案中互ニ抵觸スル事項又ハ法令ニ背ク事項アルコトヲ發見シタルトキ必要ノ修正ヲ爲スハ此ノ限ニ在ラス

第二十七條　同一ノ議題ニ付キ數個ノ修正動議アル場合ニ於テハ原案ノ旨趣ニ最モ遠キモノヨリ順次採決ス

第二十八條　修正案原案孰レモ過半數ノ贊成ヲ得サル場合ハ調査委員ヲ定メ之ニ附託シ其ノ報告ヲ待チテ可否ヲ決ス

第二十九條　否決シタル修正ノ動議ハ同一會期內ニ於テ再ヒ提出スルコトヲ得ス

第七章　委　員

第三十條　會議ノ事件ニ付キ內議ヲ要スルトキハ議長ノ意見又ハ議員三名以上ノ要求ニ依リ全議員ヲ委員ト爲シ議事ヲ開クコトヲ得異議アルトキハ會議ノ決ヲ採ルヘシ

第三十一條　議案ノ調査又ハ修正ヲ要スルトキハ議長ノ意見又ハ議員二名以上ノ請求ニ依リ會議ノ決ヲ採リ議員中ニ就キ特別委員ヲ選定スヘシ

第三十二條　委員ノ數ハ奇數トシ其ノ員數ハ會議ノ決スル所ニ依ル

第三十三條　委員ハ議員之ヲ選擧ス但シ會議ニ於テ議長ノ指名ニ委スルコトヲ得委員選擧ノ方法ハ連記無記名投票ニ依ル得票同數ナルトキハ抽籤ヲ以テ之ヲ定ム

第三十四條　委員會ニ於テ委員長一名ヲ互選スヘシ必要ト認ムルトキハ委員中ヨリ一名又ハ數名ノ理事ヲ互選シ委員長故障アルトキハ其ノ職務ヲ代理セシム

委員長及理事ノ選擧ニ付テハ前條ノ規定ヲ準用ス

第三十五條　委員會ハ委員長之ヲ招集ス委員定數三分ノ一以上ノ請求アルトキハ委員長ハ必ス之ヲ招集スヘシ

第三十六條　委員ノ審査ハ會議ノ付託シタル事件外ニ亙ルコトヲ得ス

第三十七條　委員長ハ委員會ノ議事ヲ整理シ其ノ經過及結果ヲ會議ニ報告スヘシ但シ少數者ノ意見ハ別ニ之ヲ報告スルコトヲ得

第三十八條　委員會ハ委員半數以上出席スルニ非サレハ議事ヲ開クコトヲ得ス其ノ議決ハ可否ノ多數ニ依リテ之ヲ決ス

可否同數ナルトキハ委員長之ヲ決ス

第三十九條　委員ニ付託シタル事件ノ發議者又ハ動議提出者ハ其ノ委員會ニ列シ說明スルコトヲ得但シ表決ニ加ハルコトヲ得ス

第四十條　委員會ノ議事ハ議員ヲ除クノ外傍聽ヲ許サス但シ委員會ノ議決ニ依リ議員ノ傍聽ヲ禁スルコトヲ得

第八章　表　決

第四十一條　出席ノ議員ハ可否ノ數ニ入ラサルコトヲ得ス表決ノ際議席ニアラサル議員ハ表決ニ加

ハルコトヲ得ス

第四十二條　採決セントスルトキハ議長ニ於テ其ノ問題ヲ宣告シ之ヲ可トスル者ヲ起立セシメ其ノ結果ヲ宣告ス會議ノ議決ニ依リ記名又ハ無記名投票ヲ以テ表決スルコトヲ得

第九章　會議錄

第四十三條　會議錄ニハ左ノ事項ヲ記載スルモノトス

一　開會閉會ノ顚末
二　會議始終ノ年月日及時刻
三　出席議員ノ氏名
四　市町村長及其ノ委任ヲ受ケ議事ニ參與シタルモノノ職氏名
五　書記ノ氏名
六　會議ニ付シタル事件ノ題目

七　議決ノ要旨
八　選擧ノ顚末及當選者ノ氏名
九　法令若ハ會議規則ニ違ヒ又ハ議場ノ秩序ヲ紊リ若ハ妨害ヲ爲シタル者ノ處分ニ關スル事項
十　再議又ハ再選擧ニ付セラレタル事件ノ題目其ノ他必要ト認ムル事項

第四十四條　會議錄署名議員ハ何名トシ毎會期之ヲ選擧ス

第十章　議場內ノ秩序

第四十五條　議場內ニ於テハ異樣ノ服裝ヲ爲シ又ハ外套傘杖ノ類ヲ携帶シ若ハ帽子襟卷等ヲ著スヘカラス

第四十六條　議事中ハ喫烟スヘカラス

第四十七條　議事中ハ贊聲又ハ否聲ヲ發シ又ハ喧噪シテ他人ノ演說及朗讀ヲ妨クルコトヲ得ス

第四十八條　散會ニ際シテハ議員ハ議長退席ノ後ニ非サレハ退席スルコトヲ得ス

第十一章　罰　則

第四十九條　市制第五十八條第二項（町村制第五十四條第二項）ノ規定ニ違背シタル者及本則第四十五條乃至第四十七條ニ違背シタル者ハ會議ノ議決ニ依リ五日以内出席ヲ停止ス

會議規則の制定上注意を要するのは、往々議長の權限を拘束するが爲め、規則の規定が無效たる場合がある。例へば毎日の議事を整へ開會閉會を宣し其の時間を定むるは議長の專權なるに會議規則に於て之を制定し以て議長の權限を拘束するが如きは違法である。又會議規則には市制町村制及會議規則に違反したる議員に對し市町村會の議決に依り五日以内の出席停止するの規定を設くることが出來るのであるが、會議規則を以て更により多く議員の權限を制限することは出來ない。

二　傍聽人取締規則

市町村會は公開し傍聽人をして會議の傍聽を許すを原則とするも、其の傍聽者に對しては一定の心得を守らしめ、仍て以て會議の進行を阻害することなからしむるの要がある。茲に謂ふ傍聽人取締規則は之であつて其の一例を示せば左の通りである。

◉市町村會傍聽人取締規則（第一例）

第一條　會議ヲ傍聽セムト欲スル者ハ名刺ヲ受付ニ差出シ其ノ指揮ヲ受クヘシ

第二條　傍聽人ノ員數ハ五十人以内トス

第三條　傍聽人ハ議員ニ先チ傍聽席ニ着キ議員ニ後レテ退席スヘシ

第四條　凡ソ傍聽席ニアル者ハ靜肅默聽シ左ノ事項ヲ遵守スヘシ

一　帽子襟卷又ハ外套ヲ着ス可カラス

二　傘杖ノ類ヲ携帶スヘカラス

三　飲食又ハ吸煙スヘカラス

四　議員ノ言論ニ對シ可否ヲ表スヘカラス

五、喧擾ニ渉リ議事ヲ妨害スヘカラス

第五條　何等ノ事由アルモ傍聽人ハ議席ニ入ルコトヲ許サス

第六條　會議ノ傍聽ヲ禁シタルトキ又ハ退場ヲ命セラレタルトキハ速ニ退場スヘシ

第七條　戎器兇器ヲ携帶シタル者及酩酊シタル者ハ傍聽席ニ入ルコトヲ許サス

◉市町村會傍聽人取締規則（第二例）

第一條　會議ノ傍聽ヲ爲サントスル者ハ議員ノ紹介ニ依ルヘシ

第二條　傍聽人ノ定員ハ五十人トス

第三條　議員傍聽人ヲ紹介スルトキハ其ノ氏名ヲ議長ニ通告スヘシ

第四條　傍聽人ハ傍聽券ヲ受付掛ニ示シ控席ニ入ルヘシ又退場スルトキハ傍聽券ヲ受付掛ニ返付ス

ヘシ

第五條　傍聽人ハ控席ニ憩ヒ號鈴ニ從ヒ着席スヘシ但シ會議ノ半ナルトキハ受付掛ノ指揮ニ依リ着席スヘシ

第六條　傍聽席ニ於テハ左ノ事項ヲ遵守スヘシ

一　會議ニ對シ公然可否ヲ表シ又ハ喧騷ニ渉リ其ノ他會議ノ妨害ヲ爲スヘカラス

二　會議中濫リニ傍聽席ヲ離ルヘカラス

三　私語又ハ飲食喫煙スヘカラス

四　帽子襟卷又ハ外套ヲ着スル等不敬ノ所爲ヲ爲スヘカラス

五　傘杖ノ類ヲ携帶スヘカラス

六　一定ノ出入口ノ外出入スヘカラス

第七條　戎器兇器其ノ他危險ノ虞アル物品ヲ携帶シタル者及醉酗シタル者ハ傍聽ヲ許サス

第八條　何等ノ事由アルモ傍聽人ハ議席ニ入ルコトヲ得ス

第九條　議場內ニ於テ議員ニ文書物品ノ類ヲ差出サントスル者ハ受付掛ニ差出シ居ケ方ヲ請フヘシ

傍聽人自ラ差出スコトヲ得ス議場內ニ於テ議員ニ面會ヲ求メントスル者ハ受付掛ニ申出テ指揮ヲ受クヘシ

第十條　左ノ場合ニ於テハ速ニ退場スヘシ

一　傍聽ヲ禁止シタルトキ

二　退場ヲ命セラレタルトキ

第十一條　各條ノ外掛員ヨリ指揮スルコトアラハ其ノ指揮ニ從フヘシ

第六章　市町村會の成立と會議

第一節　市町村會の成立及不成立

市町村會は之を組織すべき市町村會議員の選擧行はれ、其の當選決定したる時期を過ぎ會議を開き得べき定足數の存在するときに至りて初めて成立するのであつて、單に議員の選擧を了したるときに於て成立するものではない。

一旦成立したる市町村會も、議員總辭職するか、解散を命ぜらるゝか其の他如何なる原因たるを問はず、市町村會議員全くなきに至るか、或は議員存在するも其の數、會議を開き得べき定足數を闕くに至つたときは市町村會は不成立となるのである。市町村會の招集及開議は市町村會の成立してゐる場合に於てのみ之を爲し得るのであつて、不成立の場合に於ては最早や之を招集し又は開議することは出來ない。此の不成立の場合に於ては市町村會の議決又は決定すべき事件に關しては、市にありては市參事會の議決又は決定に付し町村にありては府縣知事に具狀して指揮を請ふこととなつてゐる。尙ほ急施を要する場合は市町村長に於て專決處分することが出來る。之れは市町村の意思決定の例外であるから常に市町村會は成立してゐる樣に努めねばならぬ。

第二節　招集及再招集

市町村會の招集は市町村長の權限であつて、市町村會議長又は市町村會議員に於て之が招集を爲すことは出來ない。若し夫れ市町村長の招集なくして議員自ら一定數集合して議事を行ふも、之を以て市町村の適正なる意思なりと云ふことは出來ない。故に市町村會議員に於て市町村會を開會するの要ありとせば、議員定數の三分の一以上連合して會議に付すべき事件を示し、市町村長に對し市町村會の招集を要求すればよい。此の場合に於ては市町村長は必ず市町村會を招集する義務がある。尤も議員に於て市町村會の招集を要求するは、市町村會議員に發案權ある事件に限るべき義にして、其の發案權が市町村長にのみ存する事件に關しては、招集の要求を爲すことは出來ない。蓋し市町村會を招集するも、市町村長に於て發案せざれば、其の會議に於ては何等得る所なきに至るを以てである。從て議員より市町村會の招集を要求するに付ては、要求の事由として付議すべき事件を示すべきである(市制第五十一條町村制第四十七條)。

而して市町村會を招集するには、開會の日前三日目迄に之を市町村會議員の全員に漏れなく告知することを要する。若し一人たりとも此の告知を闕くときは、其の會議が適法に成立したものと云ふことは出來ない。從て其の會議に於て議決したものは無效たるに至るの虞がある。而して告知の期限は開會の日前三日目迄とあるを以て、開會の日と告知の日とは中二日を存すべく、例へば四月十日開會する市町村會は遲くとも四月七日に告知せねば違法である。尤も急施を要する場合に於ては、上述の期間を存せずとも、市町村會の招集を爲し得るのである。此の急施とは、市町村會に付議せらるべき事件が急を要するものたることを要し、而かも其の急施たるや否やの認定は獨り市町村長のみならず、一般的に見て急施たることを要するのである。而して此の急施の市町村會に付ては、告知に際して其の旨を明示して置くのが通例である。尙ほ議員に對する告知は通例文書を以てし、使丁をして本人に送達せしむるか、又は郵便の方法に依るかは一に市町村長の任意である。

招集狀例

何第　　號

左記事件ニ付（急施ヲ要シ）（市町村會議員何某外何名ヨリ請求アリタルニ付）何月何日午前（午後）何時本市役所（町村役場）ニ市（町村）會ヲ招集ス

本市（町村）會ノ會期ハ何日間トス

右告知候也

年　月　日

何市（町村）長　何　某 ㊞

何市（町村）會議員　何　某　殿

記

一、何々ノ件（決議事項ヲ示スコト）
二、區長及其代理者ヲ定ムル件
三、何々ノ決定ノ件
四、何年度歳入歳出追加豫算ノ件
五、何年度歳入歳出決算認定ノ件

市町村長市町村會を招集すと雖も、議員之に應ぜざるか、或は一部の議員招集に應ずるも。定足數を闕く場合にありては、其の招集の效果は發生しないのである。故に再び招集するに非ざれば豫定事件の會議を行ふことは出來ない。之れを再招集と云ふのであつて市町村長は同一事件に關して、再び上述の期間を存して議員全部に對して再招集の手續を履まねばならぬ、尤も急施を要するときは上述の期間を存せず、直に再招集を爲し得るのである。此の同一事件に關する再招集に付ては、出席議員が定員數を闕くも尙ほ會議を開き得るの特例が認められてゐる。後述會議し得べき定數の項說明を參照せられよ。

再回招集告知例

何第　號

何月何日午前(午後)何時ヲ期シ招集ノ市(町村)會ハ應招議員何名ニシテ議員定數ノ半數ニ滿チサル爲開會シ得サリシヲ以テ左記同一事件ニ付更ニ何月何日午前(午後)何時市(町村)會ヲ何々(招集場所ヲ明示スルコト)ニ招集ス

右及告知候也

年　月　日

何市(町村)長　何　某　㊞

何市（町村）會議員　何　某　殿

記

一、何々ノ件

二、何々ノ件

第三節　會議事件

市町村會に付議せらるべき會議事件は、會議に先ち市町村會議員に了知せしめ、相當調査考慮の餘地を與へ、以て適正なる意思の決定を爲すことを要するのであるから會議事件は市町村會の招集と共に之を議員に告知すべきものであり、若し招集告知後に必要となりたる事件に付ても、其の事件を付議する日前三日目迄、即ち會議に付する日と告知の日と中二日間を存して、豫め告知したる事件は之を會議に付し得るのである。尤も此の告知すべき事件は市町村長に發案權のある事件に限り、市町村會に發案權あるものに付ては、豫め告知を要せないのである。而して此の告知は會議に付すべき事件の名稱を告知すれば足り、議案其のものを指すのではない。然し實際の便宜上議案を前日又は前々日に配付し、議員をして調査するの便宜を與ふることは固より妨ない。

以上は通例の手續であるが、之れに付ても亦例外がある、即ち會議事件其のものが急施を要する事項なれば、正式の告知を爲すことなく直に會議に付することが出來る其の會議事件が急施なりや否やは、單り市町村長の認定に止まらず、一般的に見て夫れが急施であることを要するのである。例へば災害の爲め復舊措置を爲す場合、又は傳染病蔓延し其の豫防費用を追加豫算する場合、其の他緊急止むを得ざる事情ある場合に限るのである。

會議事件追加告知例

何第　號

何月何日招集(目下開會中)ノ市(町村)會ノ會議事件ヲ左ノ通追加ス

右及告知候也

年　月　日

何市(町村)長　何　某㊞

何市(町村)會議員　何　某殿

記

一、何々(議決)ノ件

二、助役決定ノ件

第四節　會　期

市町村會の招集に付ては會期を定めないのが通例である。然し市町村長の認定に依り特に會期を定むるの必要ありとせば、市町村會の招集に方り、一定の會期を定めて招集することが出來る。

此の會期とは市町村會の會議を繼續し得べき期間を指すのであつて、其の期間を經過すれば假令議了せざる事件があつても、最早や會議を續行することは出來ないのである。帝國議會及府縣會にありては常に會期を定むることを要するに市町村會に於ては叙上の如く會期を定めざるを原則としたる所以のものは、市町村會にありては市町村に關する一切の事件を議決すべきものにして、必要の都度招集會議せざるべからざるものなると、又其の議事概して簡易なるを以て、特に會期を定むることなく、議事の終るを俟つて適宜閉會すれば足るを以てである。然れども市町村會にありても豫算を議決し、市町村稅の賦課徵收を爲し。異議申立の決定。又は諮問に對し答申を要する場合にありて、一定の期限迄に議了せざるべからざる場合にありては、寧ろ一定の會期を定めて議事の促進を爲すの要がある。此の會期を定むるは市町村會の招集の際之を爲すべくして、開會後に於て會期を付すべきでなく、殊に或る議件に關してのみ會期を付すべきものではない。

而して此の會期を付したる法律上の效果として、前叙の如く會期の滿了と共に、市町村會は當然閉會せらるべきものなるを以て、假令未議了のものありと雖も、會期終了後にありては引續き會議することは出來ない。其の未議了となりたるものに付ては市制第九十一條町村制第七十五條に依り、市町村會が其の議決又は決定すべき事件を議決又は決定せざるものとして、市町村長は之を府縣知事に具狀して指揮を請ひ、以て市町村會の議決又は決定に代へ處分せらるるのである。

然れども會期を定むることは、會議進行の便宜に外ならざるに、偶々會期不足の故を以て、豫定議件の未議了となることは時に忍び難きものあるを以て、かかる場合にありては法は市町村長に於て必要ありと認むるときは、更に期限を定めて市町村會の會期を延長することを得ることに昭和四年改正せられたのである。而して會期延長に付ては更に期限を定むることが必要であり、漫然會期を延長することは法の許容せない所である、蓋し會期を定めて、市町村會を招集することは、其の付議事件が急速決定を要する場合なるべきを以て、更に長々會期の延長を爲すが如きは決して法の豫期する所ではないからである。故に更に期限を定むるに方つては、實際必要已むを得ざる限度の延長に止むべきである。而して一旦延長したる會期を再び延長出來るかと云ふに、法に特別の制限なきを以て、必要あるときは更に之を延長するも固より妨ないのである。

されど會期延長のことは萬已むを得ざる場合の便法に外ならざるを以て、苟も會期の定めある市町村會に於ては、其の豫定會期內に議了するやう努むることが肝要であり、例へ會期の定めなき市町村會にありても漫然會議の遷延を來すことは適當でない。

第五節　市町村會の開閉

市町村會は市町村長に於て招集するものなるを以て、之を開會し閉會するも亦市町村長の權限である。故に市町村會議員招集に應じて議場に參集したるときは、先づ市町村長に於て開會する旨(唯今から開會致します)を宣告し、其の閉會に際しても亦市町村長に於て閉會する旨(唯今を以て閉會致します)と宣告すべきである。

而して市町村長は單に市町村會の招集に應じたるものを會議を開始し得べき狀態に置くのであつて、議事を開始するは市町村會議長の權限に屬するのである。故に市町村長開會を宣したる後、市會及特に議長を設けた町村會にありては、市町村長は番外席に著席し、之に代はりて市町村會議長議長席に著きて其の日の會議を開始する旨(唯今から會議を開始致します)を告げて會議に入るべく、普通の町村會にありては、町村長は其のまゝ議長席に著き、其の日の會議を開始する旨(唯今から會議を開始します)を告げて議事に入るのである。往々實際を見るのに市會及特に議長を置きたる町村會にありては市町村長と議長とは全然別人であるから、其の手續を誤ることはないが、普通の町村會にありては町村長が直に議長となるのであるから、町村會の開閉と會議の開閉とを混淆し、議長として町村會の開閉を宣したり、町村長として議事を續行する樣な例があり、會議錄に其のまゝ記載を爲す爲め、後日爭訟の因となるものがある。小町村農村山村にありては、夫れ等の取扱はどうでもよい、要は平和であり圓滿であればよい樣なものではあるが、法規が其の手續を明に區分してゐる以上、一應法規上の取扱に付ては誤りのない樣に注意することが肝要であり、殊に會議錄の記載に於て過誤なきを期せねばならぬ。

第六節　會議し得べき定數

市町村會は一定數の議員を以て組織するものなるを以て、其の議員全體の出席を俟て會議するを理想とすべきも、議員中には種々の故障ありて常に全員の出席を望むことは至難である。さりとて餘りに少數の出席のみに依り會議することは、或は市町村民の意思を完全に反映せしめ得ざるの虞あるを以て、法は會議し得べき一定の數を定めてゐる。即ち市制第五十二條町村制第四十八條に依れば市町村會は議員定數の半數以上出席するに非ざれば會議を開くことを得ざることとしてゐる。此の制限を其の定足數と云ふのである、而して議員定數の半數とは、其の市町村に於ける議員法定數（增員又は減員條例の設けあるときは夫れに依り定まりたる定數）の半分以上たることを要するのであつて、例へば議員定數二十四人の町村にありては、議員十二人以上の出席あることを必要とするのであつて、其の數に達せざるときは會議を開き得ざるものであるから、市町村長が招集したる場合此の定足數の集合なきときは、市町村會は流會と爲り、更に招集するに非ざれば市町村會の開會を宣することは出來ない。又開會後にありても此の定足數に達せざるときは議長は其の日の會議を開くことが出來ず、又會議中に此の定數を缺くに至つたときは最早會議を續行することは出來ないのである。以上は通例の場合に於ける會議の要件であるが、之に對しても左の例外が設けられてゐる。

1　除斥の場合

市町村會議員は自己又は父母、祖父母、妻、子孫、兄弟姉妹の一身上に關する事件に關しては議事に參與し議決に加はることは出來ない。從て其の議員は會議より除斥せらるゝのである。若し此の除斥の爲に半數を闕く場合に、會議を開くことを得ざらしむれば、會議の進行を阻止すること尠からざるを以て、一旦議員定數の半數以上の出席ありたるに拘らず、其の後除斥の爲め、此の定足數を闕くに至つたときは例外として會議を開き得るのである。例へば定數二十四人、出席議員十五人にして、除斥せられたる議員五人ありて、爲に出席議員十人となり、半數以下と爲りたる場合に於ても、尙ほ會議を開き得るのである。然れども除斥せらるべき議員にありても、一旦會議に出席し其の後除斥せらるゝことを要し、除斥せらるるの故を以て初めより會議場に出席せざるものなるときは、玆に所謂除斥の爲に該當せないのであるから、此の例外を適用することは出來ない。

議事が一身上に關するものなりや否やに付ては往々論議の存する所である。參考の爲め從來の行政實例及行政判例の一二を左に掲げて見る。

○町村長助役議員等の報酬若は實費額を議する事件は其の町村長助役議員等の一身上に關するものに非ず（明治二二年六月一〇日行政實例）

○村長が四名に對する議員失格の議決案を提出するに際し同一性質なるに依り之を一案と爲したるは舊町村制第六十八條に依り其の職權に屬すべきも該案は四名各自の身上に關する四個の事件を包含するを以て其の議決に付ては各事件每に其の身上に關係ある者を除外し他三名は當然議事に參與せしむべきは舊制第四十五條に依り明かなれば不可分的に四名を排除し議決したるは其の方法に於て違法たることを免れず（明治四四年五一號同年七月四日行政判決）

2　同一事件に付再招集の場合

市町村長に於て招集したるに定足數に達せざる爲め流會と爲り、更に同一事件に付き招集したる場合に於て仍ほ定足數に達せざるの故を以て流會と爲さむか一部議員の不誠意か或は故障の爲め、市町村の意思を決定することを得ざるの不便あるべきを以て、之に付ても亦例外を認め、定足數を闕くも仍ほ會議を開き得るのである。

3 議長の催告を爲したる場合

其の日の會議は議長が開閉するものなるも定足數に達せざるときは開議することを得ず、此の場合に於ては議長は招集に應じたる全議員に向つて出席を催告することが出來る。此の催告を受けたるに拘らず議員定足數に達せざるときにありては、矢張り一の例外として定足數に達せざるも開議を爲し得るのである。

第　號

出席催告書例

本日ノ市町村會ハ午前(午後)何時ニ至ルモ出席議員定足數ニ達セサル爲メ會議ヲ開クコトヲ得サルニ依リ（本日市町村會開會中午前(午後)何時出席議員定足數ヲ闕クニ至リタル爲メ會議ヲ中止スルニ至リタルモ尚ホ會議ヲ續行スルノ必要アルニ依リ）午前(午後)何時迄ニ必ス出席相成度此段及催告候也

年　月　日

何市町村會議長　何　某㊞

何市町村會議員　何　某殿

唯玆に注意すべきは議長の爲す催告の效果の點である。議長の爲す催告は招集に應じたる全議員に對して之を爲すべく、闕席議員に對してのみ催告を爲し、出席議員に催告を省略するは適法でない。其の催告を爲すには催告に依り出席し會議に參與し得る相當の時間を存置せしむるの要がある。又一旦催告を爲し定足數に達せず開會したるに、會議中定足數に達し、其の後再び定足數を闕くに至りたる場合には再び催告を必要とするか、之が取扱に關しては主務省の行政實例に依れば『苟モ同一事件ニ付一旦出席催告ノ手續ヲ爲シタル以上ハ其ノ會議ニ於テ出席者一旦定足數以上ニ達シ中途ニ於テ再ヒ定足數ヲ闕クニ至リタル場合ニモ適用アルモノト解スヘキモノトス』としてゐるのであるから、最早再び催告の手續を繰返さずとも差支ない。

以上の如く市町村會の開議に定足數の例外を認むるものありと雖も、會議を爲すには議長及少くとも二人の議員の存在を必要とするを以て、右例外の場合にありても出席者が議長及議員二人を下ることとなれば、會議體の本質に鑑み最早會議の續行を爲すことは出來ないのである。

第七章　市町村會の議事法

市町村會の議事は、議長の開議の宣言に依りて初まり、議長の閉會の宣言に依り終了するものである。此の市町村會議事の概要を左に叙說する。

第一節　議事日程

市町村會の會議は議長之を總理するものなるを以て、議事日程の作製も亦議長の權限である。此の議事日程とは市町村會に於て會議すべき事件の順序を定むることを指すのであつて、議事日程は會議の前日又は當日會議に先ちて議長自ら又は書記をして議場に宣言し又は書面を以て各議員に通告するのである。

議事日程は以上の如く其の日の會議の順序を定むるものであるから、議長より變更するの宣言なきに於ては、日程外の議事を行ふことは出來ない。尤も小町村にありては必ずしも議事日程として堂々宣言して置かなくとも、會議進行の狀況に應じ、議長より漸次會議すべき事件を宣言して、議事の進行を圖ればよいのである。若し一旦定めた議事日程以外の事件に關して會議するの必要あれば、議長に於て之を變更して議題に供するか、又は議員より動議を提出し、議長の採擇を得て議事日程を變更すればよいのである。

又後述の如く市町村長に發案權ありと雖も、市町村長は單に議案を發するのみにして、其の日の會議に付すべきや否やを決することは出來ない。

◉議事日程例

何月何日開會市町村會ノ議事日程左ノ如シ

一、何々ヲ議決スル件(市町村長提出)(第一讀會)

二、何々議員資格審査ノ件(議員何某外何名提出)(第二讀會)

三、市町村長選擧ノ件(議長提出)

四、何年度歳入出決算認定ノ件(市町村長提出)(第三讀會)

五、何年度歳入歳出豫算ノ件(市町村長提出)(第三讀會)

六、意見書議定ノ件(議員何某外何名提出)(第三讀會)

七、會議錄署名議員決定ノ件

以　上

第二節　議　案

市町村會に於て決議すべき事件に付ては原則として市町村長之を發案すべきものである。尤も市町村會に於て發案權を有する特種の事件に付ては、市町村長に於て發案するを要せないのである。此の議案は文書を以てすべきものである。而して此の發案は急施事件にあらざる限り必ず曩に告知した事件に關するものなるべく、告知なき事件に關して發案することは適法でない。

市町村會議員に於て發案權を有する事件に關しては、會議中適當の時期に於て夫々發案を爲し得るのである。此の發案の方式は前述の如く議員三名以上より文書を以て爲すべきものである。

一旦發案したる議案は之を撤回することを得るや、之に關しては撤回否認說と是認說と又市町村會の同意を要件とする說とあるが、實際の取扱例に徵すれば、發案者は適宜議案の撤回を爲し得るものとされてゐる。

發案者の提出したる議案を原案と稱し、此の原案に對し修正するの意見にして、市町村會に於て議題に供さるれば、之を修正案と稱するのであつて、市町村會の議決を了したるものを、決議書と稱するのである。

議案例

議第　　號

何々……（議決ヲ要スル事項ヲ記載スルコト）

年　　月　　日提出

何市（町村）長　何　某

第三節　議員及參與員の發言

議員は市町村會の構成員として、常に公正なる意見を吐露し、適正なる市町村の意思の決定を爲すことに努めねばならぬ。而して各議員は其の權限平等なるを以て、敢て他に遠慮するの要はないが、さりとて多數議員をして無秩序に發言せしむるに於ては、議場の秩序を紊り、議事の進行を阻害するの虞なきを得ない。茲に於て法は議員の發言に對し、靜肅と穩健とを要望し、一面議長に議場整理權を付與して、統制ある議事の進行を期待してゐるのである。故に議員として發言するに付ては、概ね左の點に注意せねばならぬ。

1　發言せむとするときは起立して議長に發言の許可を求め、其の許可ありたる後徐

ろに發言すること

2 議員にして議長たる場合に議員として發言せむとするときは、一旦議席に就き然る後議長代理者（副議長）の許可を得て發言すること

3 議長にありては發言の要求ありたるときは其の要求の前後に應じ順次に發言を許可すべきものにして、自派自黨の議員に對し又は知己緣故者に限り他に優先發言せしむるが如き不公平を爲さぬこと

4 發言するに演壇に上ることを要する場合は、靜に其の席に著き冷靜嚴格なる態度を以て發言し、其の自席よりするものなるときは起立して發言すること

5 發言は議題に關してのみ之を爲し、議題外に亙りて發言せざること又一議題の終了前他の議題に關して發言せぬこと

6 發言は他人の爲したることを繰返し議事の進行を害せざること

7 發言は簡明にして冗長なるを排し。大言叱咤するを要せざるも、音吐は明瞭なること

8 參與員に對し又は議員に對し質問するには其の要點に止め、自己の意見や希望を混淆することなく。且人身攻擊的の言辭を弄さざること

9 發言は無禮難解の語を用ゐず極く平易に穩健なること

10 討論の際發言するには他人の意見を强て反駁するを要せざるを以て自己の信ずる正當なる意見を吐露すること

11 討論終結後に在りては强て發言を求めぬこと

12 若し法規、規則に違背し又は無禮の語を用ゐたる爲め議長より制止せられ又は取

消を命せられたるときは靜に之に從ふこと

市町村長又は其の指名せられたる者は市町村會の議事に參與することを得るにあるも、自ら議決に加はることを得ない。從て議案の説明又は之が質問に對し答辯する爲め發言することを得べしと雖も、自ら贊否の意見を發表して議事に加はることは出來ない。所謂原案維持を爲すとは、原案の適當なる理由を説明して市町村會の正當なる議決を希ふに外ならずして、參與員自ら贊成意見を强調するものでない。而して參與員の發言は議員に先んじて發言するの特權を有するも、之が爲め議員の演説を中止することは出來ない。其の發言を爲すには矢張り議長に許可を求め、其の許可ありたるときに於て之を爲すべきである。説明及答辯共に極めて親切にして且つ簡明なることを要し、議員の演説を反駁することは愼むがよい。況んや議員と討論することは絶對に出來ないのである。
尙ほ議員は言論を以て質問するの外、文書を以て質問を發する取扱を爲す向がある又參與員の答辯も言語のみならず文書を以てすることがある。此の場合には質問趣意書及答辯書は市町村會に於て夫々朗讀するのである。又質問の發言を要求する者多數の場合は、豫め質問の要旨を揭げ質問の通告を爲さしむる取扱を爲す向もある。斯樣な場合は議員は其の方法に從ひ議長の議事整理の全きに協力すべきである。

質問通告書例

質問要旨

何々……

右何月何日市町村會ニ於テ質問致度此段及通告候也

何市町村會議員　何　某㊞

年　月　日

何市町村會議長　何　某　殿

第四節　讀會法

市町村會に於ける議事は通例讀會の方法に依り審議せらるゝのである。此の讀會の方法は帝國議會も府縣會も總て採用する所であつて其の起源に付ては詳ではないが、舊時印刷力のなかりし時代にありては議案を印刷配布することなく、發案者に於て之を朗讀し、審議に供したる例がある。之に沿革して現在に於ても議事を目して尙ほ讀會と稱するのである。

此の讀會は第一讀會、第二讀會及第三讀會に別れ、一議案は通常此の三讀會を經て可決せらるゝものなるも、時に第三讀會を省略し又は第二及第三讀會を省略して可決せらるゝ場合がある之を讀會省略と云ふ。

一 第一讀會

第一讀會にありては議案の大體を審議し、第二讀會に移し審議を續行すべきや否やを決するのであつて、先づ議長又は書記をして議案を朗讀し、提案者之を説明し、議員の質問あり。之に對し夫々答辯ありたる後、第二讀會に移すべきや否やを決するのである。尤も議案の内容如何は第二讀會に移すや否やを決する重要なる點であるから、詳細調査するの必要あるときは、後述の如き委員付託の方法を採ることがある。而して第一讀會の可決したるものは、之を第二讀會に於て審議すべきも、其の否決せられたるものに付ては最早第二第三讀會に於て審議すべきでない。往々復活運動と稱し原案の復活を要求するものあるも、之れ原案に對し加へられたる修正を排して原案に決せしむるものであつて、否決せられたるものを再び議題に供するものではない。尤も多數市町村中にありては、一旦否決したる事件を同一會議に於て再審議して、前議決を排し原案の通り決する向あるも、之れ全くの例外であつて如斯同一議會にありて意見を左右するが如き、曖昧なる決定を爲すことは豫め排除するの注意がなければならぬ。

以上の如く第一讀會は單に大體を決するのであるから、原案に對し修正を加ふることはない、凡そ修正意見を提出するは第二讀會と知るべきである。然れども第一讀會に於て否決せられたるものは、一事不再理の觀念に依り二讀會以後に於て審議せられざるものなるを以て、苟も其の否決せむとするときは最も愼重なる調査を遂ぐべきである。

二　第二讀會

第二讀會に於ては第一讀會に於て可決したる議案に付き、逐條的に審議するものにして、條例、規則、規程等の議案なるときは條文に從ひて、其の內容を究めて可否を審議し。豫算の議案なるときは歲入歲出共各款每に其の內容及金額の適否を審議するのである。第二讀會にありては如斯詳細なる審議を遂ぐるものなるを以て、複雜なる議案殊に豫算案の如きものに付ては部門を分ちて委員付託とし、其の報告を俟て討論に入る取扱がある。

以上の如く第二讀會にありては逐條的に審議するものなるも、會議進行の都合に依り數條を一括して審議するも固より妨ないのである。而して原案に對し修正を要するときは、第二讀會に於て動議として提出し、其の可否を決し、可決せられたるときは原案は修正せられて第三讀會に移され、修正案否決せられたるとき及修正意見なく原案を可決したるときは、原案のまゝ第三讀會に移さるゝのである。

三　第三讀會

第三讀會に於ては再び議案の全體に渉り審議するのであつて、議案全體を通觀し其の統一を害することなきや、齟齬することなきやを審議し、殊に第二讀會に於て修正せられたるものに付ては、更に愼重の審議を爲すのである。

修正意見は通例第二讀會に於て提出すべきものなるも、必要あるときは第三讀會に於て之を提出することが出來る。然し兎に角第二讀會に於て修正なく可決せられたるものに修正を加ふるものなるを以て、更に一段の審議を要するのは勿論である故に第二讀會の修正意見の提出に付ては、直に動議として議題に供することあるも第三讀會に於ける修正意見に付ては數人の賛成者あるものに非ざれば之を動議として議題に供せない取扱が多い。

又第三讀會に於ては其の審議に依り、第二讀會に於て可決せられたる修正案をも否決し原案に復活し、又は別の修正案を可決することが出來るのである。要するに第三讀會の決する所が確定議となり、所謂市町村會の議決として、市町村の意思となるのである。故に第三讀會に於て否決せられたるものは最早如何とも致し難いのである。尤も其の議決が違法越權であり、又は收支に關し不適當の議決である場合は前述の救濟方法に依り得るは勿論である。

以上の如く市町村の議事は讀會の方法を採り、其の徑程を經て、初めて市町村會の議決となるのであるが、時に讀會の方法を省略する場合がある。即ち第一讀會に於て第二讀會及第三讀會を共に省略して確定議となし、又第二讀會に於て第三讀會を省略して確定議とすることがある。此の方法を採るに付ては、讀會を省略する旨市町村會の議決を經ることを要する。從て會議錄には『讀會省略確定議』とする旨を明記して置かねばならぬ。

此の讀會の方法は以上の手續を履むべきものなるを以て、議決に關してのみ利用され選擧に關して適用なきは勿論である。

第五節　動議及建議

『動議』とは議件に關し又は議事進行其の他日程變更等に關し議員より意見の提出を

爲すことを指すのである。此の動議は大別して修正動議及緊急動議となるのである。

1 修正動議

修正動議とは前敍の如く第二讀會又は第三讀會に於て原案に對し修正を加ふる目的を以て意見の提出を爲すのであつて、審議中の議題以外に亙り修正動議を提出することは出來ない。又動議の成立に付ては議員二人以上の贊成あることを要件とし、假令動議の提出あるも贊成者なきときは、其の動議は成立せないのである。成立したる動議に付ては前述の如く更に市町村會に諮り其の可否を決議するのである。

2 緊急動議

議事日程の變更又は議事進行の爲に動議を提出することがある。議事日程は議長の決する所なるも動議の成立に依り議長に於て日程を變更する例のところもある。

議事進行の動議には讀會省略方を要求するものもあり、採決方法の簡略を要求するものもある。此の緊急動議に付ては討論を須ゐず直に可否を決するを通例としてゐる。

而して動議は同時に多數の成立を見ることがある。此の場合に於ては、其の緊急動議なるときは、先づ議事日程の變更の要求に關するものを決し。次に議事進行に關する動議の採否を決するのである。又修正動議に付ては最も原案に遠きものより順次に可否を決するのである。而して其の遠き修正案に決したるときは他の動議に付て之を採決するの要はない。例へば役場建築費の原案五萬圓なるものを甲は四萬五千圓とし、乙は四萬圓に修正せむとする動議の提出ありたるときは、原案に最も遠き四萬圓に付可否を決し。其の可決せられたるときは、最早や甲の動議に付可否を決するの要はない。其の異りたる動議數多あるときは原案に遠きものより順次可否を決すればよい。

『建議』とは市町村會が、市町村長又は監督官廳に對し意見を提出することを指すのであつて、畢に市町村會の權限として叙述した意見書の提出が即ち之に該當するものである。建議は通例議員中一定數の贊成を得て之を提出し、市町村會に於て之を可決したる後、市町村會の意見として行はるるものである。此の詳細に關しては前述『意見書の提出』の項を參照せられよ。

建議書例

何々……（建議ノ要旨ヲ記載スルコト）

右建議候也

年　月　日

何市町村會議長　何　某

官職　何　某殿

右建議案提出候也

年　月　日

何市町村會議員　何　某

贊成員

何市町村會議員　何　某

何市町村會議員　何　某

市町村會議長　何　某　殿

第六節　委員付託

議案の審査上必要あるときは、第一讀會又は第二讀會に於て、之を委員付託とすることあるは前述の通りである。此の委員付託とは法律上設けられたるものでなく、市町村會の設くる會議規則の定めに從ひ設けらるるものであつて、之を設くると否とは固より市町村會の任意である。然れども議員定數少き町村に於て、尙は且委員付託の方法を採ることは、却て議事の進行を阻害し適當とは思はれない。議員多數の市町村にして其の議案も亦尨大にして、部門を分ち半は專門的に審査するにあらざれば、調査の完きを期し難き場合に於てのみ之を爲すべくして、其の必要多からざるに拘らず他の物眞似して委員制度を設くることには威心出來ない。

而して委員を設くるは固より市町村會の任意なるを以て、其の員數、選出方法等總て會議規則又は會議の決議に依ればよいのである。而かも其の委員は法令の特設するものにあらずして、全く市町村會の便宜に設くるに外ならざるを以て、其の選擧も亦法律勅令に基く選擧にあらず、市町村會の定むる適宜の方法に依ればよい。又其の委員の活動し得るは市町村會の開會中に限り、市町村會の閉會後にありては、此の委員は何等の職權を有するものでない。彼の事務及出納の實地視察を爲す檢査委員とは全く其の性質を異にするのである。

此の委員の員數は市町村會の決する所に依るべきものなるも、通例會議制となし三人以上の委員を設け、又其の中から委員長を選びて主査と爲すの例である。委員は議案の審査を爲すの義務あるに止まり、議決するの權限を有するものではない。故に委員會の決議になる市町村の意思は存在せないのである。而して議員の調査終了したるときは本會議に於て之を報告し更に市町村會の議決に依り其の可否を決せらるべきものである。

第七節　議決法

市町村會の議決は多數決に依るべきものであつて、出席議員の過半數を以て決し、可否の意見同數なるときは、議長の決する所に依るのである。而して議場にある議員は必ず可否何れかの意見を表示すべきものであつて、可否何れにも加はらざる議員の存在を許さないのである。尤も修正意見多數に岐れ何れも過半數の意思表示なき場合は、修正意見も、原案意見も成立せざるに至るを以て、結局原案は不成立に終りたるものと見るの外はない。茲に所謂『過半數』とは半數を超えたる數を指すのであつて例へば出席議員二十名なるときは、贊成者十名にては半數にして未だ過半數ではない十一名以上に及びて初めて過半數となるのである。

而して議員の贊否の表決方法に付ては、會議規則の定むる所に依り種々の方法があるが、其の通例行はるる方法を擧ぐれば左の通りである。

1　起立

議長の宣言に依り賛成者をして起立せしめ、其の過半數なるときは可決とし、若し過半數に達せざるときは否決とするのである。

2　擧手

之れは起立の代りに賛成者をして擧手せしむるのであつて、其の過半數なりや否やに依り可否を決するのである。

3　氏名點呼

議場混雜するときは議長自ら又は書記をして各議員の氏名又は議席番號を點呼し之に應じ其の議員をして可否を表示せしめ、其の過半數なるに從ひて可否を決するのである。

4　聲量

議員をして同意又は異議の意見を表示せしめ、其の聲量の大なるを以て可決とする向がある、之れは平穩な會議に於ては採用出來るが然らざる場合には採用し難い。

5　投票

可否の意見を投票を以て表示せしむるものであつて、記名投票を以てすると無記名投票を以てするとある。其の過半數の意見に依り可否を決定するのである。以上の方法に依り、議員をして公正なる意思表示を爲さしめ其の過半數に依りて可否何れかに決すべきも、同數なるときは議長の裁決に委するのである。此の場合議長にして議員たるときは、表決權と裁決權とを併有してゐるのであるから、一旦議員として表決したる上、更に同數なるとき自己の意見にて何れに決するも妨ないのである。

第八節　實　例

市町村會に於ける議事方法は大體前述の通りであるが、實際に方つては隨分複雜な問題を生ずるのであるが、要は議員も議長も事理と法規とを解し、誠心誠意事に當れば解決するのであるが、今參考の爲め某市町村會に於ける議事取扱の實例を擧げて見る。

一、議席

1　議席番號表は黑色三角搭に白字を以て『議長』と『番號』とを表示し、議席の前方に置く

2　改選後は議員抽籤して其の席次番號を定める

3　補闕選擧に依り當選したる議員は前任者の議席に著く

二　議長選擧

1　改選後招集の第一日に議長選擧を行ふ

2　議長選擧投票用紙は曩に議長の定めた一定の用紙を用ふ

3　議員は任意に投票を行はず點呼に依り順次投票を行ふ

4　開票には立會人を置く

5　出席者の數より投票數一票少かりしも會議の同意を得て其のまゝ開票する

6　選擧の結果は議長自ら宣言し又は書記をして宣言せしむる

三　議員の新任及出闕

1　議員新任して出席するときは議長之を紹介し、一般議員拍手して之を迎ふ

2　議員は振鈴に依り入場する

3 議員闕席するときは書面又は口頭を以て屆出づ、其の無屆なるときは議長より注意を發する

四 議員の費用辨償

1 年額を以て定めたる費用辨償は月割を以て計算し毎月初に其の前月分を支給する。

2 議員の失職辭任したるときは其の月分迄を支給する

五 議案

1 市町村長の提出する議案は議長に所要數を提出する

2 議員の提出する議案は提出者及贊成者連署して議長に提出する

3 議案の撤囘、正誤は書面又は口頭を以てする

4 議案は豫め議員の住所に配付することがある

六、議事日程

1 議事日程は豫め發表する

2 議事日程の追加は會議の同意を求む

3 議事日程の變更は書面を以て申立てしめる

七、開議時間

1 議長の意見に依り開議時間を變更する

2 開議中議長必要あるときは會議に諮ひ時間を延長する

八、休憩

1 議長必要あるときは休憩を宣する

九、發言

1 發言は議長の開議宣告後に於て許可する
2 議長の許可を得ざる發言を禁ずる
3 議事に關係なき發言は之を許さない
4 選擧執行中は發言を許さない
5 議長採決宣告後は發言を許さない
6 發言の許可を受けたる後其の發言權を抛棄し得る
7 議長私語を禁ずる
8 議長議員の發言に付簡單ならむことを注意する
9 閉會時間切迫したる場合長時間に亙りたる發言を中止する

一〇 質問

1 質問に付ては議論を許さぬ

2 書面質問は之を朗讀せず速記錄に登載することがある

3 議員の質問に對して書面を以て答辯することがある

4 議員の發言に對しても質問を許す

一一 讀會

1 一讀會にて修正說の提出を許さぬ

一二 委員付託

1 委員付託に際し期限を付し冗長を戒める

2 委員は議長指名の方法に依る

3 委員の決議は書面又は口頭を以て報告せしむ
4 少數委員の意見をも報告せしむ

三、動議

1 緊急動議は何時にても提出が出來る
2 日程變更の動議は理由の陳述を許さぬ
3 緊急動議と雖も發言中は提出を許さぬ
4 選擧執行中は動議の提出を許さぬ
5 即決の動議と委員付託の動議と同時に提出せられたときは後者の可否を先に決定する
6 委員付託の動議と延期說の動議と同時に提出せられたときは後者の可否を先に

決定する

7 議長の一身上に關する件に付ての動議は未だ議長の一身上に關する事件と看做さぬ

8 討論終結の動議は速に決定する

一四 表決及裁決

1 議題に付別に異議なきときは可決と決定する

2 修正説と其の他の説とありし場合は先づ否決説に付裁決し、次に延期説を裁決し、最後に修正説を裁決する

3 起立に依り表決を爲さしむることなく直に氏名點呼又は記名投票の方法に依ることがある

4　表決は更正を認めぬ

5　起立に依り表決を爲さしめたるに點検不明瞭なりし爲め更に表決を爲さしめたことがある

6　氏名點呼の結果に異議ありて更に記名投票を以て表決した例がある

一五　議場整理及秩序維持

1　議長は議員の過言に對し取消を命じた例もある

2　議長は傍聽席に警告を發した例もある

3　傍聽劵は會議の當日之を交付する

一六　會議錄

1　會議錄署名議員は議長に於て指名する

以上は某市町村會に於ける實例であるから、各市町村會に於て參考に供すれば足り必ずしも之に準據して取扱はねばならぬと云ふのではない。

第八章　他の會議と市町村會

第一節　市參事會

市參事會は市に於ける意思機關の一である。市參事會は舊市制當時にあつては、合議制の執行機關であつたものが、明治四十四年市制の改正に方り純然たる議決機關となり、曩の市制改正に於て其の權限中、市會に提出する議案の審査權を削除せられ、昭和四年の改正に於て市參事會の組織に根本的の改正を加へた。

從來市參事會は市長、助役、市參與及名譽職參事會員より成り、名譽職參事會員の定數は原則として六人であり、東京京都大阪の三市にあつては、條例を以て十二人迄増加することが出來るのであつた。

昭和四年市制の改正に方りては、市參事會は議長及名譽職參事會員を以て組織することとし（市制第六十四條）、市助役、市參與等市理事機關の介在を許さぬこととした。蓋し市參事會は純然たる議決機關なるを以てである。而かも市長は市參事會議長として其の構成に參與するのであつて、市參事會員たる資格は之を有してゐない。從つて其の權限は單に議長として裁決權を有するに止まり、從前の如く表決權を有せないのである。

同年改正せられたる結果名譽職參事會員の定數は却つて之を增加せられ、一般の市にありては十人とし、勅令を以て指定したる六大都市にありては市條例を以て十五人迄增員することを許されてゐる。而して此の名譽職市參事會員は市會に於て議員中より隔年之を選擧するのである（市制第六十五條）、此の選擧方法は市制第五十五條に依るべく、前述したる所を參照せられよ。

市參事會の職務權限は概ね左の通りである（市制第六十七條第七十一條）。

一　市會の權限に屬する事件にして其の委任を受けたるものを議決すること

二　市の公益に關する事件につき意見書を關係行政廳に提出すること

三　行政廳の諮問に對し意見を答申すること

四　其の他法令に依り市參事會の權限に屬する事件を行ふこと

以上市參事會の權限中、(一)に付ては市町村會の權限中『第五章第十節議決委任及專決處分の報告』の項に於て說明した所を參照せられたい。從て市會に於て市參事會の權限なりとして、委任議決を爲したる範圍に於ては、市參事會は市會に代りて、市會の議決すべき事件を議決するの權限を有するのである。(二)及(三)に付ては市町村會に付て述べた所を參照せられたい。(四)に付ては一應說明して置く。法令に依り市參事會の權限に屬する事件とは、概ね左の通りである。

1　市會成立せざるとき、市會定足數を闕くも會議を開き得べき場合に於ても尙ほ會議を開き得ざるとき又は市長に於て市會を招集するの暇なしと認め、之を市參事會の議決に付するときがある。此の場合にありては、市參事會は市會に代り市會の爲すべき事件を議決することがある(市制第九十一條)。

2　市會議員其の他の名譽職員の費用辨償、報酬、有給吏員の給料、旅費、退隱料、退職給與金、死亡給與金又は遺族扶助料の給與に付關係者の提出する異議の申立を決定することがある(市制第百七條)。

3　年度を超えて爲す市稅の納稅延期に關し之を議決すること(市制第百二十八

條）。

4　市稅、夫役現品の賦課、使用料、手數料、加入金の徵收、財產又は營造物の使用に關する異議申立を決定することがある（市制第百三十條）。

5　豫算內の支出を爲す爲にする一時借入金に付き議決を爲すのである。此の一時借入金も亦市債に外ならぬから、借入金額、利率、借入先、償還期限等に關しても明に議決して置くのが至當である（市制第百三十二條）。

6　市參事會の議決又は選擧權限を超え又は法令に違背するものとして、之を府縣參事會の裁決に付し、又は監督官廳に於て之を取消したる場合に於て、市參事會に於て其の裁決又は取消處分に不服あるときは、行政裁判所に出訴することが出來る（市制第九十條）。

市參事會の議決が明に公益を害し又は市の收支に關し執行し能はざるものと認め再議に付したる場合に、市參事會之に應ぜざるの故を以て、府縣知事の指揮を請ひ市長之を處分するのである。此の處分に不服あるときは市參事會は内務大臣に訴願することが出來る(市制第九十條ノ二)。

右の外市參事會は其の權限に屬する事項の一部を市長をして專決處分を爲さしめ得るのであつて、之れは市參事會の權限の委任である。而して此の委任議決を爲すは其の權限に屬する事項の一部に限られ、權限の全部の委任を爲し得ないのは勿論である。

市參事會は、市長が議長と爲り、市長故障あるときは其の代理者に於て議長の職を行ふのである。議事は過半數を以て決し、可否同數なるときは議長に於て之を決定すべきである。又市參事會は法令に依る選擧を行ふのであつて、其の選擧の方法は市會に於て行ふ選擧と同樣である。

市參事會も亦市長之を招集するのであるが、名譽職市參事會員定數の半數より會議に付すべき事件を示して市參事會の招集を請求したる場合は市長は之を招集すべきである（市制第六十八條）。又市參事會に對する發案は原則として市長之を爲すものなるも、豫算を除く外市參事會の議決すべき事件に付ては、名譽職參事會員三人以上より文書を以て發案を爲すことも出來る（市制第七十一條）。

市參事會の會議に付ては傍聽を許さないのである。然れども其の會議の顚末は會議錄を調製して、後日の資料たらしむること市會の場合と同樣である。

第二節　町村公民總會

市町村の意思機關としては市町村會を以て通例とするが、人口少數の町村にありては、其の公民中より更に議員を選擧し町村會を組織するに適せざるものがある。如斯特殊の町村にありては、町村會に代へ町村公民總會を以て、其の町村の意思機關としてゐる（町村制第三十八條）。

此の町村公民總會を設くるや否やは府縣知事の意見に依るものにして、現に之が設けあるものは全國一萬二千の町村中唯僅に神奈川縣足柄下郡蘆ノ湯村の一村あるのみである。此の村は箱根山嶺にある小村にして、最近現任戶數僅に八戶人口三十六人、公民數六人に過ぎざるを以て、村會を設くるに由なきに依り、町村公民總會を設けてゐるのである。

此の町村公民總會は其の町村內公民にして選擧權ある者の全部を以て組織するもの

であり、町村會と同樣の手續に依り、同樣の職務權限を執行するのである。

第三節　組合會

市町村は其の事務の一部を共同處辨する爲め、市町村組合又は町村組合を設け、又は町村は其の事務の全部を共同處辨する爲め町村組合を設くることが出來る。

市町村組合及町村組合は、其の設置に關し二樣の場合がある。

一、任意設置

關係市町村又は町村間の協議に依り市町村組合又は町村組合を設置するのであつて此の協議を爲すには、關係市町村に於て同一內容を有する組合の設置及組合規約に關して市町村會の議決を經るのである。而して關係市町村間協議成立したる場合に於て更に府縣知事の許可を受けて初めて組合が設置せらるるのである。

二　强制設置

市町村組合及町村組合は原則として關係市町村の協議に依り、任意に設置すべきものであるが、公益上必要ある場合に於ては任意設置を俟つ迄もなく、府縣知事に於て關係市町村會の意見を徵して組合を設置する場合がある。此の場合にありては假令關係市町村會に於て反對の意見を答申することあるも、公益上の必要ありとせば府縣知事は組合を强制設置することが出來るのである。

以上任意設置の場合にありては、市町村會は其の設置に關し議決し、强制設置の場合にありては諮問に對し答申書を議決し、之を提出すべきものである。更に組合の事務を增減し、組合町村數を增減し、組合規約の變更を爲し、又は組合を解散するに付ても亦、關係市町村の協議に依る場合は市町村會に於て之を議決し、其の公益上必要ありとして、府縣知事の處分するものなるときは、其の諮問に對し意見の答申を爲すべきこと、組合設置の場合と同樣である。

而して組合には組合の意思機關として組合會設けらるるを以て、組合設置後にありては、關係市町村會に於て組合に關する事件を議決することはない。然し組合會は何れも組合會議員を以て組織するのであつて、全部事務組合にありては直接選擧人に於て之を選擧するのであるが、一部事務組合にありては、其の組合會議員は關係市町村會に於て選擧するのを通例としてゐる。故に此の場合にありては、市町村の利益を代表する人物を選出し組合會に送り得る樣、公正なる選擧を行ふべきである。

第四節　區會と區總會

市町村内の一部一區所謂部落に於て、從來財産を有し又は營造物を設けたものあるときは、其の財産又は營造物の管理及處分に付ては、市町村の財産又は營造物に關する規定に依るべく、其の財産又は營造物に關し特に要する費用は其の財産又は營造物の屬する部落の負擔すべきものである（市制第百四十四條町村制第百二十四條）。

從て此の部落の財産又は營造物の維持、管理其の他財産に關しては、之を執行する機關がなくてはならぬ。其の執行機關は市町村長であり、部落の意思を決定する機關は通例市町村會である。故に市町村會にありては、其の市町村内の部落の意思をも決定するのである。

然し部落と市町村とは必ずしも意見が一致する場合のみではない、特に其の利害が相反する場合がある。然るに尙ほ市町村會をして意思決定を爲さしむれば、部落の爲め公正なる利益を助長することは出來ない虞があるので、府縣知事は市町村會の意見を徵して市町村條例を設け、別に區會又は區總會を設け市町村會に代り部落の意思を決定せしむることが出來る。

イ　區會　區會は區會議員より成り、區會議員の定數、任期、選擧權及被選擧權は市町村條例中に夫々規定すべきである。此の區會議員の選擧は市町村會議員の選擧と同樣の方法に依るのである。

ロ　區總會　區總會は大體其の部落內にある公民にして選擧權を有する者の總てを以て組織するのであつて、其の組織に關しては又市町村條例中に夫々規定すべきである。

第九章　市町村會の解散

市町村會は市町村の意思機關にして、重要なる地位にあるを以て、常に公正にして私曲あるべからざるは勿論、苟も法令又は會議規則に違背したる所爲を爲すことなく克く其の職權の行使に盡瘁すべきである。然るに市町村會にして其の權限を超え法規に違背し義務を履行せざる場合あるときは遂に公正なる市町村の意思を決定する能力なきものと云はねばならぬ。執行機關たる市町村長にして違法背任の所爲あらば、所謂懲戒處分に依り其の職を失はしむるの途あると同樣、市町村會に對しても其の存在を失はしむる途がある。卽ち市町村會の解散之である。

市町村會の解散は內務大臣之を行ふものにして。此の解散處分の結果として市町村會議員は直に失職し、市町村會は不成立の狀態となる。此の場合に於ては三月以內に更に市町村會議員の選擧を行ひ新なる市町村會の成立を爲さしむるものであつて、市町村會に對する絕大なる懲戒處分である。既往に於て此の解散處分を受けたる市町村會を擧ぐれば左の通りである。

神奈川縣橫濱市會（明治二十二年）
山梨縣甲府市會（同　二十三年）
大阪府堺市　會（同　二十七年）
東京府東京市會（同　二十八年）
石川縣金澤市會（同　三十年）

兵庫縣姫路市會（同　三十三年）
佐賀縣佐賀市會（同三十四年及同三十八年）
福岡縣久留米市會（同　三十八年）
青森縣青森市會（大正九年）
沖繩縣那覇市會（同十四年）
東京府東京市會（昭和四年）
愛媛縣宇摩郡満崎村會（明治二十五年）
宮城縣加美郡中新田村會（同二十七年）
鳥取縣久米郡各町村會（同二十九年）
同縣河村郡各村組合會（同　年）

東京府南多摩郡八王子町會（同三十三年）
徳島縣三好郡山城谷町會（同　　　年）
巖手縣膽澤郡前澤町會（同　　　年）
徳島縣麻植郡中枝村會（同三十五年）
新潟縣中頸城郡吉川村會（同　　　年）

參考法令

◎市制（明治四十四年四月七日法律第六十八號）最近改正（昭和四年四月十五日法律第五十六號）

（略）

◎町村制（明治四十四年四月七日法律第六十九號）最近改正（昭和四年四月十五日法律第五十七號）

第一章　總則

第一款　町村及其ノ區域

第一條　町村ハ從來ノ區域ニ依ル

第二條　町村ハ法人トス官ノ監督ヲ承ケ法令ノ範圍内ニ於テ其ノ公共事務竝從來法令又ハ慣例ニ依リ及將來法律勅令ニ依リ町村ニ屬スル事務ヲ處理ス

第三條　町村ノ廢置分合又ハ境界變更ヲ爲サムトスルトキハ府縣知事ハ關係アル市町村會ノ意見ヲ徴シ府縣參事會ノ議決ヲ經内務大臣ノ許可ヲ得テ之ヲ定ム所屬未定地ヲ町村ノ區域ニ編入セムトスルトキ亦同シ

2 前項ノ場合ニ於テ財産アルトキハ其ノ處分ハ關係アル市町村會ノ意見ヲ徴シ府縣參事會ノ議決ヲ經テ府縣知事之ヲ定ム

3 第一項ノ場合ニ於テ市ノ廢置分合ヲ伴フトキハ市制第三條ノ規定ニ依ル

第四條　町村ノ境界ニ關スル爭論ハ府縣參事會之ヲ裁定ス其ノ裁定ニ不服アル町村ハ行政裁判所ニ出訴スルコトヲ得

2 町村ノ境界判明ナラサル場合ニ於テ前項ノ爭論ナキトキハ府縣知事ハ府縣參事會ノ決定ニ付スヘシ其ノ決定ニ不服アル町村ハ行政裁判所ニ出訴スルコトヲ得

3 第一項ノ裁定及前項ノ決定ハ文書ヲ以テ之ヲ爲シ其ノ理由ヲ附シ之ヲ關係町村ニ交付スヘシ

4 第一項ノ裁定及第二項ノ決定ニ付テハ府縣知事ヨリモ訴訟ヲ提起スルコトヲ得

第五條　町村ノ名稱ヲ變更セムトスルトキ、村ヲ町ト爲シ若ハ町ヲ村ト爲サムトスルトキ又ハ町村役場ノ位置ヲ定メ若ハ之ヲ變更セムトスルトキハ町村ハ府縣知事ノ許可ヲ受クヘシ

第二款　町村住民及其ノ權利義務

第六條　町村內ニ住所ヲ有スル者ハ其ノ町村住民トス

2 町村住民ハ本法ニ從ヒ町村ノ財產及營造物ヲ共用スル權利ヲ有シ町村ノ負擔ヲ分任スル義務ヲ負フ

第七條　帝國臣民タル年齡二十五年以上ノ男子ニシテ二年以來町村住民タル者ハ其ノ町村公民トス但シ左ノ各號ノ一ニ該當スル者ハ此ノ限ニ在ラス

一　禁治產者及準禁治產者

二　破産者ニシテ復權ヲ得サル者
三　貧困ニ因リ生活ノ爲公私ノ救助ヲ受ケ又ハ扶助ヲ受クル者
四　一定ノ住居ヲ有セサル者
五　六年ノ懲役又ハ禁錮以上ノ刑ニ處セラレタル者
六　刑法第二編第一章、第三章、第九章、第十六章乃至第二十一章、第二十五章又ハ第三十六章乃至第三十九章ニ揭クル罪ヲ犯シ六年未滿ノ懲役ノ刑ニ處セラレ其ノ執行ヲ終リ又ハ執行ヲ受クルコトナキニ至リタル後其ノ刑期ノ二倍ニ相當スル期間ヲ經過スルニ至ル迄ノ者但シ其ノ期間五年ヨリ短キトキハ五年トス
七　六年未滿ノ禁錮ノ刑ニ處セラレ又ハ前號ニ揭クル罪以外ノ罪ヲ犯シ六年未滿ノ懲役ノ刑ニ處セラレ其ノ執行ヲ終リ又ハ執行ヲ受クルコトナキニ至ル迄ノ者
2　町村ハ前項二年ノ制限ヲ特免スルコトヲ得
3　第一項二年ノ期間ハ市町村ノ廢置分合又ハ境界變更ノ爲中斷セラルルコトナシ
第八條　町村公民ハ町村ノ選擧ニ參與シ町村ノ名譽職ニ選擧セラルル權利ヲ有シ町村ノ名譽職ヲ擔任スル義務ヲ負フ
2　左ノ各號ノ一ニ該當セサル者ニシテ名譽職ノ當選ヲ辭シ又ハ其ノ職ヲ辭シ若ハ其ノ職務ヲ實際ニ執行セサルトキハ町村ハ一年以上四年以下其ノ町村公民權ヲ停止スルコトヲ得

一　疾病ニ罹リ公務ニ堪ヘサル者
二　業務ノ爲常ニ町村內ニ居ルコトヲ得サル者
三　年齡六十年以上ノ者
四　官公職ノ爲町村ノ公務ヲ執ルコトヲ得サル者
五　四年以上名譽職町村吏員、町村會議員又ハ區會議員ノ職ニ任シ爾後同一ノ期間ヲ經過セサル者
六　其ノ他町村會ノ議決ニ依リ正當ノ理由アリト認ムル者

3 前項ノ處分ヲ受ケタル者其ノ處分ニ不服アルトキハ府縣參事會ニ訴願シ其ノ裁決ニ不服アルトキハ行政裁判所ニ出訴スルコトヲ得

4 第二項ノ處分ハ其ノ確定ニ至ル迄執行ヲ停止ス

5 第三項ノ裁決ニ付テハ府縣知事又ハ町村長ヨリモ訴訟ヲ提起スルコトヲ得

第九條　陸海軍軍人ニシテ現役中ノ者（未タ入營セサル者及歸休下士官兵ヲ除ク）及戰時若ハ事變ニ際シ召集中ノ者ハ町村ノ公務ニ參與スルコトヲ得ス兵籍ニ編入セラレタル學生生徒（勅令ヲ以テ定ムル者ヲ除ク）及志願ニ依リ國民軍ニ編入セラレタル者亦同シ

第三款　町村條例及町村規則

第十條　町村ハ町村住民ノ權利義務又ハ町村ノ事務ニ關シ町村條例ヲ設クルコトヲ得

2 町村ハ町村ノ營造物ニ關シ町村條例ヲ以テ規定スルモノノ外町村規則ヲ設クルコトヲ得

3 町村條例及町村規則ハ一定ノ公告式ニ依リ之ヲ告示スヘシ

第二章 町村會

第一款 組織及選擧

第十一條 町村會議員ハ其ノ被選擧權アル者ニ就キ選擧人之ヲ選擧ス

2 議員ノ定數左ノ如シ

一	削除	
二	人口五千未滿ノ町村	十二人
三	人口五千以上一萬未滿ノ町村	十八人
四	人口一萬以上二萬未滿ノ町村	二十四人
五	人口二萬以上ノ町村	三十人

3 議員ノ定數ハ町村條例ヲ以テ特ニ之ヲ增減スルコトヲ得

4 議員ノ定數ハ總選擧ヲ行フ場合ニ非サレハ之ヲ增減セス但シ著シク人口ノ增減アリタル場合ニ於テ府縣知事ノ許可ヲ得タルトキハ此ノ限ニ在ラス

第十二條 町村公民ハ總テ選擧權ヲ有ス但シ公民權停止中ノ者又ハ第九條ノ規定ニ該當スル者ハ此ノ限ニ在ラス

第十三條 削除

第十四條　特別ノ事情アルトキハ町村ハ區劃ヲ定メテ投票分會ヲ設クルコトヲ得

第十五條　選擧權ヲ有スル町村公民ハ被選擧權ヲ有ス

2 在職ノ檢事、警察官吏及收稅官吏ハ被選擧權ヲ有セス

3 選擧事務ニ關係アル官吏及町村ノ有給吏員ハ其ノ關係區域內ニ於テ被選擧權ヲ有セス

4 町村ノ有給ノ吏員敎員其ノ他ノ職員ニシテ在職中ノ者ハ其ノ町村ノ町村會議員ト相兼ヌルコトヲ得ス

第十六條　町村會議員ハ名譽職トス

2 議員ノ任期ハ四年トシ總選擧ノ日ヨリ之ヲ起算ス

3 議員ノ定數ニ異動ヲ生シタル爲解任ヲ要スル者アルトキハ町村長抽籤シテ之ヲ定ム但シ闕員アルトキハ其ノ闕員ヲ以テ之ニ充ツヘシ

4 前項但書ノ場合ニ於テ闕員ノ數解任ヲ要スル者ノ數ニ滿チサルトキハ其ノ不足ノ員數ニ付町村長抽籤シテ解任スヘキ者ヲ定メ闕員ノ數解任ヲ要スル者ノ數ヲ超ユルトキハ解任ヲ要スル者ニ充ツヘキ闕員ハ最モ先ニ闕員ト爲リタル者ヨリ順次之ニ充テ闕員ト爲リタル時同シキトキハ町村長抽籤シテ之ヲ定ム

5 議員ノ定數ニ異動ヲ生シタル爲新ニ選擧セラレタル議員ハ總選擧ニ依リ選擧セラレタル議員ノ任期滿了ノ日迄在任ス

第十七條　町村會議員中闕員ヲ生シタル場合ニ於テ第二十七條第二項ノ規定ノ適用ヲ受ケタル得票者ニシテ當選

者ト爲ラザリシ者アルトキハ直ニ選擧會ヲ開キ其ノ者ノ中ニ就キ當選者ヲ定ムベシ此ノ場合ニ於テハ第三十條第三項及第四項ノ規定ヲ準用ス

2 前項ノ規定ノ適用ヲ受クル者ナク若ハ前項ノ規定ノ適用ニ依リ當選者ヲ定ムルモ仍其ノ闕員ガ議員定數ノ六分ノ一ヲ超ユルニ至リタルトキ又ハ町村長若ハ町村會ニ於テ必要ト認ムルトキハ補闕選擧ヲ行フベシ

3 第三十條第五項及第六項ノ規定ハ補闕選擧ニ之ヲ準用ス

4 補闕議員ハ左ノ殘任期間在任ス

第十八條 町村長ハ每年九月十五日ノ現在ニ依リ選擧人名簿ヲ調製スヘシ

2 選擧人名簿ニハ選擧人ノ氏名、住所及生年月日等ヲ記載スヘシ

第十八條ノ二 町村長ハ十一月五日ヨリ十五日間町村役場又ハ其ノ指定シタル場所ニ於テ選擧人名簿ヲ關係者ノ縱覽ニ供スヘシ

2 町村長ハ縱覽開始ノ日前三日目迄ニ縱覽ノ場所ヲ告示スヘシ

第十八條ノ三 選擧人名簿ニ關シ關係者ニ於テ異議アルトキハ縱覽期間内ニ之ヲ町村長ニ申立ツルコトヲ得此ノ場合ニ於テハ町村長ハ其ノ申立ヲ受ケタル日ヨリ十四日以内ニ之ヲ決定シ名簿ノ修正ヲ要スルトキハ直ニ之ヲ修正スヘシ

2 前項ノ決定ニ不服アル者ハ府縣參事會ニ訴願シ其ノ裁決ニ不服アル者ハ行政裁判所ニ出訴スルコトヲ得

3 前項ノ裁決ニ付テハ府縣知事ヨリモ訴訟ヲ提起スルコトヲ得
4 第一項ノ規定ニ依リ決定ヲ爲シタルトキハ町村長ハ直ニ其ノ要領ヲ告示スヘシ同項ノ規定ニ依リ名簿ヲ修正スルトキ亦同シ

第十八條ノ四　選擧人名簿ハ十二月二十五日ヲ以テ確定ス
2 選擧人名簿ハ次年ノ十二月二十四日迄之ヲ据置クヘシ
3 前條第二項又ハ第三項ノ場合ニ於テ裁決確定シ又ハ判決アリタルニ依リ名簿ノ修正ヲ要スルトキハ町村長ハ直ニ之ヲ修正スヘシ
4 前項ノ規定ニ依リ名簿ヲ修正シタルトキハ町村長ハ直ニ其ノ要領ヲ告示スヘシ
5 投票分會ヲ設クル場合ニ必要アルトキハ町村長ハ確定名簿ニ依リ分會ノ區劃毎ニ名簿ノ抄本ヲ調製スヘシ

第十八條ノ五　第十八條ノ三ノ場合ニ於テ決定若ハ裁決確定シ又ハ判決アリタルニ依リ選擧人名簿無效ト爲リタルトキハ更ニ名簿ヲ調製スヘシ
2 天災事變等ノ爲必要アルトキハ更ニ名簿ヲ調製スヘシ
3 前二項ノ規定ニ依ル名簿ノ調製、縱覽、確定及異議ノ決定ニ關スル期日及期間ハ府縣知事ノ定ムル所ニ依ル
4 町村ノ廢置分合又ハ境界變更アリタル場合ニ於テ名簿ニ關シ其ノ分合其ノ他必要ナル事項ハ命令ヲ以テ之ヲ定ム

第十九條　町村長ハ選擧ノ期日前七日目迄ニ選擧會場（投票分會場ヲ含ム以下之ニ同シ）、投票ノ日時及選擧スヘキ議員數ヲ告知スヘシ投票分會ヲ設クル場合ニ於テハ併セテ其ノ區劃ヲ告示スヘシ
2 投票分會ノ投票ハ選擧會ト同日時ニ之ヲ行フ
3 天災事變等ノ爲投票ヲ行フコト能ハサルトキ又ハ更ニ投票ヲ行フノ必要アルトキハ町村長ハ其ノ投票ヲ行フヘキ選擧會又ハ投票分會ノミニ付更ニ期日ヲ定メ投票ヲ行ハシムヘシ此ノ場合ニ於テ選擧會場及投票ノ日時ハ選擧ノ期日前五日目迄ニ之ヲ告示スヘシ
第二十條　町村長ハ選擧長ト爲リ選擧會ヲ開閉シ其ノ取締ニ任ス
2 町村長ハ選擧人名簿ニ登錄セラレタル者ノ中ヨリ二人乃至四人ノ選擧立會人ヲ選任スヘシ
3 投票分會ハ町村長ノ指名シタル吏員投票分會長ト爲リ之ヲ開閉シ其ノ取締ニ任ス
4 町村長ハ分會ノ區劃內ニ於ケル選擧人名簿ニ登錄セラレタル者ノ中ヨリ二人乃至四人ノ投票立會人ヲ選任スヘシ
5 選擧立會人及投票立會人ハ名譽職トス
第二十一條　選擧人ニ非サル者ハ選擧會場ニ入ルコトヲ得ス但シ選擧會場ノ事務ニ從事スル者、選擧會場ヲ監視スル職權ヲ有スル者又ハ警察官吏ハ此ノ限ニ在ラス
2 選擧會場ニ於テ演說討論ヲ爲シ若ハ喧擾ニ涉リ又ハ投票ニ關シ協議若ハ勸誘ヲ爲シ其ノ他選擧會場ノ秩序ヲ紊

ス者アルトキハ選擧長又ハ投票分會長ハ之ヲ制止シ命ニ從ハサルトキハ之ヲ選擧會場外ニ退出セシムヘシ

3 前項ノ規定ニ依リ退出セシメラレタル者ハ最後ニ至リ投票ヲ爲スコトヲ得但シ選擧長又ハ投票分會長會場ノ秩序ヲ紊スノ虞ナシト認ムル場合ニ於テ投票ヲ爲サシムルヲ妨ケス

第二十二條　選擧ハ無記名投票ヲ以テ之ヲ行フ

2 投票ハ一人一票ニ限ル

3 選擧人ハ選擧ノ當日投票時間内ニ自ラ選擧會場ニ到リ選擧人名簿又ハ其ノ抄本ノ對照ヲ經テ投票ヲ爲スヘシ

4 投票時間内ニ選擧會場ニ入リタル選擧人ハ其ノ時間ヲ過クルモ投票ヲ爲スコトヲ得

5 選擧人ハ選擧會場ニ於テ投票用紙ニ自ラ被選擧人一人ノ氏名ヲ記載シテ投函スヘシ

6 投票ニ關スル記載ニ付テハ勅令ヲ以テ定ムル點字ハ之ヲ文字ト看做ス

7 自ラ被選擧人ノ氏名ヲ書スルコト能ハサル者ハ投票ヲ爲スコトヲ得ス

8 投票用紙ハ町村長ノ定ムル所ニ依リ一定ノ式ヲ用ウヘシ

9 投票分會ニ於テ爲シタル投票ハ投票分會長少クトモ一人ノ投票立會人ト共ニ投票函ノ儘之ヲ選擧長ニ送致スヘシ

第二十二條ノ二　確定名簿ニ登錄セラレサル者ハ投票ヲ爲スコトヲ得ス但シ選擧人名簿ニ登錄セラルヘキ確定裁決書又ハ判決書ヲ所持シ選擧ノ當日選擧會場ニ到ル者ハ此ノ限ニ在ラス

2 確定名簿ニ登錄セラレタル者選擧人名簿ニ登錄セラルルコトヲ得サル者ナルトキハ投票ヲ爲スコトヲ得ス選擧ノ當日選擧權ヲ有セサル者ナルトキ亦同シ

第二十二條ノ三 投票ノ拒否ハ選擧立會人之ヲ決定ス可否同數ナルトキハ選擧長又ハ投票分會長之ヲ決スヘシ

2 投票分會ニ於テ投票拒否ノ決定ヲ受ケタル選擧人不服アルトキハ投票分會長ハ假ニ投票ヲ爲サシムヘシ

3 前項ノ投票ハ選擧人ヲシテ之ヲ封筒ニ入レ封緘シ表面ニ自ラ其ノ氏名ヲ記載シ投函セシムヘシ

4 投票分會長又ハ投票立會人ニ於テ異議アル選擧人ニ對シテモ亦前二項ニ同シ

第二十三條 第三十條若ハ第三十四條ノ選擧、增員選擧又ハ補闕選擧ヲ同時ニ行フ場合ニ於テハ一ノ選擧ヲ以テ合併シテ之ヲ行フ

第二十四條 町村長ハ豫メ開票ノ日時ヲ告示スヘシ

第二十四條ノ二 選擧長ハ投票ノ日又ハ其ノ翌日（投票分會ヲ設ケタルトキハ總テノ投票函ノ送致ヲ受ケタル日又ハ其ノ翌日）選擧立會人立會ノ上投票函ヲ開キ投票ノ總數ト投票人ノ總數トヲ計算スヘシ

2 前項ノ計算終リタルトキハ選擧長ハ先ツ第二十二條ノ三第二項及第四項ノ投票ヲ調査スヘシ其ノ投票ノ受理如何ハ選擧立會人之ヲ決定ス可否同數ナルトキハ選擧長之ヲ決スヘシ

3 選擧長ハ選擧立會人ト共ニ投票ヲ點檢スヘシ

4 天災事變等ノ爲開票ヲ行フコト能ハサルトキハ町村長ハ更ニ開票ノ期日ヲ定ムヘシ此ノ場合ニ於テ選擧會場ノ變更ヲ要スルトキハ豫メ更ニ其ノ場所ヲ告示スヘシ

第二十四條ノ三 選擧人ハ其ノ選擧會ノ參觀ヲ求ムルコトヲ得但シ開票開始前ハ此ノ限ニ在ラス

第二十四條ノ四 特別ノ事情アルトキハ町村ハ府縣知事ノ許可ヲ得區劃ヲ定メテ開票分會ヲ設クルコトヲ得

2 前項ノ規定ニ依リ開票分會ヲ設クル場合ニ於テ必要ナル事項ハ命令ヲ以テ之ヲ定ム

第二十五條 左ノ投票ハ之ヲ無效トス

一 成規ノ用紙ヲ用キサルモノ

二 現ニ町村會議員ノ職ニ在ル者ノ氏名ヲ記載シタルモノ

三 一投票中二人以上ノ被選擧人ノ氏名ヲ記載シタルモノ

四 被選擧人ノ何人タルカヲ確認シ難キモノ

五 被選擧權ナキ者ノ氏名ヲ記載シタルモノ

六 被選擧人ノ氏名ノ外他事ヲ記入シタルモノ但シ爵位職業身分住所又ハ敬稱ノ類ヲ記入シタルモノハ此ノ限ニ在ラス

七 被選擧人ノ氏名ヲ自書セサルモノ

（第二項削除）

第二十六條　投票ノ效力ハ選擧立會人之ヲ決定ス可否同數ナルトキハ選擧長之ヲ決スヘシ

第二十七條　町村會議員ノ選擧ハ有效投票ノ最多數ヲ得タル者ヲ以テ當選者トス但シ議員ノ定數ヲ以テ有效投票ノ總數ヲ除シテ得タル數ノ六分ノ一以上ノ得票アルコトヲ要ス

2　前項ノ規定ニ依リ當選者ヲ定ムルニ當リ得票ノ數同シキトキハ年長者ヲ取リ年齡同シキトキハ選擧長抽籤シテ之ヲ定ムヘシ

第二十七條ノ二　當選者選擧ノ期日後ニ於テ被選擧權ヲ有セサルニ至リタルトキハ當選ヲ失フ

第二十八條　選擧長ハ選擧錄ヲ作リ選擧會ニ關スル顚末ヲ記載シ之ヲ朗讀シ二人以上ノ選擧立會人ト共ニ之ニ署名スヘシ

2　投票分會長ハ投票錄ヲ作リ投票ニ關スル顚末ヲ記載シ之ヲ朗讀シ二人以上ノ投票立會人ト共ニ之ニ署名スヘシ

3　投票分會長ハ投票函ト同時ニ投票錄ヲ選擧長ニ送致スヘシ

4　選擧錄及投票錄ハ投票、選擧人名簿其ノ他ノ關係書類ト共ニ議員ノ任期間町村長ニ於テ之ヲ保存スヘシ

第二十九條　當選者定マリタルトキハ町村長ハ直ニ當選者ニ當選ノ旨ヲ告知シ同時ニ當選者ノ住所氏名ヲ告示シ且選擧錄ノ寫(投票錄アルトキハ併セテ投票錄ノ寫)ヲ添ヘ之ヲ府縣知事ニ報告スヘシ當選者ナキトキハ直ニ其ノ旨ヲ告示シ且選擧錄ノ寫(投票錄アルトキハ併セテ投票錄ノ寫)ヲ添ヘ之ヲ府縣知事ニ報告スヘシ

當選者當選ヲ辭セムトスルトキハ當選ノ告示ヲ受ケタル日ヨリ五日以內ニ之ヲ町村長ニ申立ツヘシ

3 官吏ニシテ當選シタル者ハ所屬長官ノ許可ヲ受クルニ非サレハ之ニ應スルコトヲ得ス
4 前項ノ官吏ハ當選ノ告知ヲ受ケタル日ヨリ二十日以内ニ之ニ應スヘキ旨ヲ町村長ニ申立テサルトキハ其ノ當選ヲ辭シタルモノト看做ス
5 町村ニ對シ請負ヲ爲シ又ハ町村ニ於テ費用ヲ負擔スル事業ニ付町村長若ハ其ノ委任ヲ受ケタル者ニ對シ請負ヲ爲ス者若ハ其ノ支配人又ハ主トシテ同一ノ行爲ヲ爲ス法人ノ無限責任社員、役員若ハ支配人ニシテ當選シタル者ハ其ノ請負ヲ罷メ又ハ請負ヲ爲ス者ノ支配人若ハ主トシテ同一ノ行爲ヲ爲ス法人ノ無限責任社員、役員若ハ支配人タルコトナキニ至ルニ非サレハ當選ニ應スルコトヲ得ス第二項ノ期限前ニ其ノ旨ヲ町村長ニ申立テサルトキハ其ノ當選ヲ辭シタルモノト看做ス
6 前項ノ役員トハ取締役、監査役及之ニ準スヘキ者竝淸算人ヲ謂フ

第三十條　當選者左ニ掲クル事由ノ一ニ該當スルトキハ三月以内ニ更ニ選擧ヲ行フヘシ但シ第二項ノ規定ニ依リ更ニ選擧ヲ行フコトナクシテ當選者ヲ定メ得ル場合ハ此ノ限ニ在ラス

一　當選ヲ辭シタルトキ
二　第二十七條ノ二ノ規定ニ依リ當選ヲ失ヒタルトキ
三　死亡者ナルトキ
四　選擧ニ關スル犯罪ニ依リ刑ニ處セラレ其ノ當選無效ト爲リタルトキ但シ同一人ニ關シ前各號ノ事由ニ依ル

選擧又ハ補闕選擧ノ告示ヲ爲シタル場合ハ此ノ限ニ在ラス

2 前項ノ事由前條第二項若ハ第四項ノ規定ニ依ル期限前ニ生シタル場合ニ於テ第二十七條第一項但書ノ得票者ニシテ當選者ト爲ラサリシ者アルトキ又ハ其ノ期限經過後ニ生シタル場合ニ於テ第二十七條第二項ノ規定ノ適用ヲ受ケタル得票者ニシテ當選者ト爲ラサリシ者アルトキハ直ニ選擧會ヲ開キ其ノ者ノ中ニ就キ當選者ヲ定ムヘシ

3 前項ノ場合ニ於テ第二十七條第一項但書ノ得票者ニシテ當選者ト爲ラサリシ者選擧ノ期日後ニ於テ被選擧權ヲ有セサルニ至リタルトキハ之ヲ當選者ト定ムルコトヲ得ス

4 第二項ノ場合ニ於テハ町村長ハ豫メ選擧會ノ場所及日時ヲ告示スヘシ

5 第一項ノ期間ハ第三十三條第八項ノ規定ノ適用アル場合ニ於テハ選擧ヲ行フコトヲ得サル事由已ミタル日ノ翌日ヨリ之ヲ起算ス

6 第一項ノ事由議員ノ任期滿了前六月以内ニ生シタルトキハ第一項ノ選擧ハ之ヲ行ハス但シ議員ノ數其ノ定數ノ三分ノ二ニ滿チサルニ至リタルトキハ此ノ限ニ在ラス

第三十一條 第二十九條第二項ノ期間ヲ經過シタルトキ又ハ同條第四項ノ申立アリタルトキハ町村長ハ直ニ當選者ノ住所氏名ヲ告示シ併セテ之ヲ府縣知事ニ報告スヘシ

2 當選者ナキニ至リタルトキ又ハ當選者其ノ選擧ニ於ケル議員ノ定數ニ達セサルニ至リタルトキハ町村長ハ直ニ

其ノ旨ヲ告示シ併セテ之ヲ府縣知事ニ報告スヘシ

第三十二條　選擧ノ規定ニ違反スルコトアルトキハ選擧ノ結果ニ異動ヲ生スルノ虞アル場合ニ限リ其ノ選擧ノ全部又ハ一部ヲ無效トス但シ當選ニ異動ヲ生スルノ虞ナキ者ヲ區分シ得ルトキハ其ノ者ニ限リ當選ヲ失フコトナシ

第三十三條　選擧人選擧又ハ當選ノ效力ニ關シ異議アルトキハ選擧ニ關シテハ選擧ノ日ヨリ當選ニ關シテハ第二十九條第一項又ハ第三十一條第二項ノ告示ノ日ヨリ七日以內ニ之ヲ町村長ニ申立ツルコトヲ得此ノ場合ニ於テハ町村長ハ七日以內ニ町村會ノ決定ニ付スヘシ町村會ハ其ノ送付ヲ受ケタル日ヨリ十四日以內ニ之ヲ決定スヘシ

2 前項ノ決定ニ不服アル者ハ府縣參事會ニ訴願スルコトヲ得

3 府縣知事ハ選擧又ハ當選ノ效力ニ關シ異議アルトキハ選擧ニ關シテハ第二十九條第一項ノ報告ヲ受ケタル日ヨリ當選ニ關シテハ第二十九條第一項又ハ第三十一條第二項ノ報告ヲ受ケタル日ヨリ二十日以內ニ之ヲ府縣參事會ノ決定ニ付スルコトヲ得

4 前項ノ決定アリタルトキハ同一事件ニ付爲シタル異議ノ申立及町村會ノ決定ハ無效トス

5 第二項若ハ第六項ノ裁決又ハ第三項ノ決定ニ不服アル者ハ行政裁判所ニ出訴スルコトヲ得

6 第一項ノ決定ニ付テハ町村長ヨリモ訴願ヲ提起スルコトヲ得

7 第二項若ハ前項ノ裁決又ハ第三項ノ決定ニ付テハ府縣知事又ハ町村長ヨリモ訴訟ヲ提起スルコトヲ得

8 第十七條、第三十條又ハ第三十四條第一項若ハ第三項ノ選擧ハ之ニ關係アル選擧又ハ當選ニ關スル異議申立期間、異議ノ決定若ハ訴願ノ裁決確定セサル間又ハ訴訟ノ繫屬スル間之ヲ行フコトヲ得ス

9 町村會議員ハ當選ニ關スル決定若ハ裁決確定シ又ハ判決アル迄ハ會議ニ列席シ議事ニ參與スルノ權ヲ失ハス

第三十四條 選擧無效ト確定シタルトキハ三月以内ニ更ニ選擧ヲ行フヘシ

2 當選無效ト確定シタルトキハ直ニ選擧會ヲ開キ更ニ當選者ヲ定ムヘシ此ノ場合ニ於テハ第三十條第三項及第四項ノ規定ヲ準用ス

3 當選者ナキトキ、當選者ナキニ至リタルトキ又ハ當選者其ノ選擧ニ於ケル議員ノ定數ニ達セサルトキ若ハ定數ニ達セサルニ至リタルトキハ三月以内ニ更ニ選擧ヲ行フヘシ

4 第三十條第五項及第六項ノ規定ハ第一項及前項ノ選擧ニ之ヲ準用ス

第三十五條 町村會議員被選擧權ヲ有セサル者ナルトキ又ハ第二十九條第五項ニ揭クル者ナルトキハ其ノ職ヲ失フ其ノ被選擧權ノ有無又ハ第二十九條第五項ニ揭クル者ニ該當スルヤ否ハ町村會議員カ左ノ各號ノ一ニ該當スルニ因リ被選擧權ヲ有セサル場合ヲ除クノ外町村會之ヲ決定ス

一 禁治產者又ハ準禁治產者ト爲リタルトキ

二 破產者ト爲リタルトキ

三　禁錮以上ノ刑ニ處セラレタルトキ
四　選擧ニ關スル犯罪ニ依リ罰金ノ刑ニ處セラレタルトキ
2 町村長ハ町村會議員中被選擧權ヲ有セサル者又ハ第二十九條第五項ニ揭クル者アリト認ムルトキハ之ヲ町村會ノ決定ニ付スヘシ町村會ハ其ノ送付ヲ受ケタル日ヨリ十四日以内ニ之ヲ決定スヘシ
3 第一項ノ決定ヲ受ケタル者其ノ決定ニ不服アルトキハ府縣參事會ニ訴願シ其ノ裁決又ハ第四項ノ裁決ニ不服アルトキハ行政裁判所ニ出訴スルコトヲ得
4 第一項ノ決定及前項ノ裁決ニ付テハ町村長ヨリモ訴願又ハ訴訟ヲ提起スルコトヲ得
5 第二項ノ裁決ニ付テハ府縣知事ヨリモ訴訟ヲ提起スルコトヲ得
6 第三十三條第九項ノ規定ハ第一項及前三項ノ場合ニ之ヲ準用ス
7 第一項ノ決定ハ文書ヲ以テ之ヲ爲シ其ノ理由ヲ附シ之ヲ本人ニ交付スヘシ

第三十六條　第十八條ノ三及第三十三條ノ場合ニ於テ府縣參事會ノ決定及裁決ハ府縣知事、町村會ノ決定ハ町村長直ニ之ヲ告示スヘシ

第三十六條ノ二　町村會議員ノ選擧ニ付テハ衆議院議員選擧法第九十一條、第九十二條、第九十八條、第九十九條第二項、第百條及第百四十二條ノ規定ヲ準用ス

第三十七條　本法又ハ本法ニ基キテ發スル勅命ニ依リ設置スル議會ノ議員ノ選擧ニ付テハ衆議院議員選擧ニ關ス

ル罰則ヲ準用ス

第三十八條 特別ノ事情アル町村ニ於テハ府縣知事ハ其ノ町村ヲシテ町村會ヲ設ケス選擧權ヲ有スル町村公民ノ總會ヲ以テ之ニ充テシムルコトヲ得

2 町村總會ニ關シテハ町村會ニ關スル規定ヲ準用ス

第二款 職務權限

第三十九條 町村會ハ町村ニ關スル事件及法律勅令ニ依リ其ノ權限ニ屬スル事件ヲ議決ス

第四十條 町村會ノ議決スヘキ事件ノ概目左ノ如シ

一 町村條例及町村規則ヲ設ケ又ハ改廢スル事

二 町村費ヲ以テ支辨スヘキ事業ニ關スル事但シ第七十七條ノ事務及法律勅令ニ規定アルモノハ此ノ限ニ在ラス

三 歲入出豫算ヲ定ムル事

四 決算報告ヲ認定スル事

五 法令ニ定ムルモノヲ除クノ外使用料、手數料、加入金、町村稅又ハ夫役現品ノ賦課徵收ニ關スル事

六 不動產ノ管理處分及取得ニ關スル事

七 基本財產及積立金穀等ノ設置管理及處分ニ關スル事

八　歳入出豫算ヲ以テ定ムルモノヲ除クノ外新ニ義務ノ負擔ヲ爲シ及權利ノ抛棄ヲ爲ス事
九　財産及營造物ノ管理方法ヲ定ムル事但シ法律勅令ニ規定アルモノハ此ノ限ニ在ラス
十　町村吏員ノ身元保證ニ關スル事
十一　町村ニ係ル訴願訴訟及和解ニ關スル事

第四十一條　町村會ハ法律勅令ニ依リ其ノ權限ニ屬スル選擧ヲ行フヘシ

第四十二條　町村會ハ町村ノ事務ニ關スル書類及計算書ヲ檢閲シ町村長ノ報告ヲ請求シテ事務ノ管理、議決ノ執行及出納ヲ檢査スルコトヲ得

2　町村會ハ議員中ヨリ委員ヲ選擧シ町村長又ハ其ノ指名シタル吏員立會ノ上實地ニ就キ前項町村會ノ權限ニ屬スル事件ヲ行ハシムルコトヲ得

第四十三條　町村會ハ町村ノ公益ニ關スル事件ニ付意見書ヲ關係行政廳ニ提出スルコトヲ得

第四十四條　町村會ハ行政廳ノ諮問アルトキハ意見ヲ答申スヘシ

2　町村會ノ意見ヲ徵シテ處分ヲ爲スヘキ場合ニ於テ町村會成立セス、招集ニ應セス若ハ意見ヲ提出セス又ハ町村會ヲ招集スルコト能ハサルトキハ當該行政廳ハ其ノ意見ヲ俟タスシテ直ニ處分ヲ爲スコトヲ得

第四十五條　町村會ハ町村長ヲ以テ議長トス町村長故障アルトキハ其ノ代理者議長ノ職務ヲ代理ス町村長及其ノ代理者共ニ故障アルトキハ臨時ニ議員中ヨリ假議長ヲ選擧スヘシ

2 前項假議長ノ選擧ニ付テハ年長ノ議員議長ノ職務ヲ代理ス年齡同シキトキハ抽籤ヲ以テ之ヲ定ム
3 特別ノ事情アル町村ニ於テハ第一項ノ規定ニ拘ラス町村條例ヲ以テ町村會ノ選擧ニ依ル議長及其ノ代理者一人ヲ置クコトヲ得此ノ場合ニ於テハ市制第四十八條及第四十九條ノ規定ヲ準用ス

第四十六條 町村長及其ノ委任又ハ囑託ヲ受ケタル者ハ會議ニ列席シテ議事ニ參與スルコトヲ得但シ議決ニ加ハルコトヲ得ス
2 前項ノ列席者發言ヲ求ムルトキハ議長ハ直ニ之ヲ許スヘシ但シ之カ爲議員ノ演說ヲ中止セシムルコトヲ得ス

第四十七條 町村會ハ町村長之ヲ招集ス議員定數ノ三分ノ一以上ヨリ會議ニ付スヘキ事件ヲ示シテ町村會招集ノ請求アルトキハ町村長ハ之ヲ招集スヘシ
2 町村長ハ會期ヲ定メテ町村會ヲ招集スルコトヲ得此ノ場合ニ於テ必要アリト認ムルトキハ町村長ハ更ニ期限ヲ定メ町村會ノ會期ヲ延長スルコトヲ得
3 招集及會議ノ事件ハ開會ノ日前三日目迄ニ之ヲ告知スヘシ但シ急施ヲ要スル場合ハ此ノ限ニ在ラス
4 町村會開會中急施ヲ要スル事件アルトキハ町村長ハ直ニ之ヲ其ノ會議ニ付スルコトヲ得會議ニ付スル日前三日目迄ニ告知ヲ爲シタル事件ニ付亦同シ
5 町村會ハ町村長之ヲ開閉ス

第四十八條 町村會ハ議員定數ノ半數以上出席スルニ非サレハ會議ヲ開クコトヲ得ス但シ第五十條ノ除斥ノ爲半

數ニ滿タサルトキ、同一ノ事件ニ付招集再回ニ至ルモ仍半數ニ滿タサルトキ又ハ招集ニ應スルモ出席議員定數ヲ闕キ議長ニ於テ出席ヲ催告シ仍半數ニ滿タサルトキハ此ノ限ニ在ラス

第四十九條　町村會ノ議事ハ過半數ヲ以テ決ス可否同數ナルトキハ議長ノ決スル所ニ依ル

2 議長ハ其ノ職務ヲ行フ場合ニ於テモ之カ爲議員トシテ議決ニ加ハルノ權ヲ失ハス

第五十條　議長及議員ハ自己又ハ父母、祖父母、妻、子孫、兄弟姉妹ノ一身上ニ關スル事件ニ付テハ其ノ議事ニ參與スルコトヲ得ス但シ町村會ノ同意ヲ得タルトキハ會議ニ出席シ發言スルコトヲ得

第五十一條　法律勅令ニ依リ町村會ニ於テ選擧ヲ行フ選擧ニ付テハ第二十二條、第二十五條及第二十七條ノ規定ヲ準用ス其ノ投票ノ效力ニ關シ異議アルトキハ町村會之ヲ決定ス

2 町村會ハ議員中異議ナキトキハ前項ノ選擧ニ付指名推選ノ法ヲ用フルコトヲ得

3 指名推選ノ法ヲ用フル場合ニ於テハ被指名者ヲ以テ當選者ト定ムヘキヤ否ヲ會議ニ付シ議員全員ノ同意ヲ得タル者ヲ以テ當選者トス

4 一ノ選擧ヲ以テ二人以上ヲ選擧スル場合ニ於テハ被指名者ヲ區分シテ前項ノ規定ヲ適用スルコトヲ得ズ

第五十二條　町村會ノ會議ハ公開ス但シ左ノ場合ハ此ノ限ニ在ラス

一　議長ノ意見ヲ以テ傍聽ヲ禁止シタルトキ

二　議員二人以上ノ發議ニ依リ傍聽禁止ヲ可決シタルトキ

2 前項議員ノ發議ハ討論ヲ須ヰス其ノ可否ヲ決スヘシ
3 第四十五條第三項ノ町村ニ於ケル町村會ノ會議ニ付テハ前二項ノ規定ニ拘ラス市制第五十六條ノ規定ヲ準用ス
第五十三條 議長ハ會議ヲ總理シ會議ノ順序ヲ定メ其ノ日ノ會議ヲ開閉シ議場ノ秩序ヲ保持ス
2 議員定數ノ半數以上ヨリ請求アルトキハ議長ハ其ノ日ノ會議ヲ開クコトヲ要ス此ノ場合ニ於テ議長仍會議ヲ開カサルトキハ第四十五條ノ例ニ依ル
3 前項議員ノ請求ニ依リ會議ヲ開キタルトキ又ハ議員中異議アルトキハ議長ハ會議ノ議決ニ依ルニ非サレハ其ノ日ノ會議ヲ閉チ又ハ中止スルコトヲ得ス
第五十三條ノ二 町村會議員ハ町村會ノ議決スヘキ事件ニ付町村會ニ議案ヲ發スルコトヲ得但シ歳入出豫算ニ付テハ此ノ限ニ在ラス
2 前項ノ規定ニ依ル發案ハ議員三人以上ヨリ文書ヲ以テ之ヲ爲スコトヲ要ス
第五十四條 議員ハ選擧人ノ指示又ハ委囑ヲ受クヘカラス
2 議員ハ會議中無禮ノ語ヲ用ヰ又ハ他人ノ身上ニ涉リ言論スルコトヲ得ス
第五十五條 會議中本法又ハ會議規則ニ違ヒ其ノ他議場ノ秩序ヲ紊ス議員アルトキハ議長ハ之ヲ制止シ又ハ發言ヲ取消サシメ命ニ從ハサルトキハ當日ノ會議ノ終ル迄發言ヲ禁止シ又ハ議場外ニ退去セシメ必要アル場合ニ於テハ警察官吏ノ處分ヲ求ムルコトヲ得

2 議場騷擾ニシテ整理シ難キトキハ議長ハ當日ノ會議ヲ中止シ又ハ之ヲ閉ツルコトヲ得

第五十六條　傍聽人公然可否ヲ表シ又ハ喧騷ニ渉リ其ノ他會議ノ妨害ヲ爲ストキハ議長ハ之ヲ制止シ命ニ從ハサルトキハ之ヲ退場セシメ必要アル場合ニ於テハ警察官吏ノ處分ヲ求ムルコトヲ得

2 傍聽席騷擾ナルトキハ議長ハ總テノ傍聽人ヲ退場セシメ必要アル場合ニ於テハ警察官吏ノ處分ヲ求ムルコトヲ得

第五十七條　町村會ニ書記ヲ置キ議長ニ隷屬シテ庶務ヲ處理セシム

2 書記ハ議長之ヲ任免ス

第五十八條　議長ハ書記ヲシテ會議錄ヲ調製シ會議ノ顛末及出席議員ノ氏名ヲ記載セシムヘシ

2 會議錄ハ議長及議員二人以上之ニ署名スルコトヲ要ス其ノ議員ハ町村會ニ於テ之ヲ定ムヘシ

3 第四十五條第三項ノ町村ニ於ケル町村會ノ會議ニ付テハ市制第六十二條第三項ノ規定ヲ準用ス

第五十九條　町村會ハ會議規則及傍聽人取締規則ヲ設クヘシ

2 會議規則ニハ本法及會議規則ニ違反シタル議員ニ對シ町村會ノ議決ニ依リ五日以内出席ヲ停止スル規定ヲ設クルコトヲ得

第三章　町村吏員

第一款　組織選擧及任免

第六十條　町村ニ町村長及助役一人ヲ置ク但シ町村條例ヲ以テ助役ノ定數ヲ增加スルコトヲ得

第六十一條　町村長及助役ハ名譽職トス

2　町村ハ町村條例ヲ以テ町村長又ハ助役ヲ有給ト爲スコトヲ得

第六十二條　町村長及助役ノ任期ハ四年トス

第六十三條　町村長ハ町村會ニ於テ之ヲ選擧ス

2　町村長ノ在職中ニ於テ行フ後任町村長ノ選擧ハ現任町村長ノ任期滿了ノ日前二十日以内又ハ現任町村長ノ退職ノ申立アリタル場合ニ於テ其ノ退職スベキ日前二十日以内ニ非ザレバ之ヲ行フコトヲ得ズ

3　第一項ノ選擧ニ於テ當選者定マリタルトキハ直ニ當選者ニ當選ノ旨ヲ告知スベシ

4　町村長ニ當選シタル者當選ノ告知ヲ受ケタルトキハ其ノ告知ヲ受ケタル日ヨリ二十日以内ニ其ノ當選ニ應ズルヤ否ヲ申立ツベシ其ノ期間内ニ當選ニ應ズル旨ノ申立ヲ爲サザルトキハ當選ヲ辭シタルモノト看做ス

5　第二十九條第三項ノ規定ハ町村長ニ當選シタル者ニ之ヲ準用ス

6　助役ハ町村長ノ推薦ニ依リ町村會之ヲ定ム町村長職ニ在ラザルトキハ第一項ノ例ニ依ル

7　第二項乃至第五項ノ規定ハ助役ニ之ヲ準用ス

8　名譽職町村長及名譽職助役ハ其ノ町村公民中選擧權ヲ有スル者ニ限ル

9　有給町村長及有給助役ハ第七條第一項ノ規定ニ拘ラス在職ノ間其ノ町村ノ公民トス

第六十四條　有給町村長及有給助役ハ其ノ退職セムトスル日前三十日目迄ニ申立ツルニ非サレハ任期中退職スルコトヲ得ス但シ町村會ノ承認ヲ得タルトキハ此ノ限ニ在ラス

第六十七條　町村ニ收入役一人ヲ置ク但シ特別ノ事情アル町村ニ於テハ町村條例ヲ以テ副收入役一人ヲ置クコトヲ得

2 收入役及副收入役ハ有給吏員トシ其ノ任期ハ四年トス

3 第六十三條第二項乃至第六項及第九項、第六十五條竝前條第二項ノ規定ハ收入役及副收入役ニ之ヲ準用ス

4 町村長又ハ助役ト父子兄弟タル緣故アル者ハ收入役又ハ副收入役ノ職ニ在ルコトヲ得ス收入役ト父子兄弟タル緣故アル者ハ副收入役ノ職ニ在ルコトヲ得ス

5 特別ノ事情アル町村ニ於テハ府縣知事ノ許可ヲ得テ町村長又ハ助役ヲシテ收入役ノ事務ヲ兼掌セシムルコトヲ得

第六十八條　町村ハ處務便宜ノ爲區ヲ劃シ區長及其ノ代理者一人ヲ置クコトヲ得

2 區長及其ノ代理者ハ名譽職トス町村公民中選擧權ヲ有スル者ヨリ町村長ノ推薦ニ依リ町村會之ヲ定ム此ノ場合ニ於テハ第六十三條第二項乃至第五項ノ規定ヲ準用ス

第六十九條　町村ハ臨時又ハ常設ノ委員ヲ置クコトヲ得

2 委員ハ名譽職トス町村會議員又ハ町村公民中選擧權ヲ有スル者ヨリ町村長ノ推薦ニ依リ町村會之ヲ定ム但シ委員長ハ町村長又ハ其ノ委任ヲ受ケタル助役ヲ以テ之ニ充ツ

3第六十三條第二項乃至第五項ノ規定ハ委員ニ之ヲ準用ス

4委員ノ組織ニ關シテハ町村條例ヲ以テ別段ノ規定ヲ設クルコトヲ得

第七十一條　前數條ニ定ムル者ノ外町村ニ必要ノ有給吏員ヲ置キ町村長之ヲ任免ス

2前項吏員ノ定數ハ町村會ノ議決ヲ經テ之ヲ定ム

第二款　職務權限

第七十二條　町村長ハ町村ヲ統轄シ町村ヲ代表ス

2町村長ノ擔任スル事務ノ概目左ノ如シ

一　町村會ノ議決ヲ經ヘキ事件ニ付其ノ議案ヲ發シ及其ノ議決ヲ執行スル事

二　財産及營造物ヲ管理スル事但シ特ニ之カ管理者ヲ置キタルトキハ其ノ事務ヲ監督スル事

三　收入支出ヲ命令シ及會計ヲ監督スル事

四　證書及公文書類ヲ保管スル事

五　法令又ハ町村會ノ議決ニ依リ使用料、手數料、加入金、町村稅又ハ夫役現品ヲ賦課徵收スル事

六　其ノ他法令ニ依リ町村長ノ職權ニ屬スル事項

第七十四條　町村會ノ議決又ハ選舉其ノ權限ヲ超エ又ハ法令若ハ會議規則ニ背クト認ムルトキハ町村長ハ其ノ意見ニ依リ又ハ監督官廳ノ指揮ニ依リ理由ヲ示シテ之ヲ再議ニ付シ又ハ再選舉ヲ行ハシムヘシ但シ特別ノ事由ア

リト認ムルトキハ町村長ハ議決ニ付テハ之ヲ再議ニ付セズシテ直ニ府縣參事會ノ裁決ヲ請フコトヲ得

2 前項ノ規定ニ依リ爲シタル町村會ノ議決仍其ノ權限ヲ超エ又ハ法令若ハ會議規則ニ背クト認ムルトキハ町村長ハ府縣參事會ノ裁決ヲ請フベシ

3 監督官廳ハ前二項ノ議決又ハ選擧ヲ取消スコトヲ得

4 第一項若ハ第二項ノ裁決又ハ前項ノ處分ニ不服アル町村長又ハ町村會ハ行政裁判所ニ出訴スルコトヲ得

5 第一項又ハ第二項ノ裁決ニ付テハ府縣知事ヨリモ訴訟ヲ提起スルコトヲ得

第七十四條ノ二 町村會ノ議決明ニ公益ヲ害スト認ムルトキハ町村長ハ其ノ意見ニ依リ又ハ監督官廳ノ指揮ニ依リ理由ヲ示シテ之ヲ再議ニ付スベシ但シ特別ノ事由アリト認ムルトキハ町村長ハ之ヲ再議ニ付セズシテ直ニ府縣知事ノ指揮ヲ請フコトヲ得

2 前項ノ規定ニ依リ爲シタル町村會ノ議決仍明ニ公益ヲ害スト認ムルトキハ町村長ハ府縣知事ノ指揮ヲ請フベシ

3 町村會ノ議決收支ニ關シ執行スルコト能ハザルモノアリト認ムルトキハ前二項ノ例ニ依ル左ニ掲グル費用ヲ削除シ又ハ減額シタル場合ニ於テ其ノ費用及之ニ伴フ收入ニ付亦同ジ

一 法令ニ依リ負擔スル費用、當該官廳ノ職權ニ依リ命ズル費用其ノ他町村ノ義務ニ屬スル費用

二 非常ノ災害ニ因ル應急又ハ復舊ノ施設ノ爲ニ要スル費用、傳染病豫防ノ爲ニ要スル費用其ノ他ノ緊急避クベカラザル費用

4 前三項ノ規定ニ依ル府縣知事ノ處分ニ不服アル町村長又ハ町村會ハ内務大臣ニ訴願スルコトヲ得

第七十五條 町村會成立セサルトキ又ハ第四十八條但書ノ場合ニ於テ仍會議ヲ開クコト能ハサルトキハ町村長ハ府縣知事ニ具狀シテ指揮ヲ請ヒ町村會ノ議決スヘキ事件ヲ處置スルコトヲ得

2 町村會ニ於テ其ノ議決スヘキ事件ヲ議決セサルトキハ前項ノ例ニ依ル

3 町村會ノ決定スヘキ事件ニ關シテハ前二項ノ例ニ依ル此ノ場合ニ於ケル町村長ノ處置ニ關シテハ各本條ノ規定ニ準シ訴願又ハ訴訟ヲ提起スルコトヲ得

4 前三項ノ規定ニ依ル處置ニ付テハ次回ノ會議ニ於テ之ヲ町村會ニ報告スヘシ

第七十六條 町村會ニ於テ議決又ハ決定スヘキ事件ニ關シ臨時急施ヲ要スル場合ニ於テ町村會成立セサルトキ又ハ町村長ニ於テ之ヲ招集スルノ暇ナシト認ムルトキハ町村長ハ之ヲ專決シ次回ノ會議ニ於テ之ヲ町村會ニ報告スヘシ

2 前項ノ規定ニ依リ町村長ノ爲シタル處分ニ關シテハ各本條ノ規定ニ準シ訴願又ハ訴訟ヲ提起スルコトヲ得

第七十六條ノ二 町村會ノ權限ニ屬スル事項ノ一部ハ其ノ議決ニ依リ町村長ニ於テ專決處分スルコトヲ得

第七十八條 町村長ハ其ノ事務ノ一部ヲ助役又ハ區長ニ分掌セシムルコトヲ得但シ町村ノ事務ニ付テハ豫メ町村會ノ同意ヲ得ルコトヲ要ス

2 町村長ハ町村吏員ヲシテ其ノ事務ノ一部ヲ臨時代理セシムルコトヲ得

第八十條　收入役ハ町村ノ出納其ノ他ノ會計事務及第七十七條ノ事務ニ關スル國府縣其ノ他公共團體ノ出納其ノ他ノ會計事務ヲ掌ル但シ法令中別段ノ規定アルモノハ此ノ限ニ在ラス
2 町村會ハ町村長ノ推薦ニ依リ收入役故障アルトキ之ヲ代理スヘキ吏員ヲ定ムヘシ但シ副收入役ヲ置キタル町村ハ此ノ限ニ在ラス
3 副收入役ハ收入役ノ事務ヲ補助シ收入役故障アルトキ之ヲ代理ス
4 町村長ハ收入役ノ事務ノ一部ヲ副收入役ニ分掌セシムルコトヲ得但シ町村ノ出納其ノ他ノ會計事務ニ付テハ豫メ町村會ノ同意ヲ得ルコトヲ要ス

第四章　給料及給與

第八十四條　名譽職町村長、名譽職助役、町村會議員其ノ他ノ名譽職員ハ職務ノ爲要スル費用ノ辨償ヲ受クルコトヲ得
2 名譽職町村長、名譽職助役、區長、區長代理者及委員ニハ費用辨償ノ外勤務ニ相當スル報酬ヲ給スルコトヲ得
3 費用辨償額、報酬額及其ノ支給方法ハ町村條例ヲ以テ之ヲ規定スヘシ
第八十五條　有給町村長、有給助役其ノ他ノ有給吏員ノ給料額、旅費額及其ノ支給方法ハ町村條例ヲ以テ之ヲ規定スヘシ
第八十六條　有給吏員ニハ町村條例ノ定ムル所ニ依リ退隱料、退職給與金、死亡給與金又ハ遺族扶助料ヲ給スル

コトヲ得

第八十七條　費用辨償、報酬、給料、旅費、退隱料、退職給與金、死亡給與金又ハ遺族扶助料ノ給與ニ付關係者ニ於テ異議アルトキハ之ヲ町村長ニ申立ツルコトヲ得

2　前項ノ異議ノ申立アリタルトキハ町村長ハ七日以内ニ之ヲ町村會ノ決定ニ付スヘシ關係者其ノ決定ニ不服アルトキハ府縣參事會ニ訴願シ其ノ裁決又ハ第三項ノ裁決ニ不服アルトキハ行政裁判所ニ出訴スルコトヲ得

3　前項ノ決定及裁決ニ付テハ町村長ヨリモ訴願又ハ訴訟ヲ提起スルコトヲ得

4　前二項ノ裁決ニ付テハ府縣知事ヨリモ訴訟ヲ提起スルコトヲ得

第八十八條　費用辨償、報酬、給料、旅費、退隱料、退職給與金、死亡給與金、遺族扶助料其ノ他ノ給與ハ町村ノ負擔トス

第五章　町村ノ財務

第一款　財產營造物及町村稅

第八十九條　收益ノ爲ニスル町村ノ財產ハ基本財產トシ之ヲ維持スヘシ

2　町村ハ特定ノ目的ノ爲特別ノ基本財產ヲ設ケ又ハ金穀等ヲ積立ツルコトヲ得

第九十條　舊來ノ慣行ニ依リ町村住民中特ニ財產又ハ營造物ヲ使用スル權利ヲ有スル者アルトキハ其ノ舊慣ニ依ル舊慣ヲ變更又ハ廢止セムトスルトキハ町村會ノ議決ヲ經ヘシ

2 前項ノ財產又ハ營造物ヲ新ニ使用セムトスル者アルトキハ町村ハ之ヲ許可スルコトヲ得

第九十一條 町村ハ前條ニ規定スル財產ノ使用方法ニ關シ町村規則ヲ設クルコトヲ得

第九十二條 町村ハ第九十條第一項ノ使用者ヨリ使用料ヲ徵收シ同條第二項ノ使用ニ關シテハ使用料若ハ一時ノ加入金ヲ徵收シ又ハ使用料及加入金ヲ共ニ徵收スルコトヲ得

第九十三條 町村ハ營造物ノ使用ニ付使用料ヲ徵收スルコトヲ得

2 町村ハ特ニ一個人ノ爲ニスル事務ニ付手數料ヲ徵收スルコトヲ得

第九十四條 財產ノ賣却貸與、工事ノ請負及物件勞力其ノ他ノ供給ハ競爭入札ニ付スヘシ但シ臨時急施ヲ要スルトキ、入札ノ價格其ノ費用ニ比シテ得失相償ハサルトキ又ハ町村會ノ同意ヲ得タルトキハ此ノ限ニ在ラス

第九十五條 町村ハ其ノ公益上必要アル場合ニ於テハ寄附又ハ補助ヲ爲スコトヲ得

第九十六條 町村ハ其ノ必要ナル費用及從來法令ニ依リ又ハ將來法律勅令ニ依リ町村ノ負擔ニ屬スル費用ヲ支辨スル義務ヲ負フ

2 町村ハ其ノ財產ヨリ生スル收入、使用料、手數料、過料、過怠金其ノ他法令ニ依リ町村ニ屬スル收入ヲ以テ前項ノ支出ニ充テ仍不足アルトキハ町村稅及夫役現品ヲ賦課徵收スルコトヲ得

第九十七條 町村稅トシテ賦課スルコトヲ得ヘキモノ左ノ如シ

一　直接國稅及府縣稅ノ附加稅

二　特別稅

2　直接國稅又ハ府縣稅ノ附加稅ハ均一ノ稅率ヲ以テ之ヲ徵收スヘシ但シ第百四十七條ノ規定ニ依リ許可ヲ受ケタル場合ハ此ノ限ニ在ラス

3　國稅ノ附加稅タル府縣稅ニ對シテハ附加稅ヲ賦課スルコトヲ得ス

4　特別稅ハ別ニ稅目ヲ起シテ課稅スルノ必要アルトキ賦課徵收スルモノトス

第百一條　所得稅法第十八條ニ掲クル所得ニ對シテハ町村稅ヲ賦課スルコトヲ得ス

第百五條　夫役又ハ現品ハ直接町村稅ヲ準率ト爲シ直接町村稅ヲ賦課セサル町村ニ於テハ直接國稅ヲ準率ト爲シ且之ヲ金額ニ算出シテ賦課スヘシ但シ第百四十七條ノ規定ニ依リ許可ヲ受ケタル場合ハ此ノ限ニ在ラス

2　學藝美術及手工ニ關スル勞務ニ付テハ夫役ヲ賦課スルコトヲ得ス

3　夫役ヲ賦課セラレタル者ハ本人自ラ之ニ當リ又ハ適當ノ代人ヲ出スコトヲ得

4　夫役又ハ現品ハ金錢ヲ以テ之ニ代フルコトヲ得

5　第一項及前項ノ規定ハ急迫ノ場合ニ賦課スル夫役ニ付テハ之ヲ適用セス

第百六條　非常災害ノ爲必要アルトキハ町村ハ他人ノ土地ヲ一時使用シ又ハ其ノ土石竹木其ノ他ノ物品ヲ使用シ若ハ收用スルコトヲ得但シ其ノ損失ヲ補償スヘシ

2　前項ノ場合ニ於テ危險防止ノ爲必要アルトキハ町村長、警察官吏又ハ監督官廳ハ町村内ノ居住者ヲシテ防禦ニ

從事セシムルコトヲ得

3 第一項但書ノ規定ニ依リ補償スヘキ金額ハ協議ニ依リ之ヲ定ム協議調ハサルトキハ鑑定人ノ意見ヲ徵シ府縣知事之ヲ決定ス決定ヲ受ケタル者其ノ決定ニ不服アルトキハ內務大臣ニ訴願スルコトヲ得

4 前項ノ決定ハ文書ヲ以テ之ヲ爲シ其ノ理由ヲ附シ之ヲ本人ニ交付スヘシ

5 第一項ノ規定ニ依リ土地ノ一時使用ノ處分ヲ受ケタル者其ノ處分ニ不服アルトキハ府縣知事ニ訴願シ其ノ裁決ニ不服アルトキハ內務大臣ニ訴願スルコトヲ得

第百八條　町村長ハ納稅者中特別ノ事情アル者ニ對シ納稅延期ヲ許スコトヲ得其ノ年度ヲ越ユル場合ハ町村會ノ議決ヲ經ヘシ

2 町村ハ特別ノ事情アル者ニ限リ町村稅ヲ減免スルコトヲ得

第百九條　使用料手數料及特別稅ニ關スル事項ニ付テハ町村條例ヲ以テ之ヲ規定スヘシ

2 詐僞其ノ他ノ不正ノ行爲ニ依リ使用料ノ徵收ヲ免レ又ハ町村稅ヲ逋脫シタル者ニ付テハ町村條例ヲ以テ其ノ徵收ヲ免レ又ハ逋脫シタル金額ノ三倍ニ相當スル金額（其ノ金額五圓未滿ナルトキハ五圓）以下ノ過料ヲ科スル規定ヲ設クルコトヲ得

3 前項ニ定ムルモノヲ除クノ外使用料、手數料及町村稅ノ賦課徵收ニ關シテハ町村條例ヲ以テ五圓以下ノ過料ヲ科スル規定ヲ設クルコトヲ得財産又ハ營造物ノ使用ニ關シ亦同シ

4 過料ノ處分ヲ受ケタル者其ノ處分ニ不服アルトキハ府縣參事會ニ訴願シ其ノ裁決ニ不服アルトキハ行政裁判所ニ出訴スルコトヲ得

5 前項ノ裁決ニ付テハ府縣知事又ハ町村長ヨリモ訴訟ヲ提起スルコトヲ得

第百十條 町村稅ノ賦課ヲ受ケタル者其ノ賦課ニ付違法又ハ錯誤アリト認ムルトキハ徵稅令書ノ交付ヲ受ケタル日ヨリ三月以內ニ町村長ニ異議ノ申立ヲ爲スコトヲ得

2 財產又ハ營造物ヲ使用スル權利ニ關シ異議アル者ハ之ヲ町村長ニ申立ツルコトヲ得

3 前二項ノ異議ノ申立アリタルトキハ町村長ハ七日以內ニ之ヲ町村會ノ決定ニ付スヘシ決定ヲ受ケタル者其ノ決定ニ不服アルトキハ府縣參事會ニ訴願シ其ノ裁決又ハ第五項ノ裁決ニ不服アルトキハ行政裁判所ニ出訴スルコトヲ得

4 第一項及前項ノ規定ハ使用料手數料及加入金ノ徵收並夫役現品ノ賦課ニ關シ之ヲ準用ス

5 前二項ノ規定ニ依ル決定及裁決ニ付テハ町村長ヨリモ訴願又ハ訴訟ヲ提起スルコトヲ得

6 前三項ノ規定ニ依ル裁決ニ付テハ府縣知事ヨリモ訴訟ヲ提起スルコトヲ得

第百十一條 町村稅、使用料、手數料、加入金、過料、過怠金其ノ他ノ町村ノ收入ヲ定期內ニ納メサル者アルトキハ町村長ハ期限ヲ指定シテ之ヲ督促スヘシ

2 夫役現品ノ賦課ヲ受ケタル者定期內ニ其ノ履行ヲ爲サス又ハ夫役現品ニ代フル金錢ヲ納メサルトキハ町村長ハ

期限ヲ指定シテ之ヲ督促スヘシ急迫ノ場合ニ賦課シタル夫役ニ付テハ更ニ之ヲ金額ニ算出シ期限ヲ指定シテ其ノ納付ヲ命スヘシ

3 前二項ノ場合ニ於テハ町村條例ノ定ムル所ニ依リ手數料ヲ徴收スルコトヲ得

4 滯納者第一項又ハ第二項ノ督促又ハ命令ヲ受ケ其ノ指定ノ期限內ニ之ヲ完納セサルトキハ國稅滯納處分ノ例ニ依リ之ヲ處分スヘシ

5 第一項乃至第三項ノ徴收金ハ府縣ノ徴收金ニ次テ先取特權ヲ有シ其ノ追徴還付及時效ニ付テハ國稅ノ例ニ依ル

6 前三項ノ處分ニ不服アル者ハ府縣參事會ニ訴願シ其ノ裁決ニ不服アルトキハ行政裁判所ニ出訴スルコトヲ得

7 前項ノ採決ニ付テハ府縣知事又ハ町村長ヨリモ訴訟ヲ提起スルコトヲ得

8 第四項ノ處分中差押物件ノ公賣ハ處分ノ確定ニ至ル迄執行ヲ停止ス

第百十二條　町村ハ其ノ負債ヲ償還スル爲、町村ノ永久ノ利益ト爲ルヘキ支出ヲ爲ス爲又ハ天災事變等ノ爲必要アル場合ニ限リ町村債ヲ起スコトヲ得

2 町村債ヲ起スニ付町村會ノ議決ヲ經ルトキハ併セテ起債ノ方法、利息ノ定率及償還ノ方法ニ付議決ヲ經ヘシ

3 町村ハ豫算內ノ支出ヲ爲ス爲一時ノ借入金ヲ爲スコトヲ得

4 前項ノ借入金ハ其ノ會計年度內ノ收入ヲ以テ償還スヘシ

第二款　歳入出豫算及決算

第百十三條 町村長ハ毎會計年度歳入出豫算ヲ調製シ遲クトモ年度開始ノ一月前ニ町村會ノ議決ヲ經ヘシ
2 町村ノ會計年度ハ政府ノ會計年度ニ依ル
3 豫算ヲ町村會ニ提出スルトキハ町村長ハ併セテ事務報告書及財産表ヲ提出スヘシ
第百十四條 町村長ハ町村會ノ議決ヲ經テ既定豫算ノ追加又ハ更正ヲ爲スコトヲ得
第百十五條 町村費ヲ以テ支辨スル事件ニシテ數年ヲ期シテ其ノ費用ヲ支出スヘキモノハ町村會ノ議決ヲ經テ其ノ年期間各年度ノ支出額ヲ定メ繼續費ト爲スコトヲ得
第百十六條 町村ハ豫算外ノ支出又ハ豫算超過ノ支出ニ充ツル爲豫備費ヲ設クヘシ
2 特別會計ニハ豫備費ヲ設ケサルコトヲ得
3 豫備費ハ町村會ノ否決シタル費途ニ充ツルコトヲ得ス
第百十七條 豫算ハ議決ヲ經タル後直ニ之ヲ府縣知事ニ報告シ且其ノ要領ヲ告示スヘシ
第百十八條 町村ハ特別會計ヲ設クルコトヲ得
第百十九條 町村會ニ於テ豫算ヲ議決シタルトキハ町村長ヨリ其ノ謄本ヲ收入役ニ交付スヘシ
2 收入役ハ町村長又ハ監督官廳ノ命令アルニ非サレハ支拂ヲ爲スコトヲ得ス命令ヲ受クルモ支出ノ豫算ナク且豫備費支出、費目流用其ノ他財務ニ關スル規定ニ依リ支出ヲ爲スコトヲ得サルトキ亦同シ
3 前二項ノ規定ハ收入役ノ事務ヲ兼掌シタル町村長又ハ助役ニ之ヲ準用ス

第百二十條　町村ノ支拂金ニ關スル時效ニ付テハ政府ノ支拂金ノ例ニ依ル

第百二十一條　町村ノ出納ハ毎月例日ヲ定メテ之ヲ檢査シ且毎會計年度少クトモ二回臨時檢査ヲ爲スヘシ

2 檢査ハ町村長之ヲ爲シ臨時檢査ニハ町村會ニ於テ選擧シタル議員二人以上ノ立會ヲ要ス

第百二十二條　町村ノ出納ハ翌年度五月三十一日ヲ以テ閉鎖ス

2 決算ハ出納閉鎖後一月以内ニ證書類ヲ併セテ收入役ヨリ之ヲ町村長ニ提出スヘシ町村長ハ之ヲ審査シ意見ヲ付シテ次ノ通常豫算ヲ議スル會議迄ニ之ヲ町村會ノ認定ニ付スヘシ

3 第六十七條第五項ノ場合ニ於テハ前項ノ例ニ依ル但シ町村長ニ於テ兼掌シタルトキハ直ニ町村會ノ認定ニ付スヘシ

4 決算ハ其ノ認定ニ關スル町村會ノ議決ト共ニ之ヲ府縣知事ニ報告シ且其ノ要領ヲ告示スヘシ

5 決算ノ認定ニ關スル會議ニ於テハ町村長及助役共ニ議長ノ職務ヲ行フコトヲ得ス

第百二十三條　豫算調製ノ式、費目流用其ノ他財務ニ關シ必要ナル規定ハ内務大臣之ヲ定ム

第六章　町村ノ一部ノ事務

第百二十四條　町村ノ一部ニシテ財産ヲ有シ又ハ營造物ヲ設ケタルモノアルトキハ其ノ財産又ハ營造物ノ管理及處分ニ付テハ本法中町村ノ財産又ハ營造物ニ關スル規定ニ依ル但シ法律勅令中別段ノ規定アル場合ハ此ノ限ニ在ラス

2 前項ノ財產又ハ營造物ニ關シ特ニ要スル費用ハ其ノ財產又ハ營造物ノ屬スル町村ノ一部ノ負擔トス
3 前二項ノ場合ニ於テハ町村ノ一部ハ其ノ會計ヲ分別スヘシ
第百二十五條 前條ノ財產又ハ營造物ニ關シ必要アリト認ムルトキハ府縣知事ハ町村會ノ意見ヲ徵シテ町村條例ヲ設定シ區會又ハ區總會ヲ設ケテ町村會ノ議決スヘキ事項ヲ議決セシムルコトヲ得
第百二十六條 區會議員ハ町村ノ名譽職トス其ノ定數、任期、選擧權及被選擧權ニ關スル事項ハ前條ノ町村條例中ニ之ヲ規定スヘシ區總會ノ組織ニ關スル事項ニ付亦同シ
2 區會議員ノ選擧ニ付テハ町村會議員ニ關スル規定ヲ準用ス但シ選擧若ハ當選ノ效力ニ關スル異議ノ決定及被選擧權ノ有無ノ決定ハ町村會ニ於テ之ヲ爲スヘシ
3 區會又ハ區總會ニ關シテハ町村會ニ關スル規定ヲ準用ス
第百二十七條 第百二十四條ノ場合ニ於テ町村ノ一部府縣知事ノ處分ニ不服アルトキハ內務大臣ニ訴願スルコトヲ得
第百二十八條 第百二十四條ノ町村ノ一部ノ事務ニ關シテハ本法ニ規定スルモノノ外勅令ヲ以テ之ヲ定ム

第七章 町村組合

第百二十九條 町村ハ其ノ事務ノ一部ヲ共同處理スル爲其ノ協議ニ依リ府縣知事ノ許可ヲ得テ町村組合ヲ設クルコトヲ得此ノ場合ニ於テ組合內各町村ノ町村會又ハ町村吏員ノ職務ニ屬スル事項ナキニ至リタルトキハ其ノ町

村會又ハ町村吏員ハ組合成立ト同時ニ消滅ス
2 町村ハ特別ノ必要アル場合ニ於テハ其ノ協議ニ依リ府縣知事ノ許可ヲ得テ其ノ事務ノ全部ヲ共同處理スル爲町村組合ヲ設クルコトヲ得此ノ場合ニ於テハ組合内各町村ノ町村會及町村吏員ハ組合成立ト同時ニ消滅ス
3 公益上必要アル場合ニ於テハ府縣知事ハ關係アル町村會ノ意見ヲ徴シ府縣參事會ノ議決ヲ經テ前二項ノ町村組合ヲ設クルコトヲ得
4 町村組合ハ法人トス
第百三十條　前條第一項ノ町村組合ニシテ其ノ組合町村ノ數ヲ增減シ又ハ共同事務ノ變更ヲ爲サムトスルトキハ關係町村ノ協議ニ依リ府縣知事ノ許可ヲ受クヘシ
2 前條第二項ノ町村組合ニシテ其ノ組合町村ノ數ヲ減少セムトスルトキハ組合會ノ議決ニ依リ其ノ組合町村ノ數ヲ增加セムトスルトキハ其ノ町村組合ト新ニ加ハラムトスル町村トノ協議ニ依リ府縣知事ノ許可ヲ受クヘシ
3 公益上必要アル場合ニ於テハ府縣知事ハ關係アル町村會又ハ組合會ノ意見ヲ徴シ府縣參事會ノ議決ヲ經テ組合町村ノ數ヲ增減シ又ハ一部事務ノ爲設クル組合ノ共同事務ノ變更ヲ爲スコトヲ得
第百三十一條　町村組合ヲ設クルトキハ關係町村ノ協議ニ依リ組合規約ヲ定メ府縣知事ノ許可ヲ受クヘシ
2 組合規約ヲ變更セムトスルトキハ一部事務ノ爲ニ設クル組合ニ在リテハ關係町村ノ協議ニ依リ全部事務ノ爲ニ設クル組合ニ在リテハ組合會ノ議決ヲ經府縣知事ノ許可ヲ受クヘシ

3 公益上必要アル場合ニ於テハ府縣知事ハ關係アル町村會又ハ組合會ノ意見ヲ徵シ府縣參事會ノ決議ヲ經テ組合規約ヲ定メ又ハ變更スルコトヲ得

第百三十二條 組合規約ニハ組合ノ名稱、組合ヲ組織スル町村、組合ノ共同事務及組合役場ノ位置ヲ定ムヘシ

2 一部事務ノ爲ニ設クル組合ノ組合規約ニハ前項ノ外組合會ノ組織及組合會議員ノ選擧、組合吏員ノ組織及選任竝組合費用ノ支辨方法ニ付規定ヲ設クヘシ

第百三十三條 町村組合ヲ解カムトスルトキハ一部事務ノ爲ニ設クル組合ニ於テハ關係町村ノ協議ニ依リ全部事務ノ爲ニ設クル組合ニ於テハ組合會ノ議決ニ依リ府縣知事ノ許可ヲ受クヘシ

2 公益上必要アル場合ニ於テハ府縣知事ハ關係アル町村會又ハ組合會ノ意見ヲ徵シ府縣參事會ノ議決ヲ經テ町村組合ヲ解クコトヲ得

第百三十四條 第百三十條第一項第二項及前條第一項ノ場合ニ於テ財產ノ處分ニ關スル事項ハ關係町村ノ協議、關係町村ト組合トノ協議又ハ組合會ノ議決ニ依リ之ヲ定ム

2 第百三十條第三項及前條第二項ノ場合ニ於テ財產ノ處分ニ關スル事項ハ關係アル町村會又ハ組合會ノ意見ヲ徵シ府縣參事會ノ議決ヲ經テ府縣知事之ヲ定ム

第百三十五條 第百二十九條第一項及第二項第百三十條第一項及第二項第百三十一條第一項及第二項第百三十三條第一項竝前條第二項ノ規定ニ依ル府縣知事ノ處分ニ不服アル町村又ハ町村組合ハ內務大臣ニ訴願スルコトヲ

得

2 組合費ノ分賦ニ關シ違法又ハ錯誤アリト認ムル町村ハ其ノ告知アリタル日ヨリ三月以内ニ組合ノ管理者ニ異議ノ申立ヲ爲スコトヲ得

3 前項ノ異議ノ申立アリタルトキハ組合ノ管理者ハ七日以内ニ之ヲ組合會ノ決定ニ付スヘシ其ノ決定ニ不服アル町村ハ府縣參事會ニ訴願シ其ノ裁決又ハ第四項ノ裁決ニ不服アルトキハ行政裁判所ニ出訴スルコトヲ得

4 前項ノ決定及裁決ニ付テハ組合ノ管理者ヨリモ訴願又ハ訴訟ヲ提起スルコトヲ得

5 前二項ノ裁決ニ付テハ府縣知事ヨリモ訴訟ヲ提起スルコトヲ得

第百三十六條 町村組合ニ關シテハ法律勅令中別段ノ規定アル場合ヲ除クノ外町村ニ關スル規定ヲ準用ス

第八章　町村ノ監督

第百三十七條 町村ハ第一次ニ於テ府縣知事之ヲ監督シ第二次ニ於テ内務大臣之ヲ監督ス

第百三十八條 本法中別段ノ規定アル場合ヲ除クノ外町村ノ監督ニ關スル府縣知事ノ處分ニ不服アル町村ハ内務大臣ニ訴願スルコトヲ得

第百三十九條 本法中行政裁判所ニ出訴スルコトヲ得ヘキ場合ニ於テハ内務大臣ニ訴願スルコトヲ得ス

第百四十條 異議ノ申立又ハ訴願ノ提起ハ處分決定又ハ裁決アリタル日ヨリ二十一日以内ニ之ヲ爲スヘシ但シ本法中別ニ期間ヲ定メタルモノハ此ノ限ニ在ラス

2 行政訴訟ノ提起ハ處分決定裁定又ハ裁決アリタル日ヨリ三十日以内ニ之ヲ爲スヘシ
3 決定書又ハ裁決書ノ交付ヲ受ケサル者ニ關シテハ前二項ノ期間ハ告示ノ日ヨリ之ヲ起算ス
4 異議ノ申立ニ關スル期間ノ計算ニ付テハ訴願法ノ規定ニ依ル
5 異議ノ申立ハ期限經過後ニ於テモ宥恕スヘキ事由アリト認ムルトキハ仍之ヲ受理スルコトヲ得
6 異議ノ決定ハ文書ヲ以テ之ヲ爲シ其ノ理由ヲ附シ之ヲ申立人ニ交付スヘシ
7 異議ノ申立アルモ處分ノ執行ハ之ヲ停止セス但シ行政廳ハ其ノ職權ニ依リ又ハ關係者ノ請求ニ依リ必要ト認ムルトキハ之ヲ停止スルコトヲ得

第百四十條ノ二 異議ノ決定ハ本法中別ニ期間ヲ定メタルモノヲ除クノ外其ノ決定ニ付セラレタル日ヨリ三月以内ニ之ヲ爲スヘシ
2 府縣參事會訴願ヲ受理シタルトキハ其ノ日ヨリ三月以内ニ之ヲ裁決スヘシ

第百四十二條 内務大臣ハ町村會ノ解散ヲ命スルコトヲ得
2 町村會解散ノ場合ニ於テハ三月以内ニ議員ヲ選擧スヘシ

第百四十四條 町村長、助役、收入役又ハ副收入役ニ故障アルトキハ監督官廳ハ臨時代理者ヲ選任シ又ハ官吏ヲ派遣シ其ノ職務ヲ管掌セシムルコトヲ得但シ官吏ヲ派遣シタル場合ニ於テハ其ノ旅費ハ町村費ヲ以テ辨償セシムヘシ

2 臨時代理者ハ有給ノ町村吏員トシ其ノ給料額旅費額等ハ監督官廳之ヲ定ム

第百四十八條　監督官廳ノ許可ヲ要スル事件ニ付テハ監督官廳ハ許可申請ノ趣旨ニ反セスト認ムル範圍内ニ於テ更正シテ許可ヲ與フルコトヲ得

第百四十九條　監督官廳ノ許可ヲ要スル事件ニ付テハ勅令ノ定ムル所ニ依リ其ノ許可ノ職權ヲ下級監督官廳ニ委任シ又ハ輕易ナル事件ニ限リ許可ヲ受ケシメサルコトヲ得

第九章　雜則

第百五十三條　府縣知事又ハ府縣參事會ノ職權ニ屬スル事件ニシテ數府縣ニ渉ルモノアルトキハ内務大臣ハ關係府縣知事ノ具狀ニ依リ其ノ事件ヲ管理スヘキ府縣知事又ハ府縣參事會ヲ指定スヘシ

附　則

第百五十八條　本法施行ノ期日ハ勅令ヲ以テ之ヲ定ム(明治四十四年十月一日施行)

第百五十九條　本法施行ノ際現ニ町村會議員、區會議員又ハ全部事務ノ爲ニ設クル町村組合會議員ノ職ニ在ル者ハ從前ノ規定ニ依ル最近ノ定期改選期ニ於テ總テ其ノ職ヲ失フ

◎市制町村制施行令（大正十五年六月二十四日勅令第二百一號）最近改正（昭和四年六月勅令第百八十六號）（抄）

第一章　總則

第一條　市町村ノ設置アリタル場合ニ於テハ市町村長ノ臨時代理者又ハ職務管掌ノ官吏ハ歳入歳出豫算ガ市町村會ノ議決ヲ經テ成立スルニ至ル迄ノ間必要ナル收支ニ付豫算ヲ設ケ府縣知事ノ許可ヲ受クベシ

第二條　市町村ノ設置アリタル場合ニ於テハ府縣知事ハ必要ナル事項ニ付市町村條例ノ設定施行セラルルニ至ル迄ノ間從來其ノ地域ニ施行セラレタル市町村條例ヲ市町村ノ條例トシテ當該地域ニ引續キ施行スルコトヲ得

第六條　市制第十一條及町村制第九條ノ規定ニ依リ除外スベキ學生生徒左ノ如シ

一　陸軍各部依託學生生徒

二　海軍軍醫學生藥劑學生主計學生造船學生造機學生造兵學生竝ニ海軍豫備生徒及海軍豫備練習生

第二章　市町村會議員ノ選擧

第七條　市制第二十一條ノ五第三項又ハ町村制第十八條ノ五第三項ノ規定ニ依リ選擧人名簿ノ調製、縱覽、確定及異議ノ決定ニ關スル期日及期間ヲ定メタルトキハ府縣知事ハ直ニ之ヲ告示スベシ

第八條　市町村ノ境界變更アリタル場合ニ於テハ市町村長ハ選擧人名簿ヲ分割シ其ノ部分ヲ其ノ地域ノ新ニ屬シタル市町村ノ市町村長ニ送付スベシ

2　市町村ノ廢置分合アリタル場合ニ於テ名簿ノ分割ヲ以テ足ルトキハ前項ノ例ニ依リ、其ノ他ノ場合ニ於テハ從前ノ市町村ノ市町村長（又ハ市町村長ノ職務ヲ行フ者）タリシ者ハ直ニ其ノ地域ノ新ニ屬シタル市町村ノ市町村長ニ選擧人名簿ヲ送付スベシ

3　市町村長選擧人名簿ノ送付ヲ受ケタルトキハ直ニ其ノ旨ヲ告示シ併セテ之ヲ府縣知事ニ報告スベシ

第九條　前條ノ規定ニ依リ送付ヲ受ケタル選擧人名簿ハ市町村ノ廢置分合又ハ境界變更ニ係ル地域ノ新ニ屬シタル市町村ノ選擧人名簿ト看做ス

第十條　第八條ノ規定ニ依リ送付ヲ受ケタル選擧人名簿確定前ナルトキハ名簿ノ縱覽、確定及異議ノ決定ニ關スル期日及期間ハ府縣知事ノ定ムル所ニ依ル

2　前項ノ規定ニ依リ期日及期間ヲ定メタルトキハ府縣知事ハ直ニ之ヲ告示スベシ

第十一條 市制第二十五條第六項又ハ町村制第二十二條第六項ノ規定ニ依リ盲人ガ投票ニ關スル記載ニ使用スルコトヲ得ル點字ハ別表ヲ以テ之ヲ定ム

2 點字ニ依リ投票ヲ爲サントスル選擧人ハ選擧長又ハ投票分會長ニ對シ其ノ旨ヲ申立ツベシ、此ノ場合ニ於テハ選擧長又ハ投票分會長ハ投票用紙ニ點字投票ナル旨ノ印ヲ押捺シテ交付スベシ

3 點字ニ依ル投票ノ拒否ニ付テハ市制第二十五條ノ三又ハ町村制第二十二條ノ三ノ例ニ依ル、此ノ場合ニ於テハ封筒ニ點字投票ナル旨ノ印ヲ押捺シテ交付スベシ

4 前項ノ規定ニ依リ假ニ爲サシメタル投票ハ市制第二十七條ノ二第二項及第三項又ハ町村制第二十四條ノ二第二項及第三項ノ規定ノ適用ニ付テハ市制第二十五條ノ三第二項及第四項又ハ町村制第二十二條ノ三第二項及第四項ノ投票ト看做ス

第十二條 市制第二十七條ノ四又ハ町村制第二十四條ノ四ノ規定ニ依リ開票分會ヲ設ケタルトキハ市町村長ハ直ニ其ノ區劃及開票分會場ヲ告示スベシ

第十三條 開票分會ハ市町村長ノ指名シタル吏員開票分會長ト爲リ之ヲ開閉シ其ノ取締ニ任ズ

第十四條 開票分會ノ區劃内ノ投票分會ニ於テ爲シタル投票分會長少クトモ一人ノ投票立會人ト共ニ投票函ノ儘投票錄及選擧人名簿ノ抄本(又ハ選擧人名簿)ト併セテ之ヲ開票分會長ニ送致スベシ

第十五條 投票ノ點檢終リタルトキハ開票分會長ハ直ニ其ノ結果ヲ選擧長ニ報告スベシ

第十六條　開票分會長ハ開票錄ヲ作リ開票ニ關スル顚末ヲ記載シ之ヲ朗讀シ二人以上ノ開票立會人ト共ニ之ニ署名シ直ニ投票錄及投票ト併セテ之ヲ選擧長ニ送致スベシ

第十七條　選擧長ハ總テノ開票分會長ヨリ第十五條ノ報告ヲ受ケタル日若ハ其ノ翌日（又ハ總テノ投票函ノ送致ヲ受ケタル日若ハ其ノ翌日）選擧會ニ於テ選擧立會人立會ノ上其ノ報告ヲ調査シ市制第二十七條ノ二第三項又ハ町村制第二十四條ノ二第三項ノ規定ニ依リ爲シタル點檢ノ結果ト併セテ各被選擧人（市制第三十九條ノ二ノ市ニ於テハ各議員候補者）ノ得票總數ヲ計算スベシ

第十八條　選擧ノ一部無效ト爲リ更ニ選擧ヲ行ヒタル場合ニ於テハ選擧長ハ前條ノ規定ニ準ジ其ノ部分ニ付前條ノ手續ヲ爲シ他ノ部分ニ於ケル各被選擧人（市制第三十九條ノ二ノ市ニ於テハ各議員候補者）ノ得票數ト併セテ其ノ得票總數ヲ計算スベシ

第十九條　開票分會ヲ設ケタル場合ニ於テハ市町村長ハ市制第三十二條第一項又ハ町村制第二十九條第一項ノ報告ニ開票錄ノ寫ヲ添附スベシ

第二十條　市制第二十三條第五項及第六項竝ニ町村制第二十條第四項及第五項ノ規定ハ開票立會人ニ、市制第二十四條第一項及第二項竝ニ町村制第二十一條第一項及第二項ノ規定ハ開票分會場ニ、市制第二十七條ノ二、第二十七條ノ三及第二十九條竝ニ町村制第二十四條ノ二、第二十四條ノ三及第二十六條ノ規定ハ開票分會ニ於ケル開票ニ之ヲ準用ス

第二十一條　市制第八十二條第三項ノ市ハ其ノ區ヲ以テ選擧區ト爲シタル場合ニ於テハ市制第二章第一款（第十六條第三項ノ規定ヲ除ク）及本令第二十二條ノ規定ノ適用ニ付テハ之ヲ市制第六條ノ市ト看做ス

第三章　市制第三十九條ノ二ノ市ノ市會議員ノ選擧ニ關スル特例

第二十二條　議員候補者ハ選擧人名簿（選擧區アル場合ニ於テハ當該選擧區ノ選擧人名簿）ニ登錄セラレタル者ノ中ヨリ本人ノ承諾ヲ得テ選擧立會人タルベキ者一人ヲ定メ選擧ノ期日前二日目迄ニ市長（市制第六條ノ市ニ於テハ區長）ニ屆出ヅルコトヲ得

2　前項ノ規定ニ依リ屆出アリタル者（議員候補者死亡シ又ハ議員候補者タルコトヲ辭シタルトキハ其ノ屆出ニ係ル者ヲ除ク）十人ヲ超エザルトキハ直ニ其ノ者ヲ以テ選擧立會人トシ十人ヲ超ユルトキハ市長（市制第六條ノ市ニ於テハ區長）ハ其ノ者ノ中ニ就キ抽籤ニ依リ選擧立會人十人ヲ定ムベシ

3　前項ノ抽籤ハ選擧ノ期日ノ前日之ヲ行フ第一項ノ屆出ヲ爲シタル議員候補者ハ之ニ立會フコトヲ得

4　前項ノ抽籤ヲ行フベキ場所及日時ハ市長（市制第六條ノ市ニ於テハ區長）ニ於テ豫メ之ヲ告示スベシ

5　第二項ノ規定ニ依リ選擧立會人定マリタルトキハ市長（市制第六條ノ市ニ於テハ區長）ハ直ニ之ヲ本人ニ通知スベシ

6　議員候補者死亡シ又ハ議員候補者タルコトヲ辭シタルトキハ其ノ屆出ニ係ル選擧立會人ハ其ノ職ヲ失フ

7　第二項ノ規定ニ依ル選擧立會人三人ニ達セザルトキ若ハ三人ニ達セザルニ至リタルトキ又ハ選擧立會人ニシテ

參會スル者選擧會ヲ開クベキ時刻ニ至リ三人ニ達セザルトキ若ハ其ノ後三人ニ達セザルニ至リタルトキハ市長（市制第六條ノ市ニ於テハ區長）ハ選擧人名簿（選擧區アルトキハ當該選擧區ノ選擧人名簿）ニ登錄セラレタル者ノ中ヨリ三人ニ達スル迄ノ選擧立會人ヲ選任シ直ニ之ヲ本人ニ通知シ選擧ニ立會ハシムベシ

3 前七項ノ規定ハ投票立會人及開票立會人ニ之ヲ準用ス但シ選擧人名簿ニ登錄セラレタル者トアルハ分會ノ區劃內ニ於ケル選擧人名簿ニ登錄セラレタル者トス

第二十三條　市制第二十五條第五項及第七項ノ規定中被選擧人トアルハ議員候補者トシ同規定ヲ適用ス

第二十四條　投票ノ拒否ハ選擧立會人又ハ投票立會人ノ意見ヲ聽キ選擧長又ハ投票分會長之ヲ決定スベシ

2 市制第二十五條ノ三第二項乃至第四項ノ規定ハ前項ノ場合ニ之ヲ準用ス但シ投票分會長又ハ投票立會人トアルハ投票立會人トス

3 市制第二十五條ノ三第二項及第四項ノ投票ノ受理如何ハ市制第二十七條ノ二第二項ノ規定ニ拘ラズ選擧立會人又ハ開票立會人ノ意見ヲ聽キ選擧長又ハ開票分會長之ヲ決定スベシ

第二十五條　市制第二十八條ノ規定中被選擧人トアルハ議員候補者トシ同規定ヲ適用ス

2 前項ノ規定ニ依ルノ外議員候補者ニ非ザル者ノ氏名ヲ記載シタル投票ハ之ヲ無效トス

第二十六條　投票ノ效力ハ選擧立會人又ハ開票立會人ノ意見ヲ聽キ選擧長又ハ開票分會長之ヲ決定スベシ

第二十七條　市制第三十三條第一項ノ規定ハ同項第六號トシテ左ノ一號ヲ加ヘ之ヲ適用ス

6 府縣制第三十四條ノ二ノ準用ニ依ル訴訟ノ結果當選無效ト爲リタルトキ
第二十八條　市制第三十六條第一項ノ規定中選擧人トアルハ選擧人又ハ議員候補者トシ同規定ヲ適用ス
第四章　市制第三十九條ノ二ノ市ノ市會議員ノ選擧運動及其ノ費用竝ニ公立學校等ノ設備ノ使用
第二十九條　選擧事務所ハ議員候補者一人ニ付議員ノ定數（選擧區アル場合ニ於テハ當該選擧區ノ配當議員數）ヲ以テ選擧人名簿（選擧區アル場合ニ於テハ當該選擧區ノ選擧人名簿）確定ノ日ニ於テ之ニ登錄セラレタル者ノ總數ヲ除シテ得タル數一千以上ナルトキハ二箇所ヲ、一千未滿ナルトキハ一箇所ヲ超ユルコトヲ得ズ
2 選擧ノ一部無效ト爲リ更ニ選擧ヲ行フ場合又ハ市制第二十二條第四項ノ規定ニ依リ投票ヲ行フ場合ニ於テハ選擧事務所ハ前項ノ規定ニ依ル數ヲ超エザル範圍內ニ於テ府縣知事（東京府ニ於テハ警視總監）ノ定メタル數ヲ超ユルコトヲ得ズ
3 府縣知事（東京府ニ於テハ警視總監）ハ選擧ノ期日ノ告示アリタル後直ニ前二項ノ規定ニ依ル選擧事務所ノ數ヲ告示スベシ
第三十條　選擧委員及選擧事務員ハ議員候補者一人ニ付議員ノ定數（選擧區アル場合ニ於テハ當該選擧區ノ配當議員數）ヲ以テ選擧人名簿（選擧區アル場合ニ於テハ當該選擧區ノ選擧人名簿）確定ノ日ニ於テ之ニ登錄セラレタル者ノ總數ヲ除シテ得タル數一千以上ナルトキハ通ジテ十五人ヲ、一千未滿ナルトキハ通ジテ十人ヲ超ユルコトヲ得ズ

2 前條第二項及第三項ノ規定ハ選擧委員及選擧事務員ニ之ヲ準用ス
第三十一條　選擧運動ノ費用ハ議員候補者一人ニ付左ノ各號ノ額ヲ超ユルコトヲ得ズ
一　議員ノ定數(選擧區アル場合ニ於テハ當該選擧區ノ配當議員數)ヲ以テ選擧人名簿(選擧區アル場合ニ於テハ當該選擧區ノ選擧人名簿)確定ノ日ニ於テ之ニ登錄セラレタル者ノ總數ヲ除シテ得タル數ヲ四十錢ニ乘ジテ得タル額但シ三百圓未滿ナルモノハ三百圓トス
二　選擧ノ一部無效ト爲リ更ニ選擧ヲ行フ場合ニ於テハ議員ノ定數(選擧區アル場合ニ於テハ當該選擧區ノ配當議員數)ヲ以テ選擧人名簿(選擧區アル場合ニ於テハ當該選擧區ノ選擧人名簿)確定ノ日ニ於テ關係區域ノ選擧人名簿ニ登錄セラレタル者ノ總數ヲ除シテ得タル數ヲ四十錢ニ乘ジテ得タル額
三　市制第二十二條第四項ノ規定ニ依リ投票ヲ行フ場合ニ於テハ前號ノ規定ニ準ジテ算出シタル額但シ府縣知事(東京府ニ於テハ警視總監)必要アリト認ムルトキハ之ヲ減額スルコトヲ得
2 府縣知事(東京府ニ於テハ警視總監)ハ選擧ノ期日ノ告示アリタル後直ニ前項ノ規定ニ依ル額ヲ告示スベシ
第三十二條　衆議院議員選擧法施行令第八章、第九章及第十二章ノ規定ハ市制第三十九條ノ二ノ市會議員選擧ニ之ヲ準用ス

第五章　市町村吏員ノ賠償責任及身元保證

第三十三條　市町村吏員其ノ管掌ニ屬スル現金、證券其ノ他ノ財產ヲ亡失又ハ毀損シタルトキハ市町村ハ期間ヲ

指定シ其ノ損害ヲ賠償セシムベシ但シ避クベカラザル事故ニ原因シタルトキ又ハ他ノ者ノ使用ニ供シタル場合ニ於テ合規ノ監督ヲ怠ラザリシトキハ市町村ハ其ノ賠償ノ責任ヲ免除スベシ

第三十四條 收入役、副收入役若ハ收入役代理者又ハ收入役ノ事務ヲ兼掌スル町村長若ハ助役市制第百三十九條第二項又ハ町村制第百十九條第二項ノ規定ニ違反シテ支出ヲ爲シタルトキハ市町村ハ期間ヲ指定シ之ニ因リテ生ジタル損害ヲ賠償セシムベシ區收入役、區副收入役又ハ區收入役代理者ニ付亦同ジ

第三十五條 市町村吏員其ノ執務上必要ナル物品ノ交付ヲ受ケ故意又ハ怠慢ニ因リ之ヲ亡失又ハ毀損シタルトキハ市町村ハ期間ヲ指定シ其ノ損害ヲ賠償セシムベシ

第三十六條 前三條ノ處分ヲ受ケタル者其ノ處分ニ不服アルトキハ府縣參事會ニ訴願シ其ノ裁決ニ不服アルトキハ行政裁判所ニ出訴スルコトヲ得

2 前項ノ裁決ニ付テハ府縣知事又ハ市町村ヨリモ訴訟ヲ提起スルコトヲ得

3 府縣參事會訴願ヲ受理シタルトキハ其ノ日ヨリ三月以内ニ之ヲ裁決スベシ

4 市制第百六十條第一項乃至第三項又ハ町村制第百四十條第一項乃至第三項ノ規定ハ第一項及第二項ノ訴願及訴訟ニ之ヲ準用ス

第三十七條 賠償金ノ徴收ニ關シテハ市制第百三十一條又ハ町村制第百十一條ノ例ニ依ル

第三十八條 市町村吏員ニ對シ身元保證ヲ徴スルノ必要アリト認ムルトキハ市町村ハ其ノ種類、價格、程度其ノ

他必要ナル事項ヲ定ムベシ

第三十九條　本章中市町村ニ關スル規定ハ市制第六條ノ市ノ區及市制第百四十四條ノ市ノ一部及町村制第百二十四條ノ町村ノ一部ニ之ヲ準用ス

第六章　市町村稅ノ賦課徵收

第四十五條　督促ヲ爲シタル場合ニ於テハ一日ニ付稅金額ノ萬分ノ四以內ニ於テ市町村ノ定ムル割合ヲ以テ納稅期限ノ翌日ヨリ稅金完納又ハ財產差押ノ日ノ前日迄ノ日數ニ依リ計算シタル延滯金ヲ徵收スベシ但シ左ノ各號ノ一ニ該當スル場合又ハ滯納ニ付市町村長ニ於テ酌量スベキ情狀アリト認ムルトキハ此ノ限ニ在ラズ

一　令書一通ノ稅金額五圓未滿ナルトキ

二　納期ヲ繰上ゲ徵收ヲ爲ストキ

三　納稅者ノ住所及居所カ帝國內ニ在ラザル爲又ハ共ニ不明ナル爲公示送達ノ方法ニ依リ納稅ノ命令又ハ督促ヲ爲シタルトキ

2　督促狀ノ指定期限迄ニ稅金及督促手數料ヲ完納シタルトキハ延滯金ハ之ヲ徵收セズ

第五十三條　市町村ハ內務大臣及大藏大臣ノ指定シタル市町村稅ニ付テハ其ノ徵收ノ便宜ヲ有スル者ヲシテ之ヲ徵收セシムルコトヲ得

2　前項ノ市町村稅ノ徵收ニ付テハ第四十三條ノ規定ニ依ラザルコトヲ得

第五十七條　第五十三條第一項ノ規定ニ依ル徵收義務者避クベカラザル災害ニ依リ既收ノ税金ヲ失ヒタルトキハ其ノ税金拂込義務ノ免除ヲ市町村長ニ申請スルコトヲ得

2 市町村長前項ノ申請ヲ受ケタルトキハ七日以內ニ市參事會又ハ町村會ノ決定ニ付スベシ市參事會又ハ町村會ハ其ノ送付ヲ受ケタル日ヨリ三月以內ニ之ヲ決定スベシ

3 前項ノ決定ニ不服アル者ハ府縣參事會ニ訴願シ其ノ裁決又ハ第四項ノ裁決ニ不服アル者ハ內務大臣ニ訴願スルコトヲ得

4 第二項ノ決定ニ付テハ市町村長ヨリモ訴願ヲ提起スルコトヲ得

5 前二項ノ裁決ニ付テハ市町村長又ハ府縣知事ヨリモ內務大臣ニ訴願スルコトヲ得

6 府縣參事會訴願ヲ受理シタルトキハ其ノ日ヨリ三月以內ニ之ヲ裁決スベシ

7 市制第百六十條第一項乃至第三項又ハ町村制第百四十條第一項乃至第三項ノ規定ハ第三項乃至第五項ノ訴願ニ之ヲ準用ス

8 第二項ノ決定ハ文書ヲ以テ之ヲ爲シ其ノ理由ヲ附シ之ヲ本人ニ交付スベシ

◎市制町村制施行規則（大正十五年六月二十四日 內務省令第十九號）最近改正（昭和四年六月 同省令第二十二號）（抄）

第一章　市町村會議員ノ選擧

第一條　市町村制ニ規定セル市區町村ノ人口ハ内閣ニ於テ官報ヲ以テ公示シタル最近ノ人口ニ依ル

2 前項公示ノ人口現在ノ日以後ニ於テ市區町村ノ廢置分合、境界變更ヲ爲シ又ハ所屬未定地ヲ市區町村ノ區域ニ編入シタルトキハ關係市區町村ノ人口ハ左ノ區別ニ依リ府縣知事ノ告示シタル人口ニ依ル但シ市區町村ノ境界變更又ハ所屬未定地編入ノ地域ニ現住者ナキトキハ此ノ限ニ在ラズ

一　市區町村若ハ數市區町村ノ全部ノ區域ヲ以テ一市區町村ヲ置キタル場合又ハ一市區町村若ハ數市區町村ノ全部ノ區域ヲ他ノ市町區村ノ區域ニ編入シタル場合ニ於テハ關係市區町村ノ人口又ハ之ヲ集計シタルモノ

二　前號以外ノ場合ニ於テハ當該市區町村ノ人口ヲ廢置分合又ハ境界變更アリタル日ノ現在ニ依リ府縣知事ノ調査シタル人口ニ按分シテ算出シタル當該地域ノ人口又ハ其ノ人口ヲ集計シタルモノ又ハ其ノ人口ヲ關係市區町村ノ人口ニ加算シ若ハ關係市區町村ノ人口ヨリ控除シタルモノ

三　所屬未定地ヲ市區町村ニ編入シタルトキハ編入ノ日ノ現在ニ依リ府縣知事ノ調査シタル其ノ地域ノ人口ヲ關係市區町村ノ人口ニ加算シタルモノ

四　前三號ノ規定ニ依ル人口ノ告示アリタル日以後ニ於テ市區町村ノ廢置分合若ハ境界變更又ハ所屬未定地編入前ノ日ニ關スル最近ノ人口ヲ内閣ニ於テ官報ヲ以テ公示アリタルトキハ更ニ其ノ公示ニ係ル人口ヲ基礎トシ前三號ノ規定ニ依リ算出シタルモノ

3 前項ノ規定ハ市區町村ノ境界確定シタル場合ニ之ヲ準用ス

4前三項ノ人口中ニハ部隊艦船及監獄内ニ在リタル人員ヲ含マズ
第二條　市町村長（市制第六條ノ市ニ於テハ區長）投票立會人（又ハ開票立會人）ヲ選任シタルトキハ直ニ之ヲ投票分會長（又ハ開票分會長）ニ通知スベシ
第三條　市町村長（市制第六條ノ市ニ於テハ區長）必要アリト認ムルトキハ選擧會場入場券（又ハ投票分會場入場券）ヲ交付スルコトヲ得
2選擧長（又ハ投票分會長）必要アリト認ムルトキハ到著番號札ヲ選擧人ニ交付スルコトヲ得
第四條　投票記載ノ場所ハ選擧人ノ投票ヲ覗ヒ又ハ投票ノ交換其ノ他不正ノ手段ヲ用フルコト能ハザラシムル爲相當ノ設備ヲ爲スベシ
第五條　投票函ハ二重ノ蓋ヲ造リ各別ニ鎖鑰ヲ設クベシ
第六條　選擧長（又ハ投票分會長）ハ投票ヲ爲サシムルニ先チ選擧會場（又ハ投票分會場）ニ參會シタル選擧人ノ面前ニ於テ投票函ヲ開キ其ノ空虛ナルコトヲ示シタル後内蓋ヲ鎖スベシ
第七條　選擧長（又ハ投票分會長）ハ選擧立會人（又ハ投票立會人）ノ面前ニ於テ選擧人ヲ選擧人名簿（又ハ選擧人名簿ノ抄本）ニ對照シタル後投票用紙（假ニ投票ヲ爲サシムベキ選擧人ニ對シテハ併セテ封筒）ヲ公布スベシ
第八條　選擧人誤リテ投票ノ用紙又ハ封筒ヲ汚損シタルトキハ其ノ引換ヲ請求スルコトヲ得
第九條　投票ハ選擧長（又ハ投票分會長）及選擧立會人（又ハ投票立會人）ノ面前ニ於テ選擧人自ラ之ヲ投函スベシ

第十條　選擧人投票前選擧會場(又ハ投票分會場)外ニ退出シ又ハ退出ヲ命ゼラレタルトキハ選擧長(又ハ投票分會長)ハ投票用紙(交付シタル封筒アルトキハ併セテ封筒)ヲ返付セシムベシ

第十一條　投票ヲ終リタルトキハ選擧長(又ハ投票分會長)ハ投票函ノ內蓋ノ投票口及外蓋ヲ鎖シ其ノ內蓋ノ鑰ハ選擧立會人(投票分會ニ於テハ投票函ヲ送致スベキ投票立會人)之ヲ保管シ外蓋ノ鑰ハ選擧長(又ハ投票分會長)之ヲ保管スベシ

第十二條　投票函ハ其ノ閉鎖後選擧長(又ハ開票分會長)ニ送致ノ爲ノ外之ヲ會場外ニ搬出スルコトヲ得ズ

第十三條　投票ヲ點檢スルトキハ選擧長ハ選擧會ノ事務ニ從事スル者二人ヲシテ各別ニ同一被選擧人(市制第三十九條ノ二ノ市ニ於テハ議員候補者以下之ニ同ジ)ノ得票數ヲ計算セシムベシ

第十四條　前條ノ計算終リタルトキハ選擧長ハ各被選擧人ノ得票數ヲ朗讀スベシ

第十五條　前二條ノ規定ハ開票分會ヲ設ケタル場合ニ於ケル開票ニ之ヲ準用ス

2 開票分會ヲ設ケタル場合ニ於テハ選擧長ハ自ラ開票ヲ行ヒタル部分ニ付各被選擧人ノ得票數ヲ朗讀シタル後開票分會每ニ各被選擧人ノ得票數ヲ朗讀シ終リニ各被選擧人ノ得票總數ヲ朗讀スベシ

第十六條　選擧長(又ハ開票分會長)ハ投票ノ有效無效ヲ區別シ各之ヲ封筒ニ入レ二人以上ノ選擧立會人(又ハ開票立會人)ト共ニ封印ヲ施スベシ

2 受理スベカラズト決定シタル投票ハ其ノ封筒ヲ開披セズ前項ノ例ニ依リ封印ヲ施スベシ

第十七條　市制第三十九條ノ二ノ市ノ市會議員選擧ニ付テハ府縣制施行規則第五條、第七條乃至第九條及第二十二條ノ規定ヲ準用ス

第十八條　市制第三十九條ノ二ノ市ノ市會議員選擧ニ付開票分會ヲ設ケタルトキハ選擧長ハ豫メ議員候補者ノ氏名、職業、住所、生年月日其ノ他必要ナル事項ヲ當該開票分會長ニ通知スベシ、議員候補者議員候補者タルコトヲ辭シタルトキ又ハ其ノ死亡シタルコトヲ知リタルトキ亦同ジ

第十九條　點字投票ナル旨ノ印ハ投票用紙及封筒ノ表面ニ之ヲ押捺スベシ

第二十條　市町村會議員選擧人名簿及其ノ抄本ハ別記樣式ニ依リ之ヲ調製スベシ

第二十一條　選擧錄、投票錄及開票錄ハ別記樣式ニ依リ之ヲ調製スベシ

第二十二條　市制第三十九條ノ二ノ市ノ市會議員選擧ニ關スル立會人タルベキ者ノ屆出書及之ニ添附スベキ承諾書、議員候補者ノ屆出書又ハ推薦屆出書、議員候補者タルコトヲ辭スルコトノ屆出書竝ニ選擧運動ノ費用ノ精算屆書ハ府縣制施行規則別記ニ定ムル各樣式ニ準ジ之ヲ調製スベシ

第三章　市町村ノ財務

第五十三條　市町村稅其ノ他一切ノ收入ヲ歲入トシ一切ノ經費ヲ歲出トシ歲入歲出ハ豫算ニ編入スベシ

第五十三條　豫算ニ定メタル各款ノ金額ハ彼此流用スルコトヲ得ズ

2　豫算各項ノ金額ハ市町村會ノ議決ヲ經テ之ヲ流用スルコトヲ得

第五十六條　市ハ其ノ歳入歳出ニ屬スル公金ノ受拂ニ付郵便振替貯金ノ法ニ依ルコトヲ得
第五十七條　市町村ハ現金ノ出納及保管ノ爲市町村金庫ヲ置クコトヲ得
第五十八條　金庫事務ノ取扱ヲ爲サシムベキ銀行ハ市町村會ノ議決ヲ經テ市町村長之ヲ定ム
第六十一條　市町村ハ金庫事務ノ取扱ヲ爲ス者ヨリ擔保ヲ徴スベシ。其ノ種類、價格及程度ニ關シテハ市町村會ノ議決ヲ經テ市町村長之ヲ定ム
第六十二條　金庫事務ノ取扱ヲ爲ス者ノ保管スル現金ハ市町村ノ歳入歳出ニ屬スルモノニ限リ支出ニ妨ゲナキ限度ニ於テ市町村ハ其ノ運用ヲ許スコトヲ得
2前項ノ場合ニ於テハ金庫事務ノ取扱ヲ爲ス者ハ市町村ノ定ムル所ニ依リ利子ヲ市町村ニ納付スベシ
第六十四條　市町村ハ收入役ヲシテ其ノ保管ニ屬スル市町村歳計現金ヲ郵便官署又ハ銀行若ハ信用組合ニ預入セシムルコトヲ得
2前項ノ銀行及信用組合ニ付テハ府縣知事ノ許可ヲ受クルコトヲ要ス
第六十五條　第三十三條乃至前條ニ規定スルモノノ外市町村ハ府縣知事ノ許可ヲ得テ必要ナル規定ヲ設クルコトヲ得

別記

市町村會議員選擧人名簿樣式

番號	住所	生年月日	氏名

番號	住所	生年月日	氏名

備考

一　名簿ハ大字若ハ小字每ニ區別シテ調製スヘシ但シ一字若ハ數字每ニ分綴スルモ妨ゲナシ

二　市制第九條第二項又ハ町村制第七條第二項ニ依ル者ニ付テハ氏名欄ニ「特免」ト附記シ又市制第七十六條第七十九條第二項又ハ町村制第六十三條第四項、第六十七條第三項ノ規定ニ依リ公民タル者ニ付テハ末尾ニ其ノ職氏名ノミヲ記載スヘシ

三　決定、裁決、判決等ニ依リ名簿ヲ修正シタルトキハ其ノ旨及修正ノ年月日ヲ欄外ニ記載シ職印ヲ押捺スヘシ

四　名簿ノ表紙及卷末ニハ左ノ通記載スヘシ

五　選擧區アルトキハ前各號ニ準ジ各選擧區每ニ名簿ヲ調製スヘシ

（表紙）

大正何年何月何日現現在調 市（町）（村）會議員選擧人名簿 何府（縣）何市（何選擧區）（何郡 何町（村））（大字若ハ小字何々）

（卷末）

此ノ選舉人名簿ハ大正何年何月何日ヨリ何日間何市役所（何町（村）役場（何ノ場所））ニ於テ縦覧セシメ大正何年何月何日ヲ以テ確定セリ

何府（縣）何市（何郡何町（村））長　氏　名　印

市町村會議員選舉人名簿抄本樣式

番號	住所	生年月日	氏名

番號	住所	生年月日	氏名

備考

一　選擧人名簿ヲ修正シタルトキハ此ノ選擧人名簿ノ抄本ヲモ修正シ其ノ旨及修正ノ年月日ヲ欄外ニ記載シ職印ヲ押捺スベシ

二　名簿抄本ノ表紙及卷末ニハ左ノ通記載スベシ

（表紙）

大正何年何月何日現在調

市（町）（村）會議員選擧人名簿抄本

何府（縣）何市（何選擧區）（何郡何町（村））會議員選擧第一（何々）投票分會

（卷末）

此ノ選擧人名簿抄本ハ大正何年何月何日確定ノ選擧人名簿ニ依リ之ヲ調製セリ

何府(縣)何市(何郡何町(村))長　氏　名　印

選擧錄樣式

大正何年何月何日執行何府(縣)何市(何郡何町(村))會議員選擧會選擧錄

一　選擧會場ハ何市役所(何町(村)役場)(何ノ場所)ニ之ヲ設ケタリ

二　左ノ選擧立會人ハ何レモ選擧會ヲ開クベキ時刻迄ニ選擧會ニ參會シタリ

住所　氏　名

住所　氏　名

選擧會ヲ開クベキ時刻ニ至リ選擧立會人中何人參會セザルニ依リ市(町)(村)長ハ臨時ニ選擧人名簿ニ登錄セラレタル者ノ中ヨリ左ノ者ヲ選擧立會人ニ選任シタリ

住所　氏　名

三　選擧會ハ何年何年何月何日午前(午後)何時ニ之ヲ開キタリ

四　選擧立會人中氏名ハ一旦參會シタルモ午前(午後)何時何々ノ事故ヲ以テ其ノ職ヲ辭シタル爲其ノ定數ヲ

闕キタルニ依リ市(町)(村)長ハ臨時ニ選擧人名簿ニ登錄セラレタル者ノ中ヨリ午前(午後)何時左ノ者ヲ選擧立會人ニ選任シタリ

住所　氏　名

選擧立會人中氏名ハ一旦參會シタルモ午前(午後)何時何々ノ事故ヲ以テ其ノ職ヲ辭シタルモ尙選擧立會人ハ二人(三人)在リ其ノ闕員ヲ補フノ必要ナキヲ認メ其ノ補闕ヲ爲サザル旨ヲ宣言シタリ

五　選擧長ハ選擧立會人ト共ニ投票ニ先チ選擧會ニ參會シタル選擧人ノ面前ニ於テ投票函ヲ開キ其ノ空虛ナルコトヲ示シタル後內蓋ヲ鎖シ選擧長及選擧立會人ノ列席スル面前ニ之ヲ置キタリ

六　選擧長ハ選擧立會人ノ面前ニ於テ選擧人ヲ選擧人名簿ニ對照シタル後(到著番號札ト引換ニ)投票用紙ヲ交付シタリ

七　選擧人ハ自ラ投票ヲ認メ選擧長及選擧立會人ノ面前ニ於テ之ヲ投函シタリ

八　左ノ選擧人ハ選擧人名簿ニ登錄セラルベキ確定裁決書(判決書)ヲ所持シ選擧會場ニ到リタルニ依リ選擧長ハ之ヲシテ投票ヲ爲サシメタリ

住所　氏　名

九　左ノ選擧人ハ點字ニ依リ投票ヲ爲サントスル旨ヲ申立デタルヲ以テ選擧長ハ投票用紙ニ點字投票ナル旨ノ印ヲ押捺シテ交付シ投票ヲ爲サシメタリ

十　左ノ選擧人ニ對シテハ何々ノ事由ニ因リ選擧立會人ノ決定ヲ以テ（選擧立會人可否同數ナルニ依リ選擧長ノ決定ヲ以テ）投票ヲ拒否シタリ

住所　氏　名

十一　左ノ選擧人ニ對シテハ何々ノ事由ニ因リ選擧立會人ノ決定ヲ以テ（選擧立會人可否同數ナルニ依リ選擧長ノ決定ヲ以テ）點字投票ヲ拒否シタリ

住所　氏　名

十二　左ノ選擧人ハ誤リテ投票用紙（封筒）ヲ汚損シタル旨ヲ以テ更ニ之ヲ請求シタルニ依リ其ノ相違ナキヲ認メ之ト引換ニ投票用紙（封筒）ヲ交付シタリ

住所　氏　名

十三　左ノ選擧人ハ選擧會場ニ於テ演說討論ヲ爲シ（喧擾ニ渉リ）（投票ニ關シ協議ヲ爲シ）（何々ヲ爲シ）選擧會場ノ秩序ヲ紊シタルニ依リ選擧長ニ於テ之ヲ制止シタルモ其ノ命ニ從ハザルヲ以テ投票用紙（到著番號札）ヲ返付セシメ之ヲ選擧會場外ニ退出セシメタリ

住所　氏　名

十四　選擧長ハ選擧會場外ニ退出ヲ命ジタル左ノ選擧人ニ對シ選擧會場ノ秩序ヲ紊スノ虞ナシト認メ投票ヲ

爲サシメタリ

選擧長ニ於テ選擧會場外ニ退出ヲ命ジタル左ノ選擧人ハ最後ニ入場シテ投票ヲ爲シタリ

住所　氏名

住所　氏名

十五　午前(午後)何時ニ至リ選擧長ハ投票時間ヲ終リタル旨ヲ告ゲ選擧會場ノ入口ヲ鎖シタリ

十六　午前(午後)何時選擧會場ニ在ル選擧人ノ投票結了シタルヲ以テ選擧長ハ選擧立會人ト共ニ投票函ノ内蓋ノ投票口及外蓋ヲ鎖シタリ

十七　投票函ヲ閉鎖シタルニ依リ其ノ内蓋ノ鑰ハ左ノ選擧立會人之ヲ保管シ外蓋ノ鑰ハ選擧長之ヲ保管ス

氏名

十八　選擧會ニ於テ投票ヲ爲シタル選擧人ノ總數　何人

内

選擧人名簿ニ登錄セラレタル選擧人ニシテ投票ヲ爲シタル者　何人

確定裁決書(判決書)ニ依リ投票ヲ爲シタル者　何人

投票拒否ノ決定ヲ受ケタル者ノ總數　何人

十九　各投票分會長ヨリ投票函等左ノ如ク到著セリ

第一（何々）投票分會ノ投票函ハ投票分會長職氏名及投票立會人氏名携帶シ何月何日午前（午後）何時著之ヲ檢スルニ異狀ナシ

第二（何々）投票分會ノ投票函何々

二十　大正何年何月何日選擧長ハ（總テノ投票函ノ送致ヲ受ケタルヲ以テ其ノ當日（翌日））午前（午後）何時ヨリ開票ヲ開始シタリ

二十一　選擧長ハ選擧立會人立會ノ上逐次投票函ヲ開キ投票ノ總數ト投票人ノ總數トヲ計算シタルニ左ノ如シ

投票總數	何　　票
投票人總數	何　　人
外	
外假ニ爲シタル投票數	何　　票
假ニ爲シタル投票人數	何　　人

投票總數ト投票人總數ト符合ス（投票總數ト投票人總數ト符合セズ即チ投票總數ニ比シ何票多シ（少シ）（其ノ理由ノ明カナルモノハ之ヲ記載スベシ））

二十二　投票分會ニ於テ拒否ノ決定ヲ受ケタル者ニシテ假ニ投票ヲ爲シタル者左ノ如シ

住所氏名
住所氏名

選舉長ハ右ノ投票ヲ調査シ選舉立會人左ノ通之ヲ決定シタリ（選舉長ハ右ノ投票ヲ調査シ選舉立會人ノ決定ニ付シタルニ可否同數ナルニ依リ選舉長左ノ通之ヲ決定シタリ）

受理セシモノ

一事由何々　住所氏名

一事由何々　住所氏名

受理セザリシモノ

一事由何々　住所氏名

二十三　選舉長ハ（假ニ爲シタル投票ニシテ受理スベキモノト決定シタル投票ノ封筒ヲ開披シタル上）總テノ投票ヲ混同シ選舉立會人ト共ニ之ヲ點檢シタリ

二十四　選舉事務ニ從事スル職氏名及職氏名ノ二人ハ各別ニ同一被選舉人ノ得票數ヲ計算シタリ

二十五　有效又ハ無效ト決定シタル投票左ノ如シ

（一）選舉立會人ニ於テ決定シタル投票數　何票

内

一有效ト決定シタルモノ　何　票
一無效ト決定シタルモノ　何　票
內
一成規ノ用紙ヲ用ヒザルモノ　何　票
二現ニ市〔町（村）〕會議員ノ職ニ在ル者ノ氏名ヲ記載シタルモノ　何　票
三、、、、、、　何　票
(二)選擧立會人ノ決定ニ付シタルニ可否同數ナルニ依リ選擧長ニ於テ決定シタル投票數　何　票
內
一有效ト決定シタルモノ　何　票
一無效ト決定シタルモノ　何　票
內
一成規ノ用紙ヲ用ヒザルモノ　何　票
二現ニ市〔町（村）〕會議員ノ職ニ在ル者ノ氏名ヲ記載シタルモノ　何　票
三、、、、、、　何　票

（三）投票總數　何票

内

一有效ト決定シタルモノ　何票

一無效ト決定シタルモノ　何票

内

一成規ノ用紙ヲ用ヒザルモノ　何票

二現ニ市（町（村））會議員ノ職ニ在ル者ノ氏名ヲ記載シタルモノ　何票

三、、、、、、　何票

二十六　午前（午後）何時投票ノ點檢ヲ終リタルヲ以テ選擧長ハ各被選擧人ノ得票數ヲ朗讀シタリ

二十七　各被選擧人ノ得票數左ノ如シ

何票　氏名

何票　氏名

二十八　選擧長ハ點檢濟ニ係ル投票ノ有效無效及受理スベカラズト決定シタル投票ヲ大別シ尙有效ノ決定アリタル投票ニ在リテハ得票者毎ニ之ヲ區別シ無效ノ決定アリタル投票ニ在リテハ之ヲ類別シ各之ヲ一括シ更ニ有效無效及受理スベカラズト決定シタル投票別ニ之ヲ封筒ニ入レ選擧立會人ト共ニ封印ヲ施シタリ

二十九　選擧長ハ選擧立會人立會ノ上逐次開票分會長ノ報告ヲ調査シ自ラ開票ヲ行ヒタル部分ニ付各被選擧人ノ得票數ヲ朗讀シタル後開票分會毎ニ各被選擧人ノ得票數ヲ朗讀シ終リニ各被選擧人ノ得票總數ヲ朗讀シタリ

三十　開票分會長ノ報告ノ結果ト選擧會ニ於テ爲シタル點檢ノ結果ト併セタル各被選擧人ノ得票總數左ノ如シ

何　票　　氏　名
何　票　　氏　名

三十一　議員定數何人ヲ以テ有效投票ノ總數何票ヲ除シテ得タル數ハ何票ニシテ此ノ六分ノ一ノ數ハ何票ナリ
被選擧人中其ノ得票數此ノ數ニ達スル者左ノ如シ

何　票　　氏　名
何　票　　氏　名

右ノ内有效投票ノ最多數ヲ得タル左ノ何人ヲ以テ當選者トス

氏　名
氏　名

但シ氏名及氏名ハ得票ノ數相同ジキニ依リ其ノ年齢ヲ調査スルニ氏名ハ何年何月何日生、氏名ハ何年何月何日生ニシテ氏名年長者ナルヲ以テ氏名ヲ以テ當選者ト定メタリ（同年月日ナルヲ以テ選擧長ニ於テ抽籤シタルニ氏名當籤セリ依テ氏名ヲ以テ當選者ト定メタリ）

三十二　午前（午後）何時選擧事務ヲ結了シタリ

三十三　左ノ者ハ選擧會ノ事務ニ從事シタリ

職　氏　名

職　氏　名

三十四　選擧會ニ臨監シタル官吏左ノ如シ

官職　氏　名

選擧長ハ此ノ選擧錄ヲ作リ之ヲ朗讀シタル上選擧立會人ト共ニ玆ニ署名ス

大正何年何月何日

選擧長　何府（縣）何市（何郡何町（村））長　氏　名

選擧立會人　氏　名

氏　名

備考

一 市制第三十九條ノ二ノ市ニ於ケル選擧錄ハ府縣制施行規則第二十九條投票錄樣式及選擧錄樣式ノ一ノ例ニ依リ之ヲ記載スベシ

二 市制第三十九條ノ二ノ市ニ於テ屆出アリタル議員候補者ノ數選擧スベキ議員ノ數ヲ超エザル爲投票ヲ行ハザルトキハ府縣制施行規則第二十九條選擧錄樣式ノ二ノ例ニ依リ之ヲ記載スベシ

三 樣式ニ揭グル事項ノ外選擧長ニ於テ選擧ニ關シ緊要ト認ムル事項アルトキハ之ヲ記載スベシ

投票錄樣式

大正何年何月何日執行何府(縣)何市(何郡何町(村))
會議員選擧第一(何々)投票分會投票錄

一 投票分會ハ何市役所(何町(村)役場)(何ノ場所)ニ之ヲ設ケタリ

二 左ノ投票立會人ハ何レモ投票分會ヲ開クベキ時刻迄ニ投票分會ニ參會シタリ

住所　氏　名

住所　氏　名

投票分會ヲ開クベキ時刻ニ至リ投票立會人中何人參會セザルニ依リ市(町)(村)長ハ臨時ニ投票分會ノ區劃內

ニ於ケル選擧人名簿ニ登錄セラレタル者ノ中ヨリ左ノ者ヲ投票立會人ニ選任シタリ

住所　氏　名

三　投票分會ハ大正何年何月何日午前(午後)何時ニ之ヲ開キタリ

四　投票立會人中氏名ハ一旦參會シタルモ午前(午後)何時何々ノ事故ヲ以テ其ノ職ヲ辭シタル爲其ノ定數ヲ闕キタルニ依リ市(町)(村)長ハ臨時ニ投票分會ノ區劃内ニ於ケル選擧人名簿ニ登錄セラレタル者ノ中ヨリ午前(午後)何時左ノ者ヲ投票立會人ニ選任シタリ

住所　氏　名

投票立會人中氏名ハ一旦參會シタルモ午前(午後)何時何々ノ事故ヲ以テ其ノ職ヲ辭シタルモ尙投票立會人ハ二人(三人)在リ其ノ闕員ヲ補フノ必要ナキヲ認メ其ノ補闕ヲ爲サザル旨ヲ宣言シタリ

五　投票分會長ハ投票立會人ト共ニ投票ニ先チ投票分會ニ參會シタル選擧人ノ面前ニ於テ投票函ヲ開キ其ノ空虛ナルコトヲ示シタル後内蓋ヲ鎖シ投票分會長及投票立會人ノ列席スル面前ニ之ヲ置キタリ

六　投票分會長ハ投票立會人ノ面前ニ於テ選擧人ヲ選擧人名簿ノ抄本ニ對照シタル後(到著番號札ト引換ニ)投票用紙ヲ交付シタリ

七　選擧人ハ自ラ投票ヲ認メ投票分會長及投票立會人ノ面前ニ於テ之ヲ投函シタリ

八　左ノ選擧人ハ選擧人名簿ニ登錄セラルベキ確定裁決書(判決書)ヲ所持シ投票分會場ニ到リタルニ依リ投票

分會長ハ之ヲシテ投票ヲ爲サシメタリ

住所　氏　名

九　左ノ選擧人ハ點字ニ依リ投票ヲ爲サントスル旨ヲ申立テタルヲ以テ投票分會長ハ投票用紙ニ點字投票ナル旨ノ印ヲ押捺シテ交付シ投票ヲ爲サシメタリ

住所　氏　名

十　左ノ選擧人ニ對シテハ何々ノ事由ニ因リ投票立會人ノ決定ヲ以テ（投票立會人可否同數ナルニ依リ投票分會長ノ決定ヲ以テ）投票ヲ拒否シタリ

住所　氏　名

左ノ選擧人ニ對シテハ何々ノ事由ニ因リ投票立會人ノ決定ヲ以テ（投票立會人可否同數ナルニ依リ投票分會長ノ決定ヲ以テ）投票ヲ拒否シタルモ同選擧人ニ於テ不服ヲ申立テタルヲ以テ（投票分會長又ハ投票立會人氏名ニ於テ異議アリシヲ以テ）投票用紙ト共ニ封筒ヲ交付シ假ニ投票ヲ爲サシメタリ

住所　氏　名

十一　左ノ選擧人ニ對シテハ何々ノ事由ニ因リ投票立會人ノ決定ヲ以テ（投票立會人可否同數ナルニ依リ投票分會長ノ決定ヲ以テ）點字投票ヲ拒否シタリ

住所　氏　名

左ノ選擧人ニ對シテハ何々ノ事由ニ因リ投票立會人ノ決定ヲ以テ（投票立會人可否同數ナルニ依リ投票分會長ノ決定ヲ以テ）投票ヲ拒否シタルモ同選擧人ニ於テ不服ヲ申立テタルヲ以テ（投票分會長又ハ投票立會人氏名ニ於テ異議アリシヲ以テ）投票用紙及封筒ニ點字投票ナル旨ノ印ヲ押捺シテ交付シ假ニ點字投票ヲ爲サシメタリ

住所　氏　名

十二　左ノ選擧人ハ誤リテ投票用紙（封筒）ヲ汚損シタル旨ヲ以テ更ニ之ヲ請求シタルニ依リ其ノ相違ナキヲ認メ之ト引換ニ投票用紙（封筒）ヲ交付シタリ

住所　氏　名

十三　左ノ選擧人ハ投票分會場ニ於テ演說討論ヲ爲シ（喧擾ニ渉リ）（投票ニ關シ協議ヲ爲シ）（何々ヲ爲シ）投票分會場ノ秩序ヲ紊シタルニ依リ投票分會長ニ於テ之ヲ制止シタルモ其ノ命ニ從ハザルヲ以テ投票用紙（投票用紙及封筒）（到著番號札）ヲ返付セシメ之ヲ投票分會場外ニ退出セシメタリ

住所　氏　名

十四　投票分會長ハ投票分會場外ニ退出ヲ命ジタル左ノ選擧人ニ對シ投票分會場ノ秩序ヲ紊スノ虞ナシト認メ投票ヲ爲サシメタリ

住所　氏　名

投票分會長ニ於テ投票分會場外ニ退出ヲ命ジタル左ノ選擧人ハ最後ニ入場シテ投票ヲ爲シタリ

住所　氏名

十五　午前（午後）何時ニ至リ投票分會長ハ投票時間ヲ終リタル旨ヲ告ゲ投票分會場ノ入口ヲ鎖シタリ

十六　午前（午後）何時投票分會場ニ在ル選擧人ノ投票結了シタルヲ以テ投票分會長ハ投票立會人ト共ニ投票函ノ内蓋ノ投票口及外蓋ヲ鎖シタリ

十七　投票函ヲ閉鎖シタルニ依リ其ノ内蓋ノ鑰ハ投票函ヲ送致スベキ左ノ投票立會人之ヲ保管シ外蓋ノ鑰ハ投票分會長之ヲ保管ス

氏名

十八　投票函及投票錄（選擧人名簿ノ抄本）ヲ選擧長（第一（何々）開票分會長）ニ送致スベキ投票立會人左ノ如シ

氏名

十九　投票分會場ニ於テ投票ヲ爲シタル選擧人ノ總數　何人

内

選擧人名簿ノ抄本ニ記載セラレタル選擧人ニシテ投票ヲ爲シタル者　何人

確定裁決書（判決書）ニ依リ投票ヲ爲シタル者　何人

投票拒否ノ決定ヲ受ケタル者ノ總數　何　人

内

假ニ投票ヲ爲サシメタル者　何　人

二十　午前(午後)何時投票分會ノ事務ヲ結了シタリ

二十一　左ノ者ハ投票分會ノ事務ニ從事シタリ

職　氏　名

職　氏　名

二十二　投票分會場ニ臨監シタル官吏左ノ如シ

官　職　氏　名

投票分會長ハ此ノ投票錄ヲ作リ之ヲ朗讀シタル上投票立會人ト共ニ茲ニ署名ス

大正何年何月何日

投票分會長

職　氏　名

投票立會人

氏　名

氏　　　名

備考

一　市制第三十九條ノ二ノ市ニ於ケル投票錄ハ府縣制施行規則第二十九條投票錄樣式ノ例ニ依リ之ヲ記載スベシ

二　樣式ニ掲グル事項ノ外投票分會長ニ於テ投票ニ關シ緊要ト認ムル事項アルトキハ之ヲ記載スベシ

開票錄樣式

大正何年何月何日執行何府（縣）何市（何郡何町（村））
會議員選擧第一（何々）開票分會開票錄

一　開票分會ハ何市役所（何町（村）役場）（何ノ場所）ニ之ヲ設ケタリ

二　左ノ開票立會人ハ何レモ開票分會ヲ開クベキ時刻迄ニ開票分會ニ參會シタリ

住所　氏　　名

住所　氏　　名

開票分會ヲ開クベキ時刻ニ至リ開票立會人中何人參會セザルニ依リ市（町）（村）長ハ臨時ニ開票分會ノ區劃内ニ於ケル選擧人名簿ニ登錄セラレタル者ノ中ヨリ左ノ者ヲ開票立會人ニ選任シタリ

三　開票分會ハ大正何年何月何日午前（午後）何時ニ之ヲ開キタリ

住所氏名

四　開票立會人中氏名ハ一旦參會シタルモ午前（午後）何時何々ノ事故ヲ以テ其ノ職ヲ辭シタル爲其ノ定數ヲ闕キタルニ依リ市（町）（村）長ハ臨時ニ開票分會ノ區劃内ニ於ケル選擧人名簿ニ登錄セラレタル者ノ中ヨリ午前（午後）何時左ノ者ヲ開票立會人ニ選任シタリ

住所氏名

開票立會人中氏名ハ一旦參會シタルモ午前（午後）何時何々ノ事故ヲ以テ其ノ職ヲ辭シタルモ尚開票立會人ハ二人（三人）在リ其ノ闕員ヲ補フノ必要ナキヲ認メ其ノ補闕ヲ爲サザル旨ヲ宣言シタリ

五　開票分會ノ區劃内ノ各投票分會長ヨリ投票函等左ノ如ク到著セリ

第一（何々）投票分會ノ投票函ハ投票分會長職氏名及投票立會人氏名携帶シ何月何日午前（午後）何時著之ヲ檢スルニ異狀ナシ

第二（何々）投票分會ノ投票函何々

六　大正何年何月何日開票分會長ハ開票分會ノ區劃内ノ投票分會長ヨリ投票函ノ送致ヲ受ケタルヲ以テ其ノ當日（翌日）午前（午後）何時ヨリ開票ヲ開始シタリ

七　開票分會長ハ開票立會人立會ノ上逐次投票函ヲ開キ投票ノ總數ト投票人ノ總數トヲ計算シタルニ左ノ如シ

投票總數　何票
投票人總數　何人
外
假ニ爲シタル投票數　何票
假ニ爲シタル投票人數　何人
投票總數ト投票人總數ト符合ス（投票總數ト投票人總數ト符合セス即チ投票總數ニ比シ何票多シ（少シ）（其ノ理由ノ明カナルモノハ之チ記載スヘシ））

八　投票分會ニ於テ拒否ノ決定チ受ケタル者ニシテ假ニ投票チ爲シタル者左ノ如シ

住所　氏　名

住所　氏　名

開票分會長ハ右ノ投票チ調査シ開票立會人左ノ通之チ決定シタリ（開票分會長ハ右ノ投票チ調査シ開票立會人ノ決定ニ付シタルニ可否同數ナルニ依リ開票分會長左ノ通之チ決定シタリ）

受理セシモノ

一事由何々　住所　氏　名

一事由何々　住所　氏　名

受理セザリシモノ

一事由何々　　　住所　氏　名

九　開票分會長ハ(假ニ爲シタル投票ニシテ受理スベキモノト決定シタル投票ノ封筒ヲ開披シタル上)總テノ投票ヲ混同シ開票立會人ト共ニ之ヲ點檢シタリ

十　開票事務ニ從事スル職氏名及職氏名ノ二人ハ各別ニ同一被選擧人ノ得票數ヲ計算シタリ

十一　有效又ハ無效ト決定シタル投票左ノ如シ

(一)　開票立會人ニ於テ決定シタル投票數　何票

内

一有效ト決定シタルモノ　何票

一無效ト決定シタルモノ　何票

内

一成規ノ用紙ヲ用ヒザルモノ　何票

二現ニ市(町(村))會議員ノ職ニ在ル者ノ氏名ヲ記載シタルモノ　何票

三、、、、、、　何票

（二）開票立會人ノ決定ニ付シタルニ可否同數ナルニ依リ開票分會長ニ於テ決定シタル投票數　何　票

内

一有效ト決定シタルモノ　何　票

一無效ト決定シタルモノ　何　票

内

一成規ノ用紙ヲ用ヒザルモノ　何　票

二現ニ市（町（村））會議員ノ職ニ在ル者ノ氏名ヲ記載シタルモノ　何　票

三ヽヽヽヽヽ　何　票

（三）投票總數　何　票

内

一有效ト決定シタルモノ　何　票

一無效ト決定シタルモノ　何　票

内

一成規ノ用紙ヲ用ヒザルモノ　何　票

二現ニ市（町（村））會議員ノ職ニ在ル者ノ氏名ヲ記載シタルモノ　何　票
三ヽヽヽヽヽヽ　何　票

十二　午前（午後）何時投票ノ點檢ヲ終リタルヲ以テ開票分會長ハ各選擧人ノ得票數ヲ朗讀シタリ

十三　各被選擧人ノ得票數左ノ如シ

何　票　氏　名
何　票　氏　名

十四　開票分會長ハ點檢濟ニ係ル投票ノ有效無效及受理スヘカラスト決定シタル投票ヲ大別シ尙有效ノ決定アリタル投票ニ在リテハ得票者每ニ之ヲ區別シ無效ノ決定アリタル投票ニ在リテハ之ヲ類別シ各之ヲ一括シ更ニ有效無效及受理スヘカラスト決定シタル投票別ニ之ヲ封筒ニ入レ開票立會人ト共ニ封印ヲ施シタリ

十五　午前（午後）何時開票分會ノ事務ヲ結了シタリ

十六　左ノ者ハ開票分會ノ事務ニ從事シタリ

職　氏　名
職　氏　名

十七　開票分會ニ臨監シタル官吏左ノ如シ

官　職　氏　名

開票分會長ハ此ノ開票錄ヲ作リ之ヲ朗讀シタル上開票立會人ト共ニ玆ニ署名ス

大正何年何月何日

開票分會長

職　氏　名

開票立會人

氏　名

氏　名

備考

一　市制第三十九條ノ二ノ市ニ於ケル開票錄ハ府縣制施行規則第二十九條開票錄樣式ノ例ニ依リ之ヲ記載スベシ

二　樣式ニ揭グル事項ノ外開票分會長ニ於テ開票ニ關シ緊要ト認ムル事項アルトキハ之ヲ記載スベシ

市町村歲入歲出豫算樣式

大正何年度何府（縣）何市［何郡何町（村）］歲入歲出豫算

歲　入

一金　　歲入豫算高

又ハ

一金　　經常部豫算高

一金　　臨時部豫算高

合計金

歳　出

一金　　歳出豫算高

又ハ

一金　　經常部豫算高

一金　　臨時部豫算高

合計金

歳入歳出差引

殘　金（ナシ）

歳計剩餘金ヲ翌年度ニ繰越サズシテ基本財產ニ編入セントスル場合ニハ左ノ通記載スベシ

歳計剩餘金ハ全部基本財產ニ編入

又ハ

歳計剩餘金ノ内何步基本財産ニ編入

繼續費ノ年期及支出方法樣式

自大正何年度
至大正何年度　何府(縣)何市(何郡何町(村))何費繼續年期及支出方法

一金　何費中何費

内譯

金　大正何年度支出額

金　大正何年度支出額

右何々(議決ヲ要スベキ事業ノ大要ヲ記載ス)

大正何年何月何日提出

何府(縣)何市(何郡何町(村))長　氏　名

何府(縣)何市(何郡何町(村))繼續費何費收支計算表(略)

◉府縣制準用選擧市區指定令(大正十五年六月二十四日勅令第二百十一號)最近改正(昭和三年九月勅令第二百二十號)

第一條　市制第三十九條ノ二ノ規定ニ依リ市ヲ指定スルコト左ノ如シ

東京市	京都市	大阪市	堺市	横濱市	横須賀市
川崎市	神戸市	姫路市	長崎市	佐世保市	新潟市
長岡市	前橋市	宇都宮市	津市	名古屋市	豐橋市
靜岡市	濱松市	甲府市	岐阜市	長野市	松本市
仙臺市	青森市	山形市	福井市	金澤市	富山市
岡山市	廣島市	呉市	下關市	和歌山市	德島市
高松市	松山市	高知市	福岡市	久留米市	門司市
大牟田市	八幡市	大分市	熊本市	鹿兒島市	那覇市
札幌市	函館市	小樽市	旭川市	室蘭市	高崎市
盛岡市	小倉市	岡崎市			

第二條 市制第三十九條ノ二ノ規定ニ依リ區ヲ指定スルコト左ノ如シ

東京市ノ區

附　則

本令ハ次ノ總選擧ヨリ之ヲ施行ス

◉府縣制（明治三十二年三月十六日法律第六十四號）最近改正（昭和四年同第五十五號）（抄）

第四十一條　縣會ノ議決スヘキ事件左ノ如シ

一　府縣條例及府縣規則ヲ設ケ又ハ改廢スルコト

二　歲入出豫算ヲ定ムル事

三　決算報告ニ關スル事

四　法律命令ニ定ムルモノヲ除ク外使用料手數料府縣稅及夫役現品ノ賦課徵收ニ關スル事

五　不動產ノ處分竝買受讓受ニ關スル事

六　積立金穀等ノ設置及處分ニ關スル事

七　歲入出豫算ヲ以テ定ムルモノヲ除ク外新ニ義務ノ負擔ヲ爲シ及權利ノ拋棄ヲ爲ス事

八　財產及營造物ノ管理方法ヲ定ムル事但シ法律命令中別段ノ規定アルモノハ此ノ限ニ在ラス

九　其ノ他法律命令ニ依リ府縣會ノ權限ニ屬スル事項

第四十二條　府縣會ハ其ノ權限ニ屬スル事項ヲ府縣參事會ニ委任スルコトヲ得

第四十三條　府縣會ハ法律命令ニ依リ選擧ヲ行フヘシ

第四十四條　府縣會ハ府縣ノ公益ニ關スル事件ニ付意見書ヲ關係行政廳ニ提出スルコトヲ得

第四十五條　府縣會ハ官廳ノ諮問アルトキハ意見ヲ答申スヘシ

2府縣會ノ意見ヲ徵シテ處分ヲ爲スヘキ場合ニ於テ府縣會招集ニ應セス若ハ成立セス又ハ意見ヲ提出セサルトキハ當該官廳ハ其ノ意見ヲ俟タスシテ直ニ處分ヲ爲スコトヲ得

第五十條　府縣會ハ通常會及臨時會トス

2通常會ハ毎年一回之ヲ開ク其ノ會期ハ三十日以内トス臨時會ハ必要アル場合ニ於テ其ノ事件ニ限リ之ヲ開ク其ノ會期ハ七日以内トス

3府縣知事必要アリト認ムルトキハ前項ノ規定ニ拘ラズ三日以内府縣會ノ會期ヲ延長スルコトヲ得

4前項ノ規定ニ依リ府縣會ノ會期ヲ延長シタルトキハ府縣知事ハ直ニ之ヲ告示スベシ

5臨時會ニ付スベキ事件ハ府縣知事豫メ之ヲ告示スベシ

6臨時會開會中急施ヲ要スル事件アルトキハ第二項及前項ノ規定ニ拘ラズ直ニ之ヲ其ノ會議ニ付スルコトヲ得

第五十一條　府縣會ハ府縣知事之ヲ招集ス議員定數ノ三分ノ一以上ヨリ會議ニ付スベキ事件ヲ示シテ臨時會招集ノ請求アルトキハ府縣知事之ヲ招集スベシ

2招集ハ開會ノ日前十四日目マテニ告示スヘシ但シ急施ヲ要スル場合ハ此ノ限ニ在ラス

3府縣會ハ府縣知事之ヲ開閉ス

◉地方議會ノ選擧運動ノ爲ニスル文書圖畫ニ關スル件（大正十五年六月二十四日内務省令第二十一號）

改正（昭和四年二月同省令第四號）

北海道會、府縣會、市會（市制第六條ノ市ノ區ノ區會ヲ含ム）及町村會ノ議員ノ選擧ニ付テハ大正十五年内務省令第五號選擧運動ノ爲ニスル文書圖畫ニ關スル件ヲ準用ス但シ同令第三條中百五十箇トアルハ左ノ各號ニ依ル

一　北海道會議員、府縣會議員及市制第三十九條ノ二ノ市（又ハ區）ノ市會議員（又ハ區會議員）ノ選擧ニ付テハ四十五箇

二　前號ノ市（又ハ區）以外ノ市（又ハ區）ノ市會議員（又ハ區會議員）及町村會議員ノ選擧ニ付テハ十五箇

附　則

本令ハ次ノ總選擧ヨリ之ヲ施行ス

本令施行ノ際大正十五年内務省令第五號選擧運動ノ爲ニスル文書圖畫ニ關スル件未タ施行セラレサル場合ニ於テハ本令ノ適用ニ付テハ同令ハ既ニ施行セラレタルモノト看做ス

附　則（昭和四年内務省令第四號）

本令ハ昭和四年三月十日以後ニ於テ行フ選擧ニ關スルモノヨリ之ヲ適用ス

◉選擧運動ノ爲ニスル文書圖畫ニ關スル件（大正十五年二月三日内務省令第五號）改正（昭和四年二月同省令第三號、同五年一月同省令第四號）

大正十四年法律第四十七號衆議院議員選擧法第百條ニ依リ選擧運動ノ爲頒布シ又ハ揭示スル文書圖畫ノ制限ニ關スル件左ノ通定ム

第一條　選擧運動ノ爲文書圖畫（信書ヲ除ク以下之ニ同シ）ヲ頒布シ又ハ揭示スル者ハ表面ニ其ノ氏名及住居ヲ記載スヘシ但シ名刺及選擧事務所ニ揭示スルモノニ付テハ此ノ限ニ在ラス

第一條ノ二　選擧運動ノ爲ニスル文書圖畫ハ郵便又ハ新聞紙ノ廣告ニ依ルノ外之ヲ頒布スルコトヲ得ス

2　選擧運動ノ爲ニスル文書圖畫ハ立札、看板ノ類ヲ除クノ外之ヲ貼付シ又ハ揭示スルコトヲ得ス

3　演說會ノ告知ノ爲使用スル文書ハ前二項ノ規定ニ拘ラス之ヲ頒布シ又ハ貼付シ若ハ揭示スルコトヲ得但シ航空機ニ依リ之ヲ頒布スルコトヲ得ス

第二條　演說會ノ告知ノ爲使用スル文書ハ二度刷又ハ二色以下トシ演說會ノ日時及場所、演題竝出演者ヲ記載シタルモノニ限リ引札ニ在リテハ長一尺幅七寸、張札ニ在リテハ長三尺一寸幅二尺一寸ヲ超ユルコトヲ得ス

2　選擧運動ノ爲使用スル名刺ノ用紙ハ白色ノモノニ限ル

第二條ノ二　演說會ノ告知ノ爲使用スル張札ノ數ハ左ノ各號ノ制限ヲ超ユルコトヲ得ス

一　議員候補者、選擧事務長、選擧委員又ハ選擧事務員カ開催スル演說會及議員候補者、選擧事務長、選擧委

員又ハ選擧事務員ニ非サル者カ議員候補者又ハ選擧事務長ト意思ヲ通シテ開催スル演說會ノ爲使用スル張札ニ付テハ議員候補者一人ニ付通シテ三千枚

二 議員候補者、選擧事務長、選擧委員又ハ選擧事務員ニ非サル者カ議員候補者又ハ選擧事務長ト意思ヲ通セスシテ開催スル演說會ノ爲使用スル張札ニ付テハ演說會一箇所ニ付三千枚

第二條ノ三 演說會ノ爲ニスル張札ニシテ演說會場內ニ於テ使用スルモノニ付テハ前二條ノ規定ヲ適用セス

第二條ノ四 演說會ノ告知ノ爲使用スル張札ニハ第二條ノ二第一號ニ規定スル張札ニ付テハ衆議院議員選擧法第八十八條第五項ノ屆出アリタル警察署、第二條ノ二第二號ニ規定スル張札ニ付テハ演說會場所在地所轄ノ警察署ノ檢印ヲ受クヘシ

第三條 選擧運動ノ爲使用スル立札、看板ノ類ハ議員候補者一人ニ付通シテ百五十箇以內トシ白色ニ黑色ヲ用ヒタルモノニ限リ且縱九尺横二尺ヲ超ユルコトヲ得ス

第四條 選擧運動ノ爲使用スル立札、看板ノ類ハ選擧事務所ヲ設ケタル場所ノ入口ヨリ一町以內ノ區域ニ於テハ選擧事務所一箇所ニ付通シテ二箇ヲ超ユルコトヲ得ス

第五條 選擧運動ノ爲ニスル文書圖畫ハ選擧ノ當日ニ限リ投票所ヲ設ケタル場所ノ入口ヨリ三町以內ノ區域ニ於テ之ヲ掲示シ又ハ郵便若ハ新聞紙ノ廣告（新聞紙ニ折込ミ頒布スル場合ヲ含ム）ニ依ルノ外之ヲ頒布スルコトヲ得ス

第六條　削除

第七條　選擧運動ノ爲ニスル張札、立札、看板ノ類ハ承諾ヲ得スシテ他人ノ土地又ハ工作物ニ之ヲ掲示スルコトヲ得ス

附　則

本令ハ次ノ總選擧ヨリ之ヲ施行ス

附　則（昭和四年二月十九日公布内務省令第三號）

本令ハ公布ノ日ヨリ之ヲ施行ス

附　則（昭和五年一月二十三日公布内務省令第四號）

本令ハ公布ノ日ヨリ之ヲ施行ス

◉衆議院議員選擧法罰則（大正十四年五月五日法律第四十七號）

第十二章　罰　則

第百十一條　詐僞ノ方法ヲ以テ選擧人名簿ニ登錄セラレタル者又ハ第二十五條第二項ノ場合ニ於テ虛僞ノ宣言ヲ爲シタル者ハ百圓以下ノ罰金ニ處ス

第百十二條　左ノ各號ニ揭クル行爲ヲ爲シタル者ハ二年以下ノ懲役若ハ禁錮又ハ千圓以下ノ罰金ニ處ス

一　當選ヲ得若ハ得シメ又ハ得シメサル目的ヲ以テ選擧人又ハ選擧運動者ニ對シ金錢、物品其ノ他ノ財產上ノ利益若ハ公私ノ職務ノ供與、其ノ供與ノ申込若ハ約束ヲ爲シ又ハ饗應接待、其ノ申込若ハ約束ヲ爲シタルトキ

二　當選ヲ得若ハ得シメ又ハ得シメサル目的ヲ以テ選擧人又ハ選擧運動者ニ對シ其ノ者又ハ其ノ者ノ關係アル社寺、學校、會社、組合、市町村等ニ對スル用水、小作、債權、寄附其ノ他特殊ノ直接利害關係ヲ利用シテ誘導ヲ爲シタルトキ

三　投票ヲ爲シ若ハ爲サヽルコト、選擧運動ヲ爲シ若ハ止メタルコト又ハ其ノ周旋勸誘ヲ爲シタルコトノ報酬

ト爲ス目的ヲ以テ選擧人又ハ選擧運動者ニ對シ第一號ニ揭クル行爲ヲ爲シタルトキ

四　第一號若ハ前號ノ供與、饗應接待ヲ受ケ若ハ要求シ、第一號若ハ前號ノ申込ヲ承諾シ又ハ第二號ノ誘導ニ應シ若ハ之ヲ促シタルトキ

五　前各號ニ揭クル行爲ニ關シ周旋又ハ勸誘ヲ爲シタルトキ

第百十三條　左ノ各號ニ揭クル行爲ヲ爲シタル者ハ三年以下ノ懲役若ハ禁錮又ハ二千圓以下ノ罰金ニ處ス

一　議員候補者タルコト若ハ議員候補者タラムトスルコトヲ止メシムル目的ヲ以テ議員候補者若ハ議員候補者タラムトスル者ニ對シ又ハ當選ヲ辭セシムル目的ヲ以テ當選人ニ對シ前條第一號又ハ第二號ニ揭クル行爲ヲ爲シタルトキ

二　議員候補者タルコト若ハ議員候補者タラムトスルコトヲ止メタルコト、當選ヲ辭シタルコト又ハ其ノ周旋勸誘ヲ爲シタルコトノ報酬ト爲ス目的ヲ以テ議員候補者タリシ者、議員候補者タラムトシタル者又ハ當選人タリシ者ニ對シ前條第一號ニ揭クル行爲ヲ爲シタルトキ

三　前二號ノ供與、饗應接待ヲ受ケ若ハ要求シ、前二號ノ申込ヲ承諾シ又ハ第一號ノ誘導ニ應シ若ハ之ヲ促シタルトキ

四　前各號ニ揭クル行爲ニ關シ周旋又ハ勸誘ヲ爲シタルトキ

第百十四條　前二條ノ場合ニ於テ收受シタル利益ハ之ヲ沒收ス其ノ全部又ハ一部ヲ沒收スルコト能ハサルトキハ

其ノ價額ヲ追徵ス

第百十五條　選擧ニ關シ左ノ各號ニ揭クル行爲ヲ爲シタル者ハ三年以下ノ懲役若ハ禁錮又ハ二千圓以下ノ罰金ニ處ス

一　選擧人、議員候補者、議員候補者タラムトスル者、選擧運動者又ハ當選人ニ對シ暴行若ハ威力ヲ加ヘ又ハ之ヲ拐引シタルトキ

二　交通若ハ集會ノ便ヲ妨ケ又ハ演說ヲ妨害シ其ノ他僞計詐術等不正ノ方法ヲ以テ選擧ノ自由ヲ妨害シタルトキ

三　選擧人、議員候補者、議員候補者タラムトスル者、選擧運動者若ハ當選人又ハ其ノ關係アル社寺、學校、會社、組合、市町村等ニ對スル用水、小作、債權、寄附其ノ他特殊ノ利害關係ヲ利用シテ選擧人、議員候補者、議員候補者タラムトスル者、選擧運動者又ハ當選人ヲ威逼シタルトキ

第百十六條　選擧ニ關シ官吏又ハ吏員故意ニ其ノ職務ノ執行ヲ怠リ又ハ職權ヲ濫用シテ選擧ノ自由ヲ妨害シタルトキハ三年以下ノ禁錮ニ處ス

2官吏又ハ吏員選擧人ニ對シ其ノ投票セムトシ又ハ投票シタル被選擧人ノ氏名ノ表示ヲ求メタルトキハ三月以下ノ禁錮又ハ百圓以下ノ罰金ニ處ス

第百十七條　選擧事務ニ關係アル官吏、吏員、立會人又ハ監視者選擧人ノ投票シタル被選擧人ノ氏名ヲ表示シタ

ルトキハ二年以下ノ禁錮又ハ千圓以下ノ罰金ニ處ス其ノ表示シタル事實虚僞ナルトキ亦同シ

第百十八條　投票所又ハ開票所ニ於テ正當ノ事由ナクシテ選擧人ノ投票ニ關渉シ又ハ被選擧人ノ氏名ヲ認知スルノ方法ヲ行ヒタル者ハ一年以下ノ禁錮又ハ五百圓以下ノ罰金ニ處ス

2 法令ノ規定ニ依ラスシテ投票函ヲ開キ又ハ投票函中ノ投票ヲ取出シタル者ハ三年以下ノ懲役若ハ禁錮又ハ二千圓以下ノ罰金ニ處ス

第百十九條　投票管理者、開票管理者、選擧長、立會人若ハ選擧監視者ニ暴行若ハ脅迫ヲ加ヘ、選擧會場、開票所若ハ投票所ヲ騷擾シ又ハ投票、投票函其ノ他關係書類ヲ抑留、毀壞若ハ奪取シタル者ハ四年以下ノ懲役又ハ禁錮ニ處ス

第百二十條　多衆聚合シテ第百十五條第一號又ハ前條ノ罪ヲ犯シタル者ハ左ノ區別ニ從テ處斷ス

一　首魁ハ一年以上七年以下ノ懲役又ハ禁錮ニ處ス

二　他人ヲ指揮シ又ハ他人ニ率先シテ勢ヲ助ケタル者ハ六月以上五年以下ノ懲役又ハ禁錮ニ處ス

三　附加隨行シタル者ハ百圓以下ノ罰金又ハ科料ニ處ス

2 第百十五條第一號又ハ前條ノ罪ヲ犯ス爲多衆聚合シ當該公務員ヨリ解散ノ命ヲ受クルコト三回以上ニ及フモ仍解散セサルトキハ首魁ハ二年以下ノ禁錮ニ處シ其ノ他ノ者ハ百圓以下ノ罰金又ハ科料ニ處ス

第百二十一條　選擧ニ關シ銃砲、刀劍、棍棒其ノ他人ヲ殺傷スルニ足ルヘキ物件ヲ携帶シタル者ハ二年以下ノ禁

錮又ハ千圓以下ノ罰金ニ處ス

2 警察官吏又ハ憲兵ハ必要ト認ムル場合ニ於テ前項ノ物件ヲ領置スルコトヲ得

第百二十二條　前條ノ物件ヲ携帶シテ選擧會場、開票所又ハ投票所ニ入リタル者ハ三年以下ノ禁錮又ハ二千圓以下ノ罰金ニ處ス

第百二十三條　前二條ノ罪ヲ犯シタル場合ニ於テハ其ノ携帶シタル物件ヲ沒收ス

第百二十四條　選擧ニ關シ多衆集合シ若ハ隊伍ヲ組ミテ往來シ又ハ煙火、松明ノ類ヲ用ヒ若ハ鐘鼓、喇叭ノ類ヲ鳴ラシ旗幟其ノ他ノ標章ヲ用フル等氣勢ヲ張ルノ行爲ヲ爲シ警察官吏ノ制止ヲ受クルモ仍其ノ命ニ從ハサル者ハ六月以下ノ禁錮又ハ三百圓以下ノ罰金ニ處ス

第百二十五條　演說又ハ新聞紙、雜誌、引札、張札其ノ他何等ノ方法ヲ以テスルニ拘ラス第百十二條、第百十三條、第百十五條、第百十八條乃至第百二十二條及前條ノ罪ヲ犯サシムル目的ヲ以テ人ヲ煽動シタル者ハ一年以下ノ禁錮又ハ五百圓以下ノ罰金ニ處ス但シ新聞紙及雜誌ニ在リテハ仍其ノ編輯人及實際編輯ヲ擔當シタル者ヲ罰ス

第百二十六條　演說又ハ新聞紙、雜誌、引札、張札其ノ他何等ノ方法ヲ以テスルニ拘ラス左ノ各號ニ揭クル行爲ヲ爲シタル者ハ二年以下ノ禁錮又ハ千圓以下ノ罰金ニ處ス新聞紙及雜誌ニ在リテハ前條但書ノ例ニ依ル

一　當選ヲ得又ハ得シムル目的ヲ以テ議員候補者ノ身分、職業又ハ經歷ニ關シ虛僞ノ事項ヲ公ニシタルトキ

二　當選ヲ得シメサル目的ヲ以テ議員候補者ニ關シ虚僞ノ事項ヲ公ニシタルトキ

第百二十七條　選擧人ニ非サル者投票ヲ爲シタルトキハ一年以下ノ禁錮又ハ五百圓以下ノ罰金ニ處ス

2　氏名ヲ詐稱シ其ノ他詐僞ノ方法ヲ以テ投票ヲ爲シタル者ハ二年以下ノ禁錮又ハ千圓以下ノ罰金ニ處ス

3　投票ヲ僞造シ又ハ其ノ數ヲ增減シタル者ハ三年以下ノ懲役若ハ禁錮又ハ二千圓以下ノ罰金ニ處ス

4　選擧事務ニ關係アル官吏、吏員、立會人又ハ監視者前項ノ罪ヲ犯シタルトキハ五年以下ノ懲役若ハ禁錮又ハ二千圓以下ノ罰金ニ處ス

第百二十八條　立會人正當ノ事故ナクシテ本法ニ定メタル義務ヲ闕クトキハ百圓以下ノ罰金ニ處ス

第百二十九條　第九十六條若ハ第九十八條ノ規定ニ違反シタル者又ハ第九十四條ノ規定ニ依ル命令ニ從ハサル者ハ一年以下ノ禁錮又ハ五百圓以下ノ罰金ニ處ス

第百三十條　第九十條第一項第二項ノ規定ニ依ル定數ヲ超エ若ハ第九十一條ノ規定ニ違反シテ選擧事務所ヲ設置シタル者又ハ第九十二條ノ規定ニ違反シテ休憩所其ノ他之ニ類似スル設備ヲ設ケタル者ハ三百圓以下ノ罰金ニ處ス

2　第九十三條ノ規定ニ依ル定數ヲ超エテ選擧委員又ハ選擧事務員ノ選任ヲ爲シタル者亦前項ニ同シ

第百三十一條　第八十九條第一項、第九十九條又ハ第百九條ノ規定ニ違反シタル者ハ六月以下ノ禁錮又ハ三百圓以下ノ罰金ニ處ス

第百三十二條　第八十八條第五項乃至第七項又ハ第八十九條第四項ノ屆出ヲ怠リタル者ハ百圓以下ノ罰金ニ處ス

2 第百條ノ規定ニ依ル命令ニ違反シタル者亦前項ニ同シ

第百三十三條　選擧事務長又ハ選擧事務長ニ代リ其ノ職務ヲ行フ者第百二條第二項ノ規定ニ依リ告示セラレタル額ヲ超エ選擧運動ノ費用ヲ支出シ又ハ第百一條第一項但書ノ規定ニ依ル承諾ヲ與ヘテ支出セシメタルトキハ一年以下ノ禁錮又ハ五百圓以下ノ罰金ニ處ス

第百三十四條　第百一條ノ規定ニ違反シテ選擧運動ノ費用ヲ支出シタル者ハ一年以下ノ禁錮ニ處ス

第百三十五條　左ノ各號ニ掲クル行爲ヲ爲シタル者ハ六月以下ノ禁錮又ハ三百圓以下ノ罰金ニ處ス

一　第百五條ノ規定ニ違反シテ帳簿ヲ備ヘス又ハ帳簿ニ記載ヲ爲サス若ハ之ニ虚僞ノ記入ヲ爲シタルトキ

二　第百六條第一項ノ屆出ヲ怠リ又ハ虚僞ノ屆出ヲ爲シタルトキ

三　第百七條第一項ノ規定ニ違反シテ帳簿又ハ書類ヲ保存セサルトキ

四　第百七條第一項ノ規定ニ依リ保存スヘキ帳簿又ハ書類ニ虚僞ノ記載ヲ爲シタルトキ

五　第百八條ノ規定ニ依ル帳簿若ハ書類ノ提出若ハ檢査ヲ拒ミ若ハ之ヲ妨ケ又ハ說明ノ求ニ應セサルトキ

第百三十六條　當選人其ノ選擧ニ關シ本章ニ掲クル罪ヲ犯シ刑ニ處セラレタルトキハ其ノ當選ヲ無效トス選擧事務長第百十二條又ハ第百十三條ノ罪ヲ犯シ刑ニ處セラレタルトキ亦同シ但シ選擧事務長ノ選任及監督ニ付相當ノ注意ヲ爲シタルトキハ此ノ限ニ在ラス

第百三十七條　本章ニ掲クル罪ヲ犯シタル者ニシテ罰金ノ刑ニ處セラレタル者ニ在リテハ其ノ裁判確定ノ後五年間、禁錮以上ノ刑ニ處セラレタル者ニ在リテハ其ノ裁判確定ノ後刑ノ執行ヲ終ル迄又ハ刑ノ時效ニ因ル場合ヲ除クノ外刑ノ執行ノ免除ヲ受クル迄ノ間及其ノ後五年間衆議院議員及選擧ニ付本章ノ規定ヲ準用スル議會ノ議員ノ選擧權及被選擧權ヲ有セス禁錮以上ノ刑ニ處セラレタル者ニ付其ノ裁判確定ノ後刑ノ執行ヲ受クルコトナキニ至ル迄ノ間亦同シ

2　前項ニ規定スル者ト雖情狀ニ因リ裁判所ハ刑ノ言渡ト同時ニ前項ノ規定ヲ適用セス又ハ其ノ期間ヲ短縮スル旨ノ宣告ヲ爲スコトヲ得

3　前二項ノ規定ハ第六條第五號ノ規定ニ該當スル者ニハ之ヲ適用セス

第百三十八條　第百二十七條第三項及第四項ノ罪ノ時效ハ一年ヲ經過スルニ因リテ完成ス

2　前項ニ掲クル罪以外ノ本章ノ罪ノ時效ハ六月ヲ經過スルニ因リテ完成ス但シ犯人逃亡シタルトキハ其ノ期間ハ一年トス

◉訴願法　（明治二十三年十月十日法律第百五號）

第一條　訴願ハ法律勅令ニ別段ノ規程アルモノヲ除ク外左ニ掲クル事件ニ付之ヲ提起スルコトヲ得

一　租稅及手數料ノ賦課ニ關スル事件

二　租税滞納處分ニ關スル事件
三　營業免許ノ拒否又ハ取消ニ關スル事件
四　水利及土木ニ關スル事件
五　土地ノ官民有區分ニ關スル事件
六　地方警察ニ關スル事件
2　其他法律勅令ニ於テ特ニ訴願ヲ許シタル事件
第二條　訴願セントスル者ハ處分ヲ爲シタル行政廳ヲ經由シ直接上級行政廳ニ之ヲ提起スヘシ
2　訴願ノ裁決ヲ受ケタル後更ニ上級行政廳ニ訴願スルトキハ其裁決ヲ爲シタル行政廳ヲ經由スヘシ
3　國ノ行政ニ付此法律ニ依リ郡參事會又ハ市參事會ノ處分若クハ裁決ニ對シテ訴願セントスル者ハ其處分若クハ裁決ヲ爲シタル郡參事會又ハ市參事會ヲ經由シテ府縣參事會ニ之ヲ提起スヘシ
第三條　各省大臣ノ處分ニ對シ訴願セントスル者ハ其省ニ之ヲ提起スヘシ
第四條　裁判所ノ裁判各省ノ裁決及第二條第三項府縣參事會ノ裁決ヲ經タルモノハ其事件ニ付更ニ訴願スルコトヲ得ス
第五條　訴願ハ文書ヲ以テ之ヲ提起スヘシ
2　訴願書ノ侮辱誹毀ニ渉ルモノハ之ヲ受理セス

第六條　訴願書ハ其不服ノ要點理由要求及訴願人ノ身分職業住所年齡ヲ記載シ之ニ署名捺印スヘシ
2 訴願書ニハ證據書類ヲ添ヘ並下級行政廳ノ裁決ヲ經タルモノハ其裁決書ヲ添フヘシ
第七條　多數ノ人員共同シテ訴願セントスルトキハ其訴願書ニ各訴願人ノ身分職業住所年齡ヲ記載シ署名捺印シ其中ヨリ三名以下ノ總代人ヲ選ヒ之ニ委任シ總代委任ノ正當ナルコトヲ證明スヘシ
2 法律ニ依リ法人ト認メラレタル者ハ其名ヲ以テ訴願ヲ提起スルコトヲ得
第八條　行政處分ヲ受ケタル後六十日ヲ經過シタルトキハ其處分ニ對シ訴願スルコトヲ得ス
2 行政廳ノ裁決ヲ經タル訴願ニシテ其裁決ヲ受ケタル後三十日ヲ經過シタルモノハ更ニ上級行政廳ニ訴願スルコトヲ得ス
3 行政廳ニ於テ宥恕スヘキ事由アリト認ムルトキハ期限經過後ニ於テモ仍之ヲ受理スルコトヲ得
第九條　法律勅令ニ依リ訴願ヲ提起スヘカラサルモノナルカ又ハ適法ノ手續ニ違背スルモノナルトキハ之ヲ却下ス
2 其訴願書ノ方式ヲ闕クニ止マルモノハ期限ヲ指定シテ還付スヘシ
第十條　訴願書ハ郵便ヲ以テ之ヲ差出スコトヲ得
2 郵便遞送ノ日數ハ第八條ノ訴願期限內ニ之ヲ算入セス
第十一條　第二條第一項ノ場合ニ於テ訴願書ノ經由ニ當レル行政廳ハ訴願書ヲ受取リタル日ヨリ十日以內ニ辯明

書及必要文書ヲ添ヘ上級行政廳ニ之ヲ發送スヘシ

2 第二條第二項ノ場合ニ於テ訴願書ノ經由ニ當レル行政廳ハ訴願書ヲ受取リタル日ヨリ三日以內ニ上級行政廳ニ之ヲ發送スヘシ

3 第二條第三項ノ場合ニ於テ訴願書ヲ發送スルトキ亦前二項ノ例ニ依ルヘシ

第十二條 訴願ハ法律勅令ニ別段ノ規程アルモノヲ除ク外行政處分ノ執行ヲ停止セス但行政廳ハ其職權ニ依リ又ハ訴願人ノ願ニ依リ必要ナリト認ムルトキハ其執行ヲ停止スルコトヲ得

第十三條 訴願ハ口頭審問ヲ爲サス其文書ニ就キ之ヲ裁決ス但行政廳ニ於テ必要ナリト認ムルトキハ口頭審問ヲ爲スコトヲ得

第十四條 訴願ノ裁決ハ文書ヲ以テ之ヲ爲シ其理由ヲ附スヘシ訴願ヲ却下スルトキ亦同シ

第十五條 訴願ノ裁決書ハ其處分ヲ爲シタル行政廳ヲ經由シテ之ヲ訴願人ニ交付スヘシ訴願書ヲ却下スルトキ亦同シ

第十六條 上級行政廳ニ於テ爲シタル裁決ハ下級行政廳ヲ羈束ス

第十七條 訴願ノ手續ニ關シ他ノ法律勅令ニ別段ノ規程アルモノハ各其規程ニ依ル

附　則

第十八條 明治十五年十二月第五十八號布告請願規則ハ此法律施行ノ日ヨリ廢止ス

第十九條　此法律施行ノ前請願規則ニ依リ受理シタル請願ハ仍其規則ニ依リ之ヲ處分ス
2請願規則ニ依リ下級行政廳ノ指令ヲ受ケタル者訴願スルヲ得ヘキ場合ニ於テ更ニ訴願セントスルトキハ此法律ニ從ヒ其上級行政廳ニ之ヲ提起スヘシ
第二十條　第八條ノ訴願期間ハ此法律施行ノ前行政處分ヲ受ケ又ハ請願規則ニ依リ指令ヲ受ケタル事件ニシテ其處分又ハ指令ヲ受ケタル日ヨリ滿五年ヲ經過セサルモノニ對シテハ此法律施行ノ日ヨリ之ヲ起算ス
第二十一條　行政廳ニ呈出スル請願ハ此法律ニ依ルノ限ニ在ラス

◉行政裁判法（明治二十三年六月三十日法律第四十八號）改正（大正五年法律第三十七號）

第一章　行政裁判所組織

第一條　行政裁判所ハ之ヲ東京ニ置ク
第二條　行政裁判所ニ長官一人及評定官ヲ置ク評定官ノ員數ハ勅令ヲ以テ之ヲ定ム
2行政裁判所ニ書記ヲ置ク其員數及職務ハ勅令ヲ以テ之ヲ定ム

第二章　行政裁判所權限

第十五條　行政裁判所ハ法律勅令ニ依リ行政裁判所ニ出訴ヲ許シタル事件ヲ審判ス
第十六條　行政裁判所ハ損害要償ノ訴訟ヲ受理セス

第十七條　行政訴訟ハ法律勅令ニ特別ノ規程アルモノヲ除ク外地方上級行政廳ニ訴願シ其裁決ヲ經タル後ニ非サレハ之ヲ提起スルコトヲ得ス
2 各省大臣ノ處分又ハ内閣直轄官廳又ハ地方上級行政廳ノ處分ニ對シテハ直ニ行政訴訟ヲ提起スルコトヲ得
3 各省又ハ内閣ニ訴願ヲ爲シタルトキハ行政訴訟ヲ提起スルコトヲ得ス
第十八條　行政裁判所ノ判決ハ其ノ事件ニ付キ關係ノ行政廳ヲ覊束ス
第十九條　行政裁判所ノ裁判ニ對シテハ再審ヲ求ムルコトヲ得ス
第二十條　行政裁判所ハ其權限ニ關シテハ自ラ之ヲ決定ス
2 行政裁判所ト通常裁判所又ハ特別裁判所トノ間ニ起ル權限ノ爭議ハ權限裁判所ニ於テ之ヲ裁判ス
第二十一條　行政裁判所ノ判決ノ執行ハ通常裁判所ニ囑託スルコトヲ得

第三章　行政訴訟手續

第二十二條　行政訴訟ハ行政廳ニ於テ處分書若クハ裁決書ヲ交付シ又ハ告知シタル日ヨリ六十日以内ニ提起スヘシ六十日ヲ經過シタルトキハ行政訴訟ヲ爲スコトヲ得ス但シ法律勅令ニ特別ノ規程アルモノハ此限ニ在ラス
2 訴訟提起ノ日限其他此法律ニ依リ行政裁判所ノ指定スル日限ノ計算竝ニ災害事變ノ爲メ遷延シタル期限ニ關シテハ民事訴訟ノ規程ヲ適用ス
第二十三條　行政訴訟ハ法律勅令ニ特別ノ規程アルモノヲ除ク外行政廳ノ處分又ハ裁決ノ執行ヲ停止セス但シ行

政廳及行政裁判所ハ其職權ニ依リ又ハ原告ノ願ニ依リ必要ト認ムルトキハ其處分又ハ裁決ノ執行ヲ停止スルコトヲ得

第二十四條　行政訴訟ハ文書ヲ以テ行政裁判所ニ提起スヘシ

2 法律ニ依リ法人ト認メラレタル者ハ其名ヲ以テ行政訴訟ヲ提起スルコトヲ得

第二十五條　訴狀ハ左ノ事項ヲ記載シ原告署名捺印スヘシ

一　原告ノ身分、職業、住所、年齡

二　被告ノ行政廳又ハ其他ノ被告

三　要求ノ事件及其理由

四　立證

五　年月日

2 訴狀ニハ原告ノ經歷シタル訴願書裁決書竝ニ證據書類ヲ添フヘシ

第二十六條　訴狀ニハ被告ニ送付スル爲メニ必要文書ノ副本ヲ添フヘシ

第二十七條　行政裁判所ハ原告ノ訴狀ニ就テ審査シ若シ法律勅令ニ依リ行政訴訟ヲ提起スヘカラサルモノナルカ又ハ適法ノ手續ニ違背スルモノナルトキハ其理由ヲ附シタル裁決書ヲ以テ之ヲ却下スヘシ

2 其訴狀ノ方式ヲ闕クニ止マルモノハ之ヲ改正セシムル爲メ期限ヲ指定シテ還付スヘシ

第二十八條　行政裁判所ニ於テ訴狀ヲ受理シタルトキハ其副本ヲ被告ニ送付シ相當ノ期限ヲ指定シテ答辯書ヲ差出サシムヘシ
2　答辯書ニハ原告ニ送付スル爲メ必要文書ノ副本ヲ添フヘシ
第二十九條　行政裁判所ハ必要ナリト認ムルトキハ其期限ヲ指定シテ原告被告交互ニ辯駁書及再度ノ答辯書ヲ差出サシムヘシ
第三十條　行政裁判所ハ訴狀及答辯書ノ附屬文書ノ副本ヲ原告被告交互ニ送付スル代リニ所內ニ於テ之ヲ閲覽セシムルコトヲ得
第三十一條　行政裁判所ハ訴訟審問中其事件ノ利害ニ關係アル第三者ヲ訴訟ニ加ハラシメ又ハ第三者ノ願ニ依リ訴訟ニ加ハルコトヲ許可スルヲ得
2　前項ノ場合ニ於テハ行政裁判所ノ判決ハ第三者ニ對シテモ亦其效力ヲ有ス
第三十二條　行政官廳ハ其官吏又ハ其申立ニ依リ主務大臣ヨリ命シタル委員ヲシテ訴訟代理ヲ爲サシムルコトヲ得
2　代理者ハ委任狀ヲ以テ代人タルコトヲ證明スヘシ
第三十三條　行政裁判所ハ豫メ指定シタル期日ニ於テ原告被告及第三者ヲ召喚シテ審廷ヲ開キ口頭審問ヲ爲スヘシ

2 原告被告及第三者ニ於テ口頭審問ヲ爲スコトヲ望マサル旨ヲ申立タル場合ニ於テハ行政裁判所ハ文書ニ就キ直ニ判決ヲ爲スコトヲ得

第三十四條 審廷ニ於テハ原告被告及第三者ノ辯明ヲ聽クヘシ

2 審廷ニ於テハ裁判長ノ許可ヲ得タル者ヨリ順次發言スヘシ

3 原告被告及第三者ハ事實上及法律上ノ點ニ就キ文書ニ盡サヽル所ヲ補足シ又ハ誤謬ヲ更正シ若クハ新ニ證憑ヲ提出シ及證書ヲ提示スルコトヲ得

第三十五條 主務大臣ハ必要ト認ムル場合ニ於テハ公益ヲ辯護スル爲メ委員ヲ命シ審廷ニ差出スコトヲ得

2 行政裁判所ハ判決ヲ爲ス前ニ委員ヲシテ意見ヲ陳述セシムヘシ

第三十六條 行政裁判所ノ對審判決ハ之ヲ公開ス

2 安寧秩序又ハ風俗ヲ害スルノ虞アリ又ハ行政廳ノ要求アルトキハ行政裁判所ノ決議ヲ以テ對審ノ公開ヲ停ムルコトヲ得

第三十七條 公開ヲ停ムルノ決議ヲ爲シタルトキハ公衆ヲ退カシムルノ前之ヲ言渡ス

第三十八條 行政裁判所ハ原告被告及第三者ニ出廷ヲ命シ並ニ必要ト認ムル證憑ヲ徴シ證人及鑑定人ヲ召喚シ審問ニ應シ證明及鑑定ヲ爲サシムルコトヲ得

2 證人又ハ鑑定人トシテ審問ニ應シ證明及鑑定ヲ爲スヘキ義務ニ關シテハ民事訴訟ノ規程ヲ適用ス其義務ヲ盡サ

サル場合ニ於テ處分スヘキ科罰ハ行政裁判所自ラ之ヲ判決ス

3 行政裁判所ハ口頭審問ニ於テ舉證ノ手續ヲ爲シ又ハ評定官ニ委任シ若クハ通常裁判所又ハ行政廳ニ囑託シテ之カ調査ヲ爲サシムルコトヲ得

第三十九條 行政裁判所ニ於テ審問中ノ事件ニ關シ民事上ノ訴訟起ルコトアリテ通常裁判ノ確定ヲ待ツノ必要アリト認ムルトキハ其審判ヲ中止スルコトヲ得

第四十條 審問手續ニ關スル故障ノ申立ハ行政裁判所自ラ之ヲ判決ス

第四十一條 召喚ノ期日ニ於テ原告若クハ被告若クハ第三者出廷セサルコトアルモ行政裁判所ハ其審判ヲ中止セス

2 原告被告及第三者共ニ出廷セサルトキハ行政裁判所ハ審問ヲ行ハス直ニ判決ヲ爲スコトヲ得

第四十二條 裁判宣告書ハ理由ヲ附シ裁判長評定官及書記之ニ署名捺印シ其謄本ニ行政裁判所ノ印章ヲ捺シ之ヲ原告被告及第三者ニ交付スヘシ

2 行政訴訟ノ文書ニハ【訴訟用印紙】ヲ貼用スルヲ要セス

第四十三條 行政訴訟手續ニ關シ此法律ニ規程ナキモノハ行政裁判所ノ定ムル所ニ依リ民事訴訟ニ關スル規程ヲ適用スルコトヲ得

第四章　附　則

第四十四條　此法律ハ明治二十三年十月一日ヨリ施行ス（四一年勅二五四號樺太ヘ施行）

第四十五條　第二十條第二項ノ權限爭議ハ權限裁判所ヲ設クル迄ノ間樞密院ニ於テ之ヲ裁定ス

2　裁定ノ手續ハ勅令ノ定ムル所ニ依ル

第四十六條　從前ノ法令ニシテ此法律ト牴觸スルモノハ此法律施行ノ日ヨリ廢止ス

第四十七條　此法律施行ノ前既ニ行政訴訟トシテ受理シ審理中ニ係ルモノハ仍從前ノ成規ニ依リ處分スヘシ

◎行政廳ノ違法處分ニ由リ行政裁判所ニ出訴シ得ヘキ事件（明治二十三年十月十日法律第百六號）

法律勅令ニ別段ノ規程アルモノヲ除ク外左ニ揭クル事件ニ付行政廳ノ違法處分ニ由リ權利ヲ毀損セラレタリトスル者ハ行政裁判所ニ出訴スルコトヲ得

一　海關稅ヲ除ク外租稅及手數料ノ賦課ニ關スル事件

二　租稅滯納處分ニ關スル事件

三　營業免許ノ拒否又ハ取消ニ關スル事件

四　水利及土木ニ關スル事件

五　土地ノ官民有區分ノ查定ニ關スル事件

◉行政訴答書書式（明治二十四年七月十四日行政裁判所告示第一號）

行政訴答書書式左ノ通相定ム

何々訴狀

住所身分職業若クハ何府（縣）何市（郡何町（村））何職

原告　氏　名

年齢

住居ノ地行政裁判所ヨリ八里以上ニ在ルトキハ其里程

（訴訟代理人アルトキハ此處ヘ其住所身分職業ヲ肩書ニシ氏名ヲ記シ頭ニ訴訟代理人ト記スヘシ辯護人アルトキモ又之ニ準ス）

被　告　官　氏　名

（被告官廳ニアラサルトキハ何府（縣）何市（郡何町（村））何職氏名若クハ住所身分職業氏名）

一定ノ申立

何…………………………………

事　實

行政訴答書書式

何…………………………………………

理由

何…………………………………………

立證

何…………………………………………

行政廳ヨリ處分書若クハ裁決書ヲ交付シタル年月日

何…………………………………………

年　月　日

原告　氏　　名印

（訴訟代理人ナルトキハ代理人署名捺印スヘシ）

行政裁判所長官宛

（訴狀ハ正副兩通ヲ出スヘシ若シ被告數名ニシテ其住居各八里以上ヲ隔離スルトキハ其數ニ應シテ差出スヘシ）

何々答書

被告　何官　氏　　名

（被告官廳ニアラサルトキハ何府（縣）何市（郡何町（村））何職氏名若クハ住所身分職業氏名ヲ記シ又訴訟代理人又ハ辯護人アルトキハ訴狀署名ノ例ニ倣フ）

住所身分職業若クハ何府（縣）何市（郡何町（村））

原告　氏　名

（訴訟代理人又ハ辯護人アルトキハ訴狀署名ノ例ニ倣フ）

一定ノ申立

何……………………………………

事實

何……………………………………

理由

何……………………………………

立證

何……………………………………

年　月　日

被告　氏　名　印

（訴訟代理人ナルトキハ代理人署名捺印スヘシ）

行政裁判所長官宛

（答書ハ正副兩通ヲ出スヘシ）

證據物寫

何…………………………………………

右相違無之候也

年　月　日　　原告（被告）氏　名　印

（訴訟代理人ナルトキハ代理人署名捺印スヘシ）

行政裁判所長官宛

（證據物寫ハ正副兩通ヲ出ス可シ若シ被告數名ニシテ其住居各八里以上ヲ離隔スルトキハ其數ニ應シテ差出ス可シ）

◉行政訴訟豫納金手續

（明治三十二年四月一日行政裁判所告示第一號）改正（明治三十二年行政裁判所告示第二號）

第一條　行政訴訟ヲ爲ス者又ハ參加人トナル者ハ書類送達等ノ費用ニ充ツルタメ金貳圓ヲ豫納スヘシ

第二條　證人鑑定人ノ喚問其他證據調ニ關シ費用ヲ要スルトキハ其申請者ヨリ之ヲ豫納スヘシ但行政裁判所ノ職

ヲ以テ之ヲ命シタル場合ニ於テハ行政裁判所其豫納者ヲ指定ス（明治三十二年行政裁判所告示第二號改正）

第三條 訴訟費用確定決定ノ申請ヲ爲ス者ハ書類送達等ノ費用ニ充ツルタメ金壹圓ヲ豫納スヘシ

第四條 前三條ノ豫納金ニシテ不足ナルトキハ更ニ追納ヲ爲スヘシ

2 其金額ハ其都度之ヲ定ム

第五條 豫納金ハ現金又ハ郵便爲替券ヲ以テ之ヲ行政裁判所ニ納付スヘシ但シ拂戻局ハ【東京郵便電信局麹町文局】宛タルヘシ

第六條 豫納金ノ殘額アルトキハ事件終局ノ後之ヲ還付ス

◉帝國憲法

第五十二條 兩議院ノ議員ハ議員ニ於テ發言シタル意見及表決ニ付院外ニ於テ責ヲ負フコトナシ但シ議員自ラ其ノ言論ヲ演說刊行筆記又ハ其ノ他ノ方法ヲ以テ公布シタルトキハ一般ノ法律ニ依リ處分セラルヘシ

◉議院法

（明治二十二年二月法律第二號）最近改正（大正十四年法律第三十二號）

第一章 帝國議會ノ召集成立及開會

第一條 帝國議會召集ノ勅諭ハ集會ノ期日ヲ定メ少クトモ四十日前ニ之ヲ發布スヘシ

第二條 議員ハ召集ノ勅諭ニ指定シタル期日ニ於テ各議院ノ會堂ニ集會スヘシ

第三條 衆議院ノ議長副議長ハ其ノ院ニ於テ各々三名ノ候補者ヲ選擧セシメ其ノ中ヨリ之ヲ勅任スヘシ

議長副議長ノ勅任セラルルマテハ書記官長議長ノ職務ヲ行フヘシ

第四條 各議院ハ抽籤法ニ依リ總議員ヲ數部ニ分割シ毎部々長一名ヲ部員中ニ於テ互選スヘシ

第五條 兩議院成立シタル後勅命ヲ以テ帝國議會開會ノ日ヲ定メ兩院議員ヲ貴族院ニ會合セシメ開院式ヲ行フヘシ

第六條 前條ノ場合ニ於テ貴族院議長ハ議長ノ職務ヲ行フヘシ

第二章　議長書記官及經費

第七條 各議院ノ議長副議長ハ各々一員トス

第八條 衆議院ノ議長副議長ノ任期ハ議員ノ任期ニ依ル

第九條 衆議院ノ議長副議長辭職又ハ其他ノ事故ニ由リ闕位トナリタルトキハ繼任者ノ任期ハ仍ホ前任者ノ任期ニ依ル

第十條 各議院ノ議長ハ其議院ノ秩序ヲ保持シ議事ヲ整理シ院外ニ對シ議院ヲ代表ス

第十一條 議長ハ議會閉會ノ間ニ於テ仍ホ其議院ノ事務ヲ指揮ス

第十二條 議長ハ常任委員會及特別委員會ニ臨席シ發言スルコトヲ得但シ表決ノ數ニ預カラス

第十三條 各議院ニ於テ議長故障アルトキハ副議長之ヲ代理ス

第十四條 各議院ニ於テ議長副議長倶ニ故障アルトキハ假議長ヲ選擧シ議長ノ職務ヲ行ハシムヘシ

第十五條　各議院ノ議長副議長ハ任期滿限ニ達スルモ後任者ノ勅任セラルルマテハ仍其ノ職務ヲ繼續スヘシ
第十六條　各議院ニ書記官長一人書記官數人ヲ置ク
書記官長ハ勅任トシ書記官ハ奏任トス
第十七條　書記官長ハ議長ノ指揮ニ依リ書記官ノ事務ヲ提理シ公文ニ署名ス
書記官ハ議事錄及其ノ他ノ文書案ヲ作リ事務ヲ掌理ス
書記官ノ外他ノ必要ナル職員ハ書記官長之ヲ任ス
第十八條　兩議院ノ經費ハ國庫ヨリ之ヲ支出ス

第三章　議長副議長及議員歲費

第十九條　各議院ノ議長ハ歲費トシテ七千五百圓副議長ハ四千五百圓貴族院ノ被選及勅任議員及衆議院ノ議員ハ三千圓ヲ受ケ別ニ定ムル所ノ規則ニ從ヒテ旅費ヲ受ク但シ召集ニ應セサル者ハ歲費ヲ受クルコトヲ得ス
議長副議長及議員ハ歲費ヲ辭スルコトヲ得
官吏ニシテ議員タル者ハ歲費ヲ受クルコトヲ得ス
第二十五條ノ場合ニ於テハ第一項歲費ノ外議院ノ定ムル所ニ依リ一日五圓ヨリ多カラサル手當ヲ受ク
第十九條ノ二　各議院ノ議長副議長及議員ハ別ニ定ムル所ノ規定ニ從ヒ無賃ニテ國有鐵道ニ乘車スルコトヲ得

第四章　委員

第二十條　各議院ノ委員ハ全院委員常任委員及特別委員ノ三類トス
全院委員ハ議院ノ全員ヲ以テ委員トナスモノトス
常任委員ハ事務ノ必要ニ依リ之ヲ數科ニ分割シ負擔ノ事件ヲ審查スル爲ニ各部ニ於テ同數ノ委員ヲ總議員中ヨリ選擧シ一會期中其ノ任ニ在ルモノトス
特別委員ハ一事件ヲ審查スル爲ニ議員ノ選擧ヲ以テ特ニ付託ヲ受クルモノトス
第二十一條　全院委員長ハ一會期コトニ開會ノ始ニ於テ之ヲ選擧ス
常任委員長及特別委員長ハ各委員會ニ於テ之ヲ互選ス
第二十二條　全院委員會ハ議院三分ノ一以上常任委員會及特別委員會ハ其ノ委員半數以上出席スルニ非サレハ議事ヲ開キ議決ヲ爲スコトヲ得ス
第二十三條　常任委員會及特別委員會ハ議員ノ外傍聽ヲ禁ス但シ委員會ノ決議ニ由リ議員ノ傍聽ヲ禁スルコトヲ得
第二十四條　各委員長ハ委員會ノ經過及結果ヲ議院ニ報告スヘシ
第二十五條　各議院ハ政府ノ要求ニ依リ又ハ其ノ同意ヲ經テ議會閉會ノ間委員ヲシテ議案ノ審查ヲ繼續セシムルコトヲ得

第五章　會議

第二十六條　各議院ノ議長ハ議事日程ヲ定メテ之ヲ議院ニ報告ス
議事日程ハ政府ヨリ提出シタル議案ヲ先ニスヘシ但シ他ノ議事緊急ノ場合ニ於テ政府ノ同意ヲ得タルトキハ此ノ限ニ在ラス
第二十七條　法律ノ議案ハ三讀會ヲ經テ之ヲ議決スヘシ但シ政府ノ要求若ハ議員十人以上ノ要求ニ由リ議院ニ於テ出席議員三分ノ二以上ノ多數ヲ以テ可決シタルトキハ三讀會ノ順序ヲ省略スルコトヲ得
第二十八條　政府ヨリ提出シタル議案ハ委員ノ審査ヲ經スシテ之ヲ議決スルコトヲ得ス但シ緊急ノ場合ニ於テ政府ノ要求ニ由ルモノハ此ノ限ニ在ラス
第二十九條　凡テ議案ヲ發議シ及議院ノ會議ニ於テ議案ニ對シ修正ノ動議ヲ發スルモノハ二十人以上ノ贊成アルニ非サレハ議題ト爲スコトヲ得ス
第三十條　政府ハ何時タリトモ既ニ提出シタル議案ヲ修正シ又ハ撤回スルコトヲ得
第三十一條　凡テ議案ハ最後ニ議決シタル議院ノ議長ヨリ國務大臣ヲ經由シテ之ヲ奏上スヘシ但シ兩議院ノ一ニ於テ提出シタル議案ニシテ他ノ議院ニ於テ否決シタルトキハ第五十四條第二項ノ規定ニ依ル
第三十二條　兩議院ノ議決ヲ經テ奏上シタル議案ニシテ裁可セラルルモノハ次ノ會期マテニ公布セラルヘシ

第六章　停會閉會

第三十三條　政府ハ何時タリトモ十五日以内ニ於テ議院ノ停會ヲ命スルコトヲ得

議院停會ノ後再ヒ開會シタルトキハ前會ノ議事ヲ繼續スヘシ

第三十四條 衆議院ノ解散ニ依リ貴族院ニ停會ヲ命シタル場合ニ於テハ前條第二項ノ例ニ依ラス

第三十五條 帝國議會閉會ノ場合ニ於テ議案建議請願ノ議決ニ至ラサルモノハ後會ニ繼續セス但シ第二十五條ノ場合ニ於テハ此ノ限ニ在ラス

第三十六條 閉會ハ勅命ニ由リ兩議院合會ニ於テ之ヲ擧行スヘシ

第七章 祕密會議

第三十七條 各議院ノ會議ハ左ノ場合ニ於テ公開ヲ停ムルコトヲ得

一 議長又ハ議員十人以上ノ發議ニ依リ議院之ヲ可決シタルトキ

二 政府ヨリ要求ヲ受ケタルトキ

第三十八條 議長又ハ議員十人以上ヨリ祕密會議ヲ發議シタルトキハ議長ハ直ニ傍聽人ヲ退去セシメ討論ヲ用ヰスシテ可否ノ決ヲ取ルヘシ

第三十九條 祕密會議ハ刊行スルコトヲ許サス

第八章 豫算案ノ議定

第四十條 政府ヨリ豫算案ヲ衆議院ニ提出シタルトキハ豫算委員ハ其ノ院ニ於テ受取リタル日ヨリ二十一日以内ニ審査ヲ終リ議院ニ報告スヘシ

第四十一條　豫算案ニ就キ議院ノ會議ニ於テ修正ノ動議ヲ發スルモノハ三十人以上ノ贊成アルニ非サレハ議題ト爲スコトヲ得ス

第九章　國務大臣及政府委員

第四十二條　國務大臣及政府委員ノ發言ハ何時タリトモ之ヲ許スヘシ但シ之カ爲ニ議員ノ演説ヲ中止セシムルコトヲ得ス

第四十三條　議院ニ於テ議案ヲ委員ニ付シタルトキハ國務大臣及政府委員ハ何時タリトモ委員會ニ出席シ意見ヲ述フルコトヲ得

第四十四條　委員會ハ議長ヲ經由シテ政府委員ノ説明ヲ求ムルコトヲ得

第四十五條　國務大臣及政府委員ハ議員タル者ヲ除ク外議院ノ會議ニ於テ表決ノ數ニ預ラス

第四十六條　常任委員會又ハ特別委員會ヲ開ク時ハ毎會委員長ヨリ其ノ主任ノ國務大臣及政府委員ニ報知スヘシ

第四十七條　議事日程及議事ニ關スル報告ハ議員ニ分配スルト同時ニ之ヲ國務大臣及政府委員ニ送付スヘシ

第十章　質　問

第四十八條　兩議院ノ議員政府ニ對シ質問ヲ爲サムトスルトキハ三十人以上ノ贊成者アルヲ要ス

質問ハ簡明ナル主意書ヲ作リ贊成者ト共ニ連署シテ之ヲ議長ニ提出スヘシ

第四十九條　質問主意書ハ議長之ヲ政府ニ轉送シ國務大臣ハ直ニ答辯ヲナシ又ハ答辯スヘキ期日ヲ定メ若シ答辯

ヲ爲ササルトキハ其理由ヲ示明スヘシ

第五十條　國務大臣ノ答辯ヲ得又ハ答辯ヲ得サルトキハ質問ノ事件ニ付議員ハ建議ノ動議ヲ爲スコトヲ得

第十一章　上奏及建議

第五十一條　各議院上奏セムトスル時ハ文書ヲ奉呈シ又ハ議長ヲ以テ總代トシ謁見ヲ請ヒ之ヲ奉呈スルコトヲ得各議院ノ建議ハ文書ヲ以テ政府ニ呈出スヘシ

第五十二條　各議院ニ於テ上奏又ハ建議ノ動議ハ三十人以上ノ賛成アルニ非サレハ議題ト爲スコトヲ得ス

第十二章　兩議院關係

第五十三條　豫算ヲ除ク外政府ノ議案ヲ付スルハ兩議院ノ内何レヲ先ニスルモ便宜ニ依ル

第五十四條　甲議院ニ於テ政府ノ議案ヲ可決シ又ハ修正シテ議決シタルトキハ乙議院ニ之ヲ移スヘシ乙議院ニ於テ甲議院ノ議決ニ同意シ又ハ否決シタルトキハ之ヲ奏上スルト同時ニ甲議院ニ通知スヘシ

乙議院ニ於テ甲議院ノ提出シタル議案ヲ否決シタルトキハ之ヲ甲議院ニ通知スヘシ

第五十五條　乙議院ニ於テ甲議院ヨリ移シタル議案ニ對シ之ヲ修正シタルトキハ之ヲ甲議院ニ回付スヘシ甲議院ニ於テ乙議院ノ修正ニ同意シタルトキハ之ヲ奏上スルト同時ニ乙議院ニ通知スヘシ若之ニ同意セサルトキハ兩院協議會ヲ開クコトヲ求ムヘシ

甲議院ヨリ協議會ヲ開クコトヲ求ムルトキハ乙議院ハ之ヲ拒ムコトヲ得ス

第五十六條　兩院協議會ハ兩議院ヨリ各々十人以下同數ノ委員ヲ選擧シ會同セシム委員ノ協議成立スルトキハ議案ヲ政府ヨリ受取リ又ハ提出シタル甲議院ニ於テ先ツ之ヲ議シ次ニ乙議院ニ移スヘシ

協議會ニ於テ成立シタル成案ニ對シテハ更ニ修正ノ動議ヲ爲スコトヲ許サス

第五十七條　國務大臣政府委員及各議院ノ議長ハ何時タリトモ兩院協議會ニ出席シテ意見ヲ述フルコトヲ得

第五十八條　兩院協議會ハ傍聽ヲ許サス

第五十九條　兩院協議會ニ於テ可否ノ決ヲ取ルハ無名投票ヲ用ヒ可否同數ナルトキハ議長ノ決スル所ニ依ル

第六十條　兩院協議會ノ議長ハ兩院協議委員ニ於テ各々一員ヲ互選シ毎會更代シテ席ニ當ラシムヘシ其ノ初會ニ於ケル議長ハ抽籤法ヲ以テ之ヲ定ム

第六十一條　本章ニ定ムル所ノ外兩議院交渉事務ノ規程ハ其ノ協議ニ依リ之ヲ定ムヘシ

第十三章　請　願

第六十二條　各議院ニ呈出スル人民ノ請願書ハ議員ノ紹介ニ依リ議院之ヲ受取ルヘシ

第六十三條　請願書ハ各議院ニ於テ請願委員ニ付シ之ヲ審査セシム

請願委員請願書ヲ以テ規程ニ合ハスト認ムルトキハ議長ハ紹介ノ議員ヲ經テ之ヲ却下スヘシ

第六十四條　請願委員ハ請願文書表ヲ作リ其ノ要領ヲ錄シ毎週一回議院ニ報告スヘシ請願委員特別ノ報告ニ依レル要求又ハ議員三十人以上ノ要求アルトキハ各議院ハ其ノ請願事件ヲ會議ニ付スヘシ

第六十五條　各議院ニ於テ請願ノ採擇スヘキコトヲ議決シタルトキハ意見書ヲ附シ其請願書ヲ政府ニ送付シ事宜ニ依リ報告ヲ求ムルコトヲ得

第六十六條　法律ニ依リ法人ト認メラレタル者ヲ除ク外總代ノ名義ヲ以テスル請願ハ各議院之ヲ受クル事ヲ得ス

第六十七條　各議院ハ憲法ヲ變更スルノ請願ヲ受クルコトヲ得ス

第六十八條　請願書ハ總テ哀願ノ體式ヲ用ウヘシ若シ請願ノ名義ニ依ラス若ハ其ノ體式ニ違フモノハ各議院之ヲ受クルコトヲ得ス

第六十九條　請願書ニシテ皇室ニ對シ不敬ノ語ヲ用キ政府又ハ議院ニ對シ侮辱ノ語ヲ用キルモノハ各議院之ヲ受クルコトヲ得ス

第七十條　各議院ハ司法及行政裁判ニ干預スルノ請願ヲ受クルコトヲ得ス

第七十一條　各議院ハ各別ニ請願ヲ受ケ互ニ相干預セス

第十四章　議院ト人民及官廳地方議會トノ關係

第七十二條　各議院ハ人民ニ向テ告示ヲ發スルコトヲ得ス

第七十三條　各議院ハ審査ノ爲ニ人民ヲ召喚シ及議員ヲ派出スルコトヲ得ス

第七十四條　各議院ヨリ審査ノ爲ニ政府ニ向テ必要ナル報告又ハ文書ヲ求ムルトキハ政府ハ祕密ニ渉ルモノヲ除ク外其ノ求ニ應スヘシ

第七十五條　各議院ハ國務大臣及政府委員ノ外他ノ官廳及地方議會ニ向テ照會往復スルコトヲ得ス

第十五章　退職及議員資格ノ異議

第七十六條　衆議院ノ議員ニシテ貴族院議員ニ任セラレ又ハ法律ニ依リ議員タルコトヲ得サル職務ニ任セラレタルトキハ退職者トス

第七十七條　衆議院ノ議員ニシテ選擧法ニ記載シタル被選ノ資格ヲ失ヒタルトキハ退職者トス

第七十八條　衆議院ニ於テ議員ノ資格ニ付異議ヲ生シタルトキハ特ニ委員ヲ設ケ時日ヲ期シ之ヲ審査セシメ其ノ報告ヲ待テ之ヲ議決スヘシ

第七十九條　裁判所ニ於テ當選訴訟ノ裁判手續ヲ爲シタルモノハ衆議院ニ於テ同一事件ニ付審査スルコトヲ得ス

第八十條　議員其ノ資格ナキコトヲ證明セラルルニ至ルマテハ議院ニ於テ位列及發言ノ權ヲ失ハス但シ自身ノ資格審査ニ關ル會議ニ於テハ辯明スルコトヲ得ルモ其ノ表決ニ預ルコトヲ得ス

第十六章　請暇辭職及補闕

第八十一條　各議院ノ議長ハ一週間ニ超ニサル議員ノ請暇ヲ許可スルコトヲ得其ノ一週間ヲ超ユルモノハ議院ニ於テ之ヲ許可ス期限ナキモノハ之ヲ許可スルコトヲ得ス

第八十二條　各議員ハ正當ノ理由ヲ以テ議長ニ屆出スシテ會議又ハ委員會ニ闕席スルコトヲ得ス

第八十三條　衆議院ハ議員ノ辭職ヲ許可スルコトヲ得

第八十四條　何等ノ事由ニ拘ラス衆議院議員ハ闕員ヲ生シタルトキハ議長ヨリ内務大臣ニ通牒シ補闕選擧ヲ求ムヘシ

第十七章　紀律及警察

第八十五條　各議院開會中其ノ紀律ヲ保持セムカ爲内部警察ノ權ハ此ノ法律及各議院ニ於テ定ムル所ノ規則ニ從ヒ議長之ヲ施行ス

第八十六條　各議院ニ於テ要スル所ノ警察官吏ハ政府之ヲ派出シ議長ノ指揮ヲ受ケシム

第八十七條　會議中議員此ノ法律若ハ議事規則ニ違ヒ其ノ他議場ノ秩序ヲ紊ルトキハ議長ハ之ヲ警戒シ又ハ制止シ又ハ發言ヲ取消サシムル命ニ從ハサルトキハ議長ハ當日ノ會議ヲ終ルマテ發言ヲ禁止シ又ハ議場ノ外ニ退去セシムルコトヲ得

第八十八條　議場騷擾ニシテ整理シ難キトキハ議長ハ當日ノ會議ヲ中止シ又ハ之ヲ閉ツルコトヲ得

第八十九條　傍聽人議場ノ妨害ヲ爲ス者アルトキハ議長ハ之ヲ退場セシメ必要ナル場合ニ於テハ之ヲ警察官廳ニ引渡サシムルコトヲ得

傍聽席騷擾ナルトキハ議長ハ總テノ傍聽人ヲ退場セシムルコトヲ得

第九十條　議場ノ秩序ヲ紊ル者アルトキハ國務大臣政府委員及議員ハ議長ノ注意ヲ喚起スルコトヲ得

第九十一條　各議院ニ於テ皇室ニ對シ不敬ノ言語論説ヲ爲スコトヲ得ス

第九十二條　各議院ニ於テ無禮ノ語ヲ用キルコトヲ得ス及他人ノ身上ニ涉リ言論スルコトヲ得ス

第九十三條　議院又ハ委員會ニ於テ誹毀侮辱ヲ被リタル議員ハ之ヲ議院ニ訴ヘテ處分ヲ求ムヘシ私ニ相報復スルコトヲ得ス

第十八章　懲罰

第九十四條　各議院ハ其ノ議員ニ對シ懲罰ノ權ヲ有ス

第九十五條　各議院ニ於テ懲罰事犯ヲ審査スル爲ニ懲罰委員ヲ設ク

懲罰事犯アルトキハ議長ハ先ツ之ヲ委員ニ付シ審査セシメ議院ノ議ヲ經テ之ヲ宣告ス

各委員會又ハ各部ニ於テ懲罰事犯アルトキハ委員長又ハ部長ハ之ヲ議長ニ報告シ處分ヲ求ムヘシ

第九十六條　懲罰ハ左ノ如シ

一　公開シタル議場ニ於テ譴責ス

二　公開シタル議場ニ於テ適當ノ謝辭ヲ表セシム

三　一定ノ時間出席ヲ停止ス

四　除　名

衆議院ニ於テ除名ハ出席議員三分ノ二以上ノ多數ヲ以テ之ヲ決スヘシ

第九十七條　衆議院ハ除名ノ議員再選ニ當ル者ヲ拒ムコトヲ得ス

第九十八條　議員ハ二十人以上ノ贊成ヲ以テ懲罰ノ動議ヲ爲スコトヲ得
懲罰ノ動議ハ事犯アリシ後三日以内ニ之ヲ爲スヘシ

第九十九條　議員正當ノ理由ナクシテ勅諭ニ指定シタル期日後一週間内ニ召集ニ應セサルニ由リ又正當ノ理由ナクシテ會議又ハ委員會ニ闕席スルニ由リ若ハ請暇ノ期限ヲ過キタルニ由リ議長ヨリ特ニ招狀ヲ發シ其ノ招狀ヲ受ケタル後一週間内ニ仍故ナク出席セサル者ハ貴族院ニ於テハ其ノ出席ヲ停止シ上奏シテ勅裁ヲ請フヘク衆議院ニ於テハ之ヲ除名スヘシ

㊥衆議院規則（明治二十三年十二月一日議決）最近改正（大正十四年三月二十四日議決）

第一章　成　立

第一條　議員ハ召集ノ勅諭ニ指定シタル期日ノ午前九時衆議院ニ集會スヘシ

第二條　集會シタル議員ハ當選證書ト倶ニ名刺ヲ事務局ニ通スヘシ書記官ハ當選人名簿ニ各員ノ當選證書ヲ對照スヘシ

第三條　午前十時ニ至リ集會シタル議員總議員三分ノ一ニ達シタルトキハ議員ハ議長候補者ノ選擧ヲ行フヘシ

第四條　議長候補者ノ選擧ハ無名投票ヲ以テシ候補者三名ヲ連記スヘシ

第五條　議員ハ點呼ニ應シ議長席ノ前ニ設ケタル投票函ニ投票ヲ投入シ其名刺ヲ名刺函ニ投入スヘシ

現在議員投票ヲ終リタルトキハ書記官長ハ投票函ノ閉鎖ヲ宣告スヘシ閉鎖宣告ノ後ハ投票スルコトヲ許サス

第六條　投票終リタルトキハ書記官長ハ書記官ヲシテ直ニ投票ヲ計算シ之ヲ點檢セシム投票ノ數名刺ノ數ニ超過シタルトキハ更ニ投票ヲ行ハシムヘシ但シ選擧ノ結果ニ異動ヲ及ホサヽルトキハ此ノ限ニ在ラス

第七條　投票ノ點檢終リタルトキハ書記官長各候補者ノ得點ヲ議員ニ報告シ投票ノ過半數ヲ得タル者ヲ以テ當選人トス

第八條　投票ノ過半數ヲ得タルモノナキトキ又ハ過半數ヲ得タル者三人ニ滿タサルトキハ最多數ノ投票ヲ得タル者ニ就キ選擧スヘキ定員ノ倍數ヲ取リ決選投票ヲ行ヒ多數ヲ得タル者ヲ以テ當選人トス同數者二人以上アルトキハ年齡多キ者ヲ取リ年齡同シキトキハ抽籤ヲ以テ之ヲ定ム

第九條　當選人ニシテ當選ヲ辭スル者アルトキハ更ニ其ノ選擧ヲ行フヘシ

第十條　議長候補者ノ選擧終リタルトキハ副議長候補者ノ選擧ヲ行フヘシ

副議長候補者ノ選擧ハ議長候補者選擧ノ例ニ同シ

第十一條　議長候補者ハ副議長候補者ニ選擧セラルルコトヲ得

第十二條　選擧ニ付疑義ヲ生スルトキハ書記官長ハ集會シタル議員ニ諮ヒ之ヲ決スヘシ

第十三條　議長副議長ノ候補者定マリタルトキハ書記官長ハ内閣總理大臣ヲ經由シテ之ヲ奏上スヘシ

第十四條　議長副議長任命ノ翌日午前九時議員ハ議場ニ集會スヘシ
書記官長ハ議長及副議長ヲ議院ニ紹介シ議長ヲ導キテ議長席ニ著カシムヘシ
第十五條　議員ノ議席ハ毎會期ノ始ニ於テ議長之ヲ定ム但シ必要ト認ムルトキハ之ヲ變更スルコトヲ得
議席ニハ各號數及指名標ヲ付ス
第十六條　議長ハ議席ヲ指定シタル後書記官ヲシテ抽籤セシメ議員ノ部屬ヲ定ム
第十七條　議員ノ部屬ハ毎會期ニ之ヲ定メ各部ニ號數ヲ付ス
總議員ヲ九部ニ配分シ均分スルコト能ハサルトキハ第一部ヨリ以下毎部一員ヲ加フヘシ
議長副議長ハ部員ノ中ニ入ラス
第十八條　臨時會ニ於テハ前會ノ議席及部屬ヲ繼續スヘシ
第十九條　各部ハ年長部員ヲ以テ管理者トシ無名投票ヲ以テ部員中ヨリ部長一名ヲ互選シ其ノ最多數ヲ得タル者ヲ以テ當選人トス
最多數ヲ得タル者同數者二人以上アルトキハ第八條第二項ノ例ニ依ル
第二十條　部長ハ部ノ事務ヲ整理ス
第二十一條　各部ハ部員中ヨリ理事一名ヲ互選ス
理事ノ互選ハ部長互選ノ例ニ同シ

第二十二條　理事ハ部長ヲ輔ケ部長故障アルトキハ之ヲ代理スヘシ

第二十三條　議席及部屬定マリタルトキハ議長ハ議院ノ成立シタルコトヲ政府及貴族院ニ通知スヘシ

第二十四條　議員一任期ノ第二會期以下ニ於テハ召集ノ期日午前十時ニ至リ議員總數三分ノ一ニ達シタルトキハ議席及部屬ヲ定メタル後議院ノ成立シタルコトヲ政府及貴族院ヘ通知スヘシ

第二章　假議長選擧

第二十五條　假議長ノ選擧ハ無名投票ヲ以テ之ヲ行ヒ過半數ヲ得タル者ヲ以テ當選人トス
過半數ヲ得タル者ナキトキハ最多數ノ投票ヲ得タル者二人ニ就キ更ニ決選投票ヲ行ヒ多數ヲ得タル者ヲ以テ當選人トス
同數者二人以上アルトキハ第八條第二項ノ例ニ依ル
議員ハ假議長ノ選擧ヲ議長ニ委任スルコトヲ得

第二十六條　假議長ノ選擧ヲ行フ場合ニ於テ議長ノ職務ヲ行フ者ナキトキハ全院委員長議長ノ職務ヲ行フヘシ但シ全院委員長故障アルトキ又ハ其ノ選擧未タ施行セラレサルトキハ出席議員中ノ年長者ヲ以テ之ニ充ツ

第三章　委員

第一節　通則

第二十七條　委員ノ審査ハ議院ノ付託シタル事件ノ外ニ渉ルコトヲ得ス

第二十八條　委員ハ委員會ニ於テ同一事件ニ付幾回タリトモ發言スルコトヲ得

第二十九條　委員長ハ委員會ノ會議ヲ整理シ秩序ヲ保持ス

第三十條　委員會ノ議事ハ出席員ノ過半數ヲ以テ決ス可否同數ナルトキハ委員長ノ決スル所ニ依ル

第三十一條　委員長自ラ討議ニ與カラムトスルトキハ委員中ヨリ代理者ヲ指名シ委員長席ニ著カシムヘシ

第二節　全院委員

第三十二條　全院委員長ノ選擧ハ第二十五條第一項乃至第三項ノ例ニ依ル

第三十三條　全院委員長故障アルトキハ第一部長其ノ職務ヲ行ヒ第一部長亦故障アルトキハ順次ニ第二部長以下之ヲ行フ

第三十四條　全院委員會ハ議長又ハ議員二十人以上ノ發議ニ由リ討論ヲ用ヰス議院ノ決議ヲ以テ之ヲ開ク

第三十五條　全院委員會ヲ開クコトヲ議決シタルトキハ即時ニ開會スヘシ

即時ニ開會セサルノ議決ヲ爲シタルトキハ議長開會ノ期日ヲ定メ議事日程ニ記載スヘシ

第三十六條　全院委員會ヲ開クトキハ議長其ノ席ヲ退クヘシ

委員長ノ席ハ書記官長ノ席ヲ以テ之ニ充ツ

第三十七條　全院委員會ニ於ケル動議ハ一人以上ノ贊成者ヲ待チテ議題ト爲スヘシ

第三十八條　全院委員會ハ自ラ其ノ規則ヲ議決スルコトヲ得

第三十九條 全院委員會議事ヲ終ルトキハ委員長ハ議長ノ復席ヲ求メ其ノ結果ヲ議院ニ報告スヘシ

第四十條 全院委員會ハ自ラ延會スルコトヲ得ス若シ議事終局セサルトキハ委員長ハ議長ノ復席ヲ求メ議事ノ經過ヲ議院ニ報告スヘシ

此ノ場合ニ於テハ議長ハ更ニ開會ノ期日ヲ定メ議事日程ニ記載スヘシ

第四十一條 全院委員會ニ於テ議院法若ハ議院規則ニ違ヒ議場ノ秩序ヲ紊ル者アルトキハ議長ハ委員長ノ請求ヲ待タス其ノ席ニ復シ委員會ヲ解クコトヲ得

第四十二條 全院委員會ノ議決スルコトヲ得サル事件生スルトキハ委員長ハ議長ノ復席ヲ求メ其ノ席ヲ退クヘシ

第四十三條 全院委員會ニ於テハ書記官書記官長ノ職務ヲ行フ

第三節　常任委員

第四十四條 議院ハ每會期ノ始ニ於テ左ニ列記スル常任委員ヲ選擧ス

一　豫算委員　六十三人
二　決算委員　四十五人
三　請願委員　四十五人
四　懲罰委員　二十七人

其ノ他議院ニ於テ必要ト認ムルモノ

第四十五條　常任委員ハ各部ニ於テ無名投票ヲ以テ總議員中ヨリ選擧シ最多數ヲ得タル者ヲ以テ當選人トス同數者二人以上アルトキハ抽籤ヲ以テ之ヲ定ム

各常任委員ノ選擧ハ議院ノ命スル所ニ依リ各部同時ニ之ヲ行フヘシ

第四十六條　各部ニ於テ當選人定マリタルトキハ部長ハ之ヲ議長ニ報告スヘシ

第四十七條　數部ノ選擧ニ當選シタル者ハ其ノ所屬部ノ當選人トス所屬部ノ外ニ於テ數部ノ選擧ニ當選シタル者ハ部號ノ順序ニ從ヒ其ノ當選人トス

第四十八條　前條又ハ其ノ他ノ事由ニ因リ委員ニ闕員ヲ生シタルトキハ其ノ選擧シタル部ニ於テ補闕選擧ヲ行フヘシ

第四十九條　委員ニ選擧セラレタル者ハ正當ノ事由ナクシテ其ノ任ヲ辭スルコトヲ得ス

第五十條　委員長ハ無名投票ヲ以テ互選シ最多數ヲ得タル者ヲ以テ當選人トス同數者二人以上アルトキハ抽籤ヲ以テ之ヲ定ム

第五十一條　委員會ニ一名又ハ數名ノ理事ヲ置ク理事ハ無名投票ヲ以テ委員中ヨリ之ヲ互選ス

委員長故障アルトキハ理事其ノ職務ヲ代理ス

第五十二條　議院ニ於テ委員會ノ期日ヲ指定セサルトキハ委員長之ヲ定ム

第五十三條　委員會ハ議院ノ會議時間ニ於テ之ヲ開クコトヲ得ス但シ議院ノ許可ヲ得タルトキハ此ノ限ニ在ラス

第五十四條 委員會ハ其ノ付託ヲ受ケタル事件ニ關シ意見ヲ有スル議員アルトキハ其ノ意見ヲ聽クコトヲ得

第五十五條 委員會議錄及其ノ他參考文書ノ閱覽ヲ求ムル議員アルトキハ委員會ハ審査ノ障碍ヲ生セサル限之ヲ許スヘシ但シ議院ノ外ニ携帶スルコトヲ許サス

第五十六條 委員會ノ審査終ルトキハ報告書ヲ作リ委員長ヨリ議長ニ提出スヘシ

委員會ノ決議ニ依リ委員長ハ口述ヲ以テ報告スルコトヲ得但シ議院ハ文書ノ報告ヲ求ムルコトヲ得

委員長ハ委員會ノ決議ヲ經テ其ノ報告ヲ他ノ委員ニ依託スルコトヲ得

第五十七條 議院ハ期限ヲ定メ委員會ヲシテ審査ノ報告ヲ爲サシムルコトヲ得

議長ニ於テ特ニ祕密ト認ムルモノノ外委員會ノ報告書ハ印刷シテ豫メ之ヲ議員ニ配付スヘシ

第五十八條 委員會故ナク其ノ報告ヲ遲延スルトキハ議院ハ改メテ他ノ委員ヲ選任スルコトヲ得

第五十九條 委員會ニ於テ少數ヲ以テ廢棄セラレタル意見ヲ議院ニ提出セムトスル者出席委員三分ノ一ニ及フトキハ委員會ノ報告ト俱ニ其ノ意見書ヲ提出スルコトヲ得

第六十條 委員會ハ委員會議錄ヲ作リ出席者ノ氏名表決ノ數決議ノ要領及其ノ他重要ノ事件ヲ記載スヘシ

第六十一條 委員會議錄ハ委員長及理事之ニ署名シ事務局ニ保存スヘシ

第六十二條 豫算委員決算委員及請願委員ハ其ノ事務ヲ捷速ナラシムル爲分テ數科ト爲スコトヲ得此ノ場合ニ於テハ各科ニ主查ヲ互選スヘシ

各科主査ハ議院ニ於テ委員長ノ報告ヲ補足スルコトヲ得

第四節　特別委員

第六十三條　特別委員ノ數ハ九名トス但シ付託事件ノ種類ニ由リ議院ノ決議ヲ以テ增加スルコトヲ得

第六十四條　特別委員ハ議院ニ於テ無名投票ヲ以テ連記選擧シ最多數ヲ得タル者ヲ當選人トス同數者二人以上アルトキハ抽籤ヲ以テ之ヲ定ム

議院ハ特別委員ノ選擧ヲ議長ニ委任スルコトヲ得

第六十五條　特別委員ニ闕員ヲ生シタルトキハ其ノ選擧シタル方法ニ依リ補闕選擧ヲ行フヘシ

第六十六條　議院ハ特別委員ニ付託シタル事件ニ連繫スル他ノ事件ヲ併セテ之ヲ付託スルコトヲ得

第六十七條　議院ハ特別委員ノ報告ヲ受ケタル後更ニ其ノ事件ヲ同一委員ニ付託シ又ハ他ノ委員ニ付託スルコトヲ得

第六十八條　第四十九條ヨリ第六十一條ニ至ル迄ノ規定ハ本節ニ適用ス

第四章　議員資格審査

第六十九條　議員他ノ議員ノ資格ニ對シ異議アルトキハ異議申立書及其ノ副本ヲ作リ署名シテ之ヲ議長ニ差出スヘシ

議長ハ異議申立書ヲ資格審査委員ニ付シ及其ノ副本ヲ被申立議員ニ送達シ期日ヲ定メ答辯書ヲ差出サシムヘシ

被申立議員天災事變又ハ疾病ニ因リ期間内ニ答辯書ヲ差出スコト能ハサリシコトヲ證明スルトキハ議長ハ更ニ期日ヲ定メ答辯書ヲ差出サシムルコトヲ得

第七十條　議長被告申立議員ノ答辯書ヲ受取リタルトキハ資格審査委員ニ付シ時日ヲ期シテ之ヲ審査セシムヘシ

第七十一條　被告申立議員期日内ニ答辯書ヲ差出サヽルトキハ資格審査委員ハ直ニ審査ノ結果ヲ報告スルコトヲ得

第七十二條　資格審査委員ハ必要ト認ムルトキハ議長ヲ經由シテ異議申立議員及被申立議員ヲ召喚訊問スルコトヲ得

第七十三條　委員其ノ審査報告ヲ議長ニ提出シタルトキハ議長之ヲ各議員ニ配付シタル後院議ニ付スヘシ

第七十四條　被申立議員ハ自ラ議院ニ辯明シ又ハ他ノ議員ヲシテ代リテ辯明セシムルコトヲ得

第五章　開議散會及延會

第七十五條　會議ハ午後一時ニ始ム但シ議長必要ト認ムルトキハ此ノ限ニ在ラス

第七十六條　議事日程ニ掲ケタル議事ヲ終リタルトキハ議長散會ヲ宣告ス

議事未タ終ラサルモ午後六時ニ至ルトキハ議長ハ議院ニ諮ハスシテ延會ヲ宣告スルコトヲ得但シ緊急ノ議事ニ付テハ此ノ限ニ在ラス

第七十七條　議事開始ノ時刻ニ至ルトキハ議長其ノ席ニ著キ諸般ノ事項ヲ報告シテ後ニ會議ヲ開クコトヲ宣告ス

議長會議ヲ宣告セサル間ハ何人モ議事ニ付發言スルコトヲ得ス

第七十八條 出席議員若定數ニ充タサルトキハ議長ハ相當ノ時間ヲ經テ之ヲ計算セシム計算二囘ニ至リ仍定數ニ充タサルトキハ延會ヲ宣告スヘシ

第七十九條 議長散會延會又ハ中止ヲ宣告シタル後ハ何人モ議事ニ付發言スルコトヲ得ス

第六章　議事日程

第八十條 議長ハ會議ノ終ニ於テ次會ノ議事日程ヲ議院ニ報告スヘシ

第八十一條 凡テ議院ノ會議ニ付スヘキ事件及次序並開議ノ日時ハ之ヲ議事日程ニ記載スヘシ

第八十二條 議事日程ハ官報ニ掲載シ及議員ニ配付スヘシ

第八十三條 議事日程ニ某議案ノ會議時刻ヲ定メタル場合ニ於テ其ノ時刻ニ至リタルトキハ議長ハ會議中ノ議事ヲ中止シテ時刻ヲ定メタル事件ノ會議ニ移ルヘシ

第八十四條 議事日程ニ記載シタル事件アルニ拘ラス他ノ緊急事件ニ付開議ノ動議ヲ起ス者アルトキ又ハ議長自ラ緊急事件ト認ムルトキハ討論ヲ用キスシテ議院ニ諮ヒ議事日程ヲ變更スルコトヲ得

第八十五條 議事日程ニ指定シタル日ニ於テ其ノ記載事件ノ會議ヲ開クコト能ハサルトキ又ハ會議終局ニ至ラサルトキハ議長ハ更ニ其ノ日程ヲ定ムヘシ

第八十六條 貴族院ニ於テ既ニ議會ニ付シタル議案ト同一ナル事件ヲ議事日程ニ記載スルコトヲ得ス但シ兩議院

ノ議決ヲ要セサルモノハ此ノ限ニ在ラス

第八十七第　貴族院ヨリ提出シタル議案ハ政府ヨリ提出シタル議案ニ次キ議事日程ニ記載スヘシ

第七章　議　事

第一節　發議、動議及撤回

第八十八條　議員法律案又ハ上奏案建議案ヲ發議セムトスル者ハ其ノ案ヲ具ヘ理由ヲ附シ定規ノ賛成者ト共ニ連署シテ議長ニ差出シ議長ハ之ヲ印刷シテ各議員ニ配付スヘシ

第八十九條　決議ノ動議ハ二十人以上ノ賛成者ヲ待チテ議題ト爲スヘシ

第九十條　議院法及此ノ規則ニ於テ特ニ規定シタル場合ヲ除ク外凡ソ動議ハ一人以上ノ賛成者ヲ待チテ議題ト爲スヘシ

第九十一條　議員ノ發議ニ係ル議案及動議ノ撤回ハ發議者全部ヨリ之ヲ請求スヘシ

前項ノ議案及動議ノ撤回ハ議題ト爲リタル後ハ議院ノ許可ヲ經ルコトヲ要ス

第二節　讀　會

第九十二條　第一讀會ハ議案ヲ各議員ニ配付シタル後少クトモ二日ヲ隔テ之ヲ開クヘシ但シ緊急事件ニ付テハ此ノ限ニ在ラス

第九十三條　第一讀會ニ於テ議案ヲ朗讀シタル後國務大臣政府委員又ハ發議者ハ其ノ趣旨ヲ辯明スルコトヲ得

議員ハ議案ニ對シ疑義アルトキハ國務大臣政府委員又ハ發議者ニ說明ヲ求ムルコトヲ得
議長ハ便宜議案ノ朗讀ヲ省略セシムルコトヲ得
第九十四條　前條ノ手續ヲ終リタルトキハ政府又ハ貴族院ヨリ提出シタル議案ハ之ヲ委員ニ付託スヘシ
議院ハ委員ノ報告ヲ待チ大體ニ付討論シタル後第二讀會ヲ開クヘキヤ否ヲ決スヘシ
議員ヨリ提出シタル議案ハ大體ニ付討論シタル後第二讀會ヲ開クヘキヤ否ヲ決スヘシ若委員ニ付託スルノ動議アリテ之ヲ可決シタルトキハ其ノ報告ヲ待チ第二讀會ヲ開クヘキヤ否ヲ決スヘシ第二讀會ヲ開クヘカラスト決シタルトキハ其ノ議案ヲ廢棄シタルモノトス
第九十五條　第二讀會ハ第一讀會ヲ終リタル後少クトモ二日ヲ隔テ之ヲ開クヘシ但シ議長ハ議院ニ諮ヒ時日ヲ短縮シ又ハ第一讀會ト同日ニ之ヲ開クコトヲ得
第九十六條　第二讀會ニ於テハ議案ヲ逐條朗讀シテ之ヲ議決スヘシ
議長ハ便宜議案ノ朗讀ヲ省略セシムルコトヲ得
第九十七條　第二讀會ニ於テハ議案ニ對シ修正ノ動議ヲ提出スルコトヲ得
議員ハ讀會ノ前豫メ修正案ヲ議長ニ提出スルコトヲ得
第九十八條　委員ノ報告ニ係ル修正ハ贊成ヲ待タスシテ議題ト爲スヘシ
第九十九條　議長ハ逐條審議ノ順序ヲ變更シ又ハ數條ヲ連ネ又ハ一條ヲ分割シテ討論ニ付スルコトヲ得但シ議員

ヨリ異議ヲ申立テ三十人以上ノ贊成者アルトキハ討論ヲ用ヰスシテ之ヲ決スヘシ

第百條 第二讀會ノ終リニ於テ議院ハ修正決議ノ條項及字句ノ整理ヲ委員ニ付託シ又ハ議長ニ依託スルコトヲ得

第百一條 第三讀會ハ第二讀會ノ後少クトモ二日ヲ隔テ之ヲ開クヘシ但シ議長ハ議院ニ諮ヒ時日ヲ短縮シ又ハ第二讀會ト同時ニ之ヲ開クコトヲ得

第百二條 第三讀會ニ於テハ議案全體ノ可否ヲ議決スヘシ

第百三條 第三讀會ニ於テハ文字ヲ更正スルノ外修正ノ動議ヲ爲スコトヲ得ス但シ議案中互ニ牴觸スル事項又ハ現行法律ト牴觸スル事項アルコトヲ發見シタルトキ必要ノ修正ヲ動議スルハ此ノ限ニ在ラス

第三節 討論

第百四條 議事日程ニ記載シタル議題ニ對シ發言セムト欲スル者ハ會議開始前ニ豫メ其ノ氏名及反對又ハ贊成ノ旨ヲ記シテ書記官ニ通告スルコトヲ得

第百五條 書記官ハ前條通告ノ順序ニ由リ之ヲ發言表ニ記入シ議長ニ報告スヘシ議長ハ討論ヲ始ムルニ當リ發言表ニ依リ反對者ヲシテ最初ニ發言セシメ次ニ贊成者及反對者ヲ可成交互ニ指名シテ發言セシムヘシ

前項ノ指名ニ應セサル者ハ通告ノ效ヲ失フ

第百六條 通告ヲ爲ササル議員ハ通告ヲ爲シタル議員總テ發言ヲ終リタル後ニ非サレハ發言ヲ求ムルコトヲ得ス通告ヲ爲シタル甲方ノ議員未タ發言ヲ終ラスト雖乙方ノ議員既ニ發言ヲ終リタルトキハ通告ヲ爲ササル乙方ノ

議員發言ヲ求ムルコトヲ得

第百七條　通告ヲ爲サスシテ發言セムト欲スル者ハ起立シテ議長ト呼ヒ自己ノ氏名ヲ告ケ議長ノ許可ヲ得テ發言スヘシ

第百八條　二人以上起立シテ發言ヲ求ムルトキハ議長ハ先起立者ト認ムル者ヲ指名シテ發言セシム

第百九條　延會又ハ議事中止ノトキ發言ヲ終ラサル議員ハ更ニ其ノ議事ヲ始ムルトキニ於テ前ノ發言ヲ繼續スルコトヲ得

第百十條　凡テ發言ハ演壇ニ於テ之ヲ爲スヘシ但シ極メテ簡單ナル發言及特ニ議長ノ許可ヲ得タルモノハ此ノ限ニ在ラス

第百十一條　議長ハ何時ニテモ議席ニ於テ發言スル議員ヲシテ演壇ニ登ラシムルコトヲ得

第百十二條　討論ハ議題外ニ渉ルコトヲ得ス

第百十三條　議員ハ同一ノ議題ニ付發言二回ニ及フコトヲ得ス但シ質疑應答ハ此ノ限ニ在ラス

第百十四條　委員長又ハ報告者ハ其ノ報告ノ趣旨ヲ辯明スル爲ニ數回ノ發言ヲ爲スコトヲ得

國務大臣政府委員發議者及動議者ハ議案又ハ發議動議ノ趣旨ヲ辯明スル爲ニ數回ノ發言ヲ爲スコトヲ得

第百十五條　資格ニ付異議ヲ申立ラレタル議員又ハ懲罰事犯アリト告ケラレタル議員ハ辯明ノ爲ニ數回ノ發言ヲ爲スコトヲ得

第百十六條　會議ニ於テ意見書又ハ理由書ヲ朗讀スルコトヲ得ス但シ引證若ハ報告ノ爲ニ簡單ナル文書ヲ朗讀スルハ此ノ限ニ在ラス

第百十七條　議長自ラ討論ニ與カラムトスルトキハ豫メ之ヲ通告シ議席ニ著キ副議長ヲシテ議長席ニ著カシムヘシ

第百十八條　議長討論ニ與カリタルトキハ其ノ問題ノ表決ヲ終ル迄議長席ニ復スルコトヲ得ス

第百十九條　議長ハ討論ノ終局ヲ宣告ス

第百二十條　發言者未タ盡キスト雖議員討論終局ノ動議ヲ提出シ二十人以上ノ贊成アルトキハ議長ハ議院ニ諮ヒ討論ヲ用キスシテ之ヲ決スヘシ

第百二十一條　討論終局シタルトキハ質議ハ之ヲ許サス

質議ヲ終局セムトスルトキハ前條ノ例ニ依ル

第四節　修正

第百二十二條　議案ニ對スル修正ノ動議ハ其ノ案ヲ具ヘ議長ニ提出スヘシ

第百二十三條　議員ノ提出シタル修正案ハ委員會ノ提出シタル修正案ニ先チテ決ヲ採ルヘシ

第百二十四條　同一ノ議題ニ付數箇ノ修正案提出セラレタル場合ニ於テハ議長ハ表決ノ順序ヲ定ム其ノ順序ハ原案ニ最遠キモノヨリ先ニス若議員異議ヲ申立テ三十人以上ノ贊成アルトキハ議長ハ討論ヲ用キスシテ議院ニ諮

ヒ之ヲ決スヘシ

第百二十五條　既ニ成立シタル修正ノ動議ハ議院ノ許可ヲ經ルニ非サレハ之ヲ撤回スルコトヲ得ス

一員議ノ撤回シタル動議ハ他ノ議員定規ノ贊成者ト共ニ之ヲ繼續スルコトヲ得

第百二十六條　修正案總テ否決セラレタルトキハ原案ニ就テ決ヲ採ルヘシ

第百二十七條　修正案原案共ニ過半數ノ贊成ヲ得サル場合ニ當リ議院ニ於テ廢棄スヘカラサルモノト議決スルトキハ特ニ委員ヲシテ其ノ案ヲ起サシメ會議ニ付スルコトヲ得

第五節　表　決

第百二十八條　表決ノ際議場ニ現在セサル議員ハ表決ニ加ハルコトヲ得ス

第百二十九條　議長表決ヲ採ラムトスルトキハ表決ニ付スヘキ問題ヲ議院ニ宣告スヘシ

議長問題ヲ宣告シタル後ハ何人モ議題ニ付發言スルコトヲ得ス

第百三十條　議長表決ヲ採ラムトスルトキハ問題ヲ可トスル者ヲ起立セシメ起立者ノ多少ヲ認定シ可否ノ結果ヲ宣告スヘシ若認定シ難キトキ又ハ議員議長ノ宣告ニ對シ異議ヲ申立テ三十人以上ノ贊成アルトキハ議長ハ記名投票ヲ以テ表決ヲ爲サシムヘシ

第百三十一條　議長必要ト認ムルトキ又ハ議員三十人以上ノ要求アルトキハ起立ノ方法ヲ用ヰスシテ記名若ハ無名投票ヲ以テ表決ヲ爲サシムヘシ

第百三十二條　記名投票ヲ行フ場合ニ於テハ問題ヲ可トスル議員ハ白票ニ問題ヲ否トスル議員ハ青票ニ各其ノ氏名ヲ記シ投票函ニ投入スヘシ
第百三十三條　無名投票ヲ行フ場合ニ於テハ問題ヲ可トスル議員ハ白球ヲ問題ヲ否トスル議員ハ黒球ヲ投票函ニ投入シ同時ニ其ノ名刺ヲ名刺函ニ投入スヘシ若球數カ名刺ノ數ニ超過シタルトキハ再投票ヲ行フ但シ可否ノ結果ニ異動ヲ及ホササルトキハ此ノ限ニ在ラス
第百三十四條　記名又ハ無名投票ヲ行フトキハ議場ノ入口ヲ閉鎖スヘシ
第百三十五條　總テ投票ヲ終リタルトキハ議長ハ其ノ結果ヲ宣告スヘシ
第百三十六條　議員ハ事故表決ノ更正ヲ求ムルコトヲ得ス

第六節　豫算會議

第百三十七條　豫算委員豫算案ヲ數部ニ分割シタルトキハ毎部ノ審査終ルニ從ヒ會議ヲ開クコトヲ得豫算各部ノ議事ヲ終リタルトキハ總額ニ付確定ノ議決ヲ爲スヘシ
第百三十八條　豫算ノ會議ニ於テ更ニ審査ヲ必要トスル事項ヲ發見シタルトキハ其ノ事項ヲ限リ再ヒ豫算委員ニ付託シ之ヲ審査セシムルコトヲ得

第八章　議事錄及速記錄

第一節　議事錄

第百三十九條　議事錄ハ左ノ事項ヲ記載ス

一　議院成立及開會閉會ニ關スル事項及其ノ年月日時
二　開議延會中止及散會ノ月日時
三　出席國務大臣及政府委員ノ氏名
四　勅語及勅旨
五　議長及委員長報告
六　會議ニ付シタル議案ノ題目
七　議題ト爲リタル動議及動議者ノ氏名
八　決議ノ事項
九　表決及可否ノ數ヲ計算シタルトキハ其ノ數
十　議院ニ於テ必要ト認メタル事項

第百四十條　議員議事錄決議錄ニ記載シタル事實ニ對シテ異議アルトキハ議長ハ書記官長ヲシテ答辯セシムヘシ
議員其ノ答辯ニ服セス又ハ議長ノ處置ニ對シ不服ナルトキハ議長ハ討論ヲ用ヰスシテ議院ノ決ヲ採ルヘシ

第百四十一條　議事錄ハ議長又ハ當日ノ會議ヲ整理シタル副議長若ハ假議長及書記官長又ハ其ノ代理タル書記官之ニ署名スヘシ

第二節　速記錄

第百四十二條　議事速記錄ハ議事日程議案議事投票者氏名及諸般ノ報告其ノ他必要ナル事項チ揭載ス議事ハ速記法ニ依リ速記ス

第百四十三條　議員其ノ演說ノ參考トシテ簡單ナル文書ヲ速記錄ニ揭載セムトスルトキハ議長ノ許可ヲ請フヘシ

第百四十四條　議院法第八十七條ニ依リ議長取消ヲ命シタル發言ハ速記錄ニ記載セス

第百四十五條　演說シタル議員ハ速記錄配付ノ當日午後七時迄ニ訂正ヲ求ムルコトヲ得但シ訂正ハ字句ニ止マリ演說ノ趣旨ヲ變更スルコトヲ得ス

速記錄ノ訂正ニ對シ異議ヲ申立ツル者アルトキハ議長ハ贊成者アルヲ待チ討論ヲ用キスシテ議院ノ決ヲ採ルヘシ

第九章　質　問

第百四十六條　議員政府ニ對スル質問ニ付國務大臣ノ答辯其ノ要領ヲ得スト認ムルトキハ議場ニ出席ヲ求メ更ニ精細ニ質問ヲ爲スコトヲ得

第百四十七條　質問ニ對スル答辯若ハ答辯チ爲ササル理由ニ付動議ヲ提出スルモノアリ三十人以上ノ贊成アルトキハ之ヲ議題ト爲スコトヲ得

第十章　上奏建議及議案ノ奏上

第百四十八條　議院上奏シ又ハ勅語又ハ勅旨ニ對シ奉答ノ敬禮ヲ表セムトスルトキハ議長ハ宮內大臣ニ依リ謁見ヲ請ヒ勅許ヲ經テ後參內スヘシ

第百四十九條　議院ノ建議書ハ議長ヨリ內閣總理大臣ニ呈出スヘシ

第百五十條　議案ヲ奏上スル場合ハ內閣總理大臣ヲ經由スヘシ

第十一章　請願

第百五十一條　議院ハ請願者ノ住所職業年齡ヲ記シ各自署名捺印シタル請願書ニ非サレハ受理セス請願者自ラ署名スルコト能ハス他人ヲシテ代書セシムルトキハ代書シタル人其ノ由ヲ附記シ之ニ署名捺印スヘシ

第百五十二條　法人ノ請願書ハ代表者之ニ署名シ法人ノ印章ヲ捺スヘシ

第百五十三條　請願書ハ普通ノ邦文ヲ用ウヘシ若外國語ヲ用ヰサルヲ得サルトキハ之ニ註解ヲ附スヘシ

第百五十四條　請願ヲ紹介スル議員ハ請願書ノ表紙ニ紹介議員某ト書スヘシ

第百五十五條　請願委員ハ請願呈出ノ順序ニ依リ之ヲ審査スヘシ

第百五十六條　議員簡單ナル說明書ヲ以テ一ノ請願ニ對シ至急ノ審査ヲ議院ニ請求スルトキハ議長ハ討論ヲ用ヰスシテ議院ノ決ヲ採リ時日ヲ限リ請願委員ニ付託スヘシ

第百五十七條　請願文書表ニハ請願ノ趣旨呈出ノ年月日請願者ノ住所職業氏名紹介議員ノ氏名ヲ記スヘシ
請願者數名アルトキハ請願者某外幾名ト記スヘシ

第百五十八條 請願文書表ハ議長之ヲ印刷セシメテ毎週一回議員ニ配付スヘシ
請願書ハ議院ノ決議ニ依ルニ非サレハ印刷配付セス

第百五十九條 請願委員ハ審査ノ結果ニ從ヒ左ノ區別ヲ爲スヘシ
一 議院ノ會議ニ付スヘシトスルモノ
二 議院ノ會議ニ付スルヲ要セストスルモノ

第百六十條 請願委員ハ議院ノ會議ニ付スヘシトスルノ請願ニ付テハ意見書ヲ附シタル特別ノ報告ヲ爲スヘシ
前項ノ請願中法律ノ制定ニ關スル請願ハ法律案ヲ具シテ報告スルコトヲ得此ノ場合ニ於テハ請願委員長ヲ以テ提出者トス

第百六十一條 請願委員ハ議院ノ會議ニ付スルヲ要セストスルノ請願ニ付テハ其ノ大要ヲ記シタル特殊ノ報告ヲ爲スヘシ前項ノ報告ニ係ル請願ニ對シ一週間内ニ議員ヨリ會議ニ付スルノ要求ヲ爲ス者ナキトキハ委員會ノ決議ヲ以テ確定トス

第百六十二條 請願書ハ會議ニ付スルモ之ヲ朗讀セス但シ議員朗讀ヲ要求スル者アルトキハ議長ハ討論ヲ用キスシテ議院ノ決ヲ採ルヘシ

第十二章 請暇及辭職

第一節 請暇

第百六十三條　議員事故ノ爲ニ數日間議院ニ出席スルコト能ハサルトキハ其ノ理由ヲ具ヘ日數ヲ定メテ豫メ請暇書ヲ差出シ許可ヲ受クヘシ公務又ハ疾病若ハ一時已ムヲ得サル事故アリテ議院ニ出席スルコトヲ得サルトキハ其ノ理由ヲ具ヘ闕席屆書ヲ差出スヘシ

第百六十四條　請暇ノ許可ヲ得議院所在ノ地ヲ離ルル者ハ其ノ出發及歸著ノ時ニ於テ議長ニ屆出ツヘシ

第百六十五條　議員請暇ノ許可ヲ得タル日限ニ至リ事故ニ由リ仍議院ニ出席スルコトヲ得サルトキハ其ノ理由ヲ具ヘ日數ヲ定メテ更ニ請暇書ヲ差出シ許可ヲ受クヘシ但シ臨時事變ノ爲ニ此ノ手續ヲ爲ス能ハサルトキハ後日其ノ理由ヲ申告シ承諾ヲ受クヘシ

第百六十六條　請暇ノ許可ヲ得タル議員其ノ請暇ノ期限內ニ議院ニ出席スルトキハ請暇許可ノ效ヲ失フ

第二節　辭職

第百六十七條　議員辭職セムトスルトキハ辭表ヲ議長ニ差出スヘシ

第百六十八條　議長ハ辭表ヲ朗讀セシメ討論ヲ用キスシテ其ノ許否ヲ議決セシムヘシ若閉會中ナルトキハ議長之ヲ處分スルコトヲ得

第百六十九條　辭表中不敬又ハ無禮ノ文辭アリト認ムルトキハ議長ハ朗讀ヲ禁止シテ其ノ要領ヲ議院ニ報告スルコトヲ得

第百七十條　前條ノ場合ニ於テハ議長ハ其ノ辭表ヲ懲罰委員ニ付シテ審査セシムルコトヲ得

第十三章　警察及秩序

第一節　警察

第百七十一條　議長ハ守衛及警察官吏ヲ指揮シテ議院内部ノ警察權ヲ施行ス

第百七十二條　守衛ハ議事堂内警察官吏ハ議事堂外ノ警察ヲ爲ス但シ議長ノ特ニ命シタル場合ニ於テハ警察官吏議事堂内ノ警察ヲ行フコトアルヘシ

第百七十三條　議院内部ノ防火點燈導水煖爐及衛生ニ關スル事項ハ守衛之ヲ監督ス

第百七十四條　議院内部ニ於テ禁錮以上ノ刑ニ該ル罪ノ現行犯人アルトキハ守衛又ハ警察官吏ハ之ヲ逮捕シテ議長ノ命令ヲ請フヘシ但シ議場ニ於テハ議長ノ命令ヲ待タスシテ逮捕スルコトヲ得ス

第二節　議場内ノ秩序

第百七十五條　議場ニ入ルモノハ羽織袴「フロックコート」「モーニングコート」ノ外總テ略服ヲ著シ又ハ異樣ノ服裝ヲ爲スヘカラス但シ無地又ハ之ニ準スヘキ折襟背廣服ノ着用ヲ妨ケス

第百七十六條　議場ニ入ルモノハ帽子外套傘杖ノ類ヲ著用携帶スヘカラス

第百七十七條　議場内ニ於テ喫煙スヘカラス

第百七十八條　議事中ハ參考ノ爲ニスルモノヲ除ク外新聞紙及書籍等ヲ閲讀スルコトヲ得ス

第百七十九條　何人モ議事中贊否ヲ發シ又ハ喧噪シテ他人ノ演說及朗讀ヲ妨クルコトヲ得ス

第百八十條　何人モ議長ノ許可ナクシテ演壇ニ登ルコトヲ得ス
第百八十一條　議長號鈴ヲ鳴ラストキハ何人モ總テ沈默スヘシ
第百八十二條　散會ニ際シ議員ハ議長退席ノ後ニ非サレハ退席スルコトヲ得ス
第百八十三條　凡ソ秩序ノ問題ハ議長之ヲ決ス但議長ハ議院ニ諮ヒ之ヲ決スルコトヲ得

第十四章　傍聽

第百八十四條　傍聽席ヲ分テ皇族席外國交際官席貴族院議員席公衆席及新聞記者席トス
第百八十五條　外國交際官ノ傍聽ヲ求ムル者アルトキハ外務省ノ照會ニ依リ書記官長ハ議長ノ指揮ヲ受ケ其ノ員數ヲ限リ傍聽券ヲ該省ニ送付スヘシ
第百八十六條　官吏ノ傍聽ヲ求ムル者アルトキハ所屬官廳ノ照會ニ依リ書記官長ハ議長ノ指揮ヲ受ケ其ノ員數ヲ限リ傍聽券ヲ其ノ官廳ニ送付スヘシ
第百八十七條　公衆ノ傍聽ヲ求ムル者ハ議員ノ紹介ニ依ルヘシ
書記官長ハ議長ノ指揮ヲ受ケ豫メ公衆傍聽券ノ員數ヲ定メ之ヲ各議員ニ配付ス
第百八十八條　新聞社及通信社ノ爲ニ一會期ニ通スル傍聽章ヲ交付ス
前項傍聽章ノ員數ハ每回期ノ始ニ於テ書記官長ハ議長ノ指揮ヲ受ケ之ヲ定ム
第百八十九條　議事開始ノ後一時間ヲ經過シ仍傍聽席空位アリテ議員ノ紹介アルトキハ書記官長ハ議長ノ指揮ヲ

受ケ傍聽券ヲ交付スルコトヲ得
第百九十條 議員傍聽人ヲ紹介スルトキハ傍聽人紹介人トモ其ノ氏名ヲ各傍聽券ニ記入スヘシ
第百九十一條 議長必要ト認ムルトキハ守衛又ハ警察官吏ヲシテ傍聽人ノ身體捜査ヲ爲サシムルコトヲ得
第百九十二條 戎器兇器ヲ携持シタル者酩酊シタル者十二歳未滿ノ者其ノ他議長ニ於テ取締上必要アリト認ムル者ハ傍聽券ヲ有スト雖傍聽席ニ入ルコトヲ許サス
第百九十三條 議長ニ於テ取締上必要アリト認ムルトキハ傍聽人ノ員數ヲ制限スルコトヲ得
第百九十四條 傍聽人ハ傍聽券又傍聽章ヲ守衛ニ示シ其ノ指示スル所ノ席ニ著クヘシ
第百九十五條 凡ソ傍聽席ニ在ル者ハ左ノ事項ヲ遵守スヘシ
一 羽織若ハ袴又ハ洋服ヲ著スヘシ
二 帽子又ハ外套ヲ著スヘカラス
三 傘杖鞄包物ノ類ヲ携帶スヘカラス
四 飲食又ハ喫煙スヘカラス
五 議員ノ言論ニ對シ可否ヲ表スヘカラス
六 喧擾ニ渉リ議事ヲ妨害スヘカラス
第百九十六條 何等ノ事由アルモ傍聽人ハ議場ニ入ルコトヲ得ス

第百九十七條　祕密會議ヲ開クノ決議アリタルトキ又ハ傍聽席騷擾ナルニ由リ總テノ傍聽人ヲ退場セシムルトキハ議長ハ守衛ヲシテ其ノ命令ヲ執行セシムヘシ

第十五章　懲罰

第百九十八條　會議ニ於テ懲罰事犯アルトキハ議長ハ會議ヲ中止シ又ハ事犯者ヲ退場セシムルコトヲ得

第百九十九條　委員會ニ於テ懲罰事犯アルトキハ委員長ハ委員會ヲ中止スルコトヲ得

第二百條　部ニ於テ懲罰事犯アルトキ部長ノ處分ハ委員長ノ例ニ同シ

第二百一條　會議委員會部ノ外議院内部ニ於テ懲罰事犯アルトキハ議長ハ之ヲ懲罰委員ニ付スヘシ

第二百二條　議長委員長又ハ部長ニ於テ懲罰事犯ト認メサル事件ニ付テモ議員ハ議院法第九十八條ニ依リ懲罰ノ動議ヲ議院ニ提出スルノ權ヲ失ハス

第二百三條　懲罰ノ動議ヲ提出セラレタルトキハ直ニ之ヲ會議ニ付スヘシ散會後提出セラレタルトキハ最近ノ會議ニ於テ之ヲ議題ト爲スヘシ

第二百四條　議院法第九十八條第一項ノ場合ニ於テハ議長ハ討論ヲ用ヰスシテ議院ノ決ヲ採リ之ヲ懲罰委員ニ付スヘシ

第二百五條　議長ノ制止又ハ取消ノ命ニ從ハサル者ハ議長ハ議院法第八十七條ニ依リ之ヲ處スルノ外仍懲罰事犯トシテ懲罰委員ニ付スルコトヲ得

第二百六條　懲罰事犯ノ議事ハ祕密會議ヲ以テス
第二百七條　議員ハ自己ノ懲罰事犯ノ會議ニ列席スルコトヲ得ス但シ議長ノ許可ヲ經テ自ラ辯明シ又ハ他ノ議員ヲシテ代リテ辯明セシムルコトヲ得
第二百八條　懲罰委員ハ議長ヲ經由シテ本人及關係議員ヲ召喚訊問スルコトヲ得
第二百九條　公開議場ニ於テ謝辭ヲ表セシメムトスルトキハ懲罰委員ハ謝辭ノ要領ヲ起草シ其ノ報告ト共ニ之ヲ議長ニ提出スヘシ
第二百十條　出席停止ハ二週間ヲ超ユルコトヲ得ス
數箇ノ懲罰事犯併發シタル場合ニ於テモ出席停止ハ前項ノ期間ヲ超ユルコトヲ得ス
第二百十一條　出席ヲ停止セラレタル者委員ナルトキハ其ノ任ハ解ケタルモノトス
第二百十二條　出席ヲ停止セラレタル者其ノ停止期間内ニ議場ニ入ルトキハ議長ハ直ニ退去ヲ命シ其ノ命ニ從ハサルトキハ必要ノ處分ヲ爲シ更ニ懲罰委員ニ付スヘシ
第二百十三條　凡ソ議院ノ騷擾ヲ釀シ又ハ議院ノ體面ヲ汚スヘキ所行ニシテ其ノ情重キ者ハ出席ヲ停止シ又ハ除名スルコトヲ得
第二百十四條　議院懲罰ヲ議決シタルトキハ議長ハ公開議場ニ於テ之ヲ宣告ス
第二百十五條　議長ハ懲罰事犯ト認ムル所ノ言論ノ一部又ハ全部ヲ公布スルコトヲ禁スルコトヲ得

議院ニ於テ懲罰事犯ナシト議決シタルトキハ議長ノ命令ハ自ラ消滅ス

第十六章　貴族院ニ對スル關係

第二百十六條　議案ヲ貴族院ニ移ストキハ議長ハ書記官長ヲシテ之ヲ貴族院議長ニ傳達セシム

第二百十七條　貴族院ヨリ議案ヲ受取リタルトキハ議長ハ之ヲ議院ニ報告スヘシ

第二百十八條　協議委員ノ選擧ハ第六十四條ノ例ニ依ル

第二百十九條　議院法第五十五條ニ依リ貴族院ヨリ囘付シタル修正案ヲ議シ及協議會ノ報告ヲ議スルニハ三讀會ヲ經ルヲ要セス

第二百二十條　協議會ニ於ケル衆議院ノ委員ハ其ノ報告委員ヲ互選スルコトヲ得

第二百二十一條　協議委員ノ數協議會ノ定數及決議ノ方法竝協議會議長ノ權限ハ議院法第六十一條ニ依リ委員ヲ派シ兩院協議シテ之ヲ定ムヘシ

第十七章　補　則

第二百二十二條　議院規則ノ疑義ハ議長之ヲ決ス但シ議長ハ議院ニ諮ヒ之ヲ決スルコトヲ得

昭和二年七月十日印刷
昭和二年七月十三日發行
昭和五年二月廿八日訂正再版發行

定價
上製　壹圓五拾錢
並製　壹圓貳拾錢

著作者　大塚辰治

東京市神田區今川小路二丁目十一番地
發行者　金田東江

東京市神田區仲猿樂町十番地
印刷者　平賀清之助

東京市神田區今川小路二丁目十一番地
發行所　法律書出版專賣　自治館
電話九段一五〇五番
振替口座東京一八九八七番

地方自治法研究復刊大系〔第269巻〕

市会町村会 議事必携〔昭和5年 訂正再版〕

日本立法資料全集 別巻 1079

2019(令和元)年5月25日　復刻版第1刷発行　7679-4:012-010-005

著　者　大　塚　辰　治
発行者　今　井　貴
　　　　稲　葉　文　子
発行所　株式会社信山社

〒113-0033 東京都文京区本郷6-2-9-102東大正門前
Ⓣ03(3818)1019　Ⓕ03(3818)0344
来栖支店〒309-1625 茨城県笠間市来栖2345-1
Ⓣ0296-71-0215　Ⓕ0296-72-5410
笠間才木支店〒309-1611 笠間市笠間515-3
Ⓣ0296-71-9081　Ⓕ0296-71-9082
印刷所　ワイズ書籍
製本所　カナメブックス
用　紙　七洋紙業

printed in Japan　分類 323.934 g 1079

ISBN978-4-7972-7679-4 C3332 ¥56000E

広中俊雄 編著　〔協力〕大村敦志・岡孝・中村哲也

日本民法典資料集成

第一巻　民法典編纂の新方針

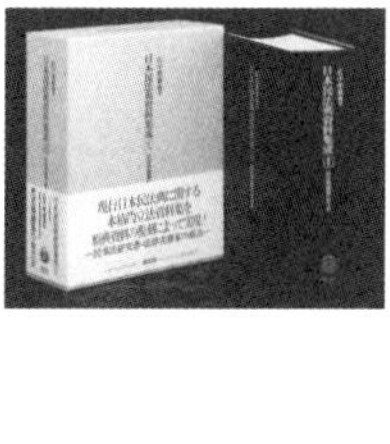

来栖三郎著作集Ⅰ～Ⅲ

《解説》安達三季生・池田恒男・岩城謙二・清水誠・須永醇・瀬川信久・田島裕
利谷信義・唄孝一・久留都茂子・三藤邦彦・山田卓生

信山社

◆穂積重遠
法教育著作集
われらの法
全3集 【解題】大村敦志

■第1集 法 学
◇第1巻『法学通論(全訂版)』/◇第2巻『私たちの憲法』/◇第3巻『百万人の法律学』/◇第4巻『法律入門—NHK教養大学—』/◇正義と識別と仁愛 附録—英国裁判傍聴記/【解題】(大村敦志)

■第2集 民 法
◇第1巻『新民法読本』/◇第2巻『私たちの民法』/◇第3巻『わたしたちの親族・相続法』/◇第4巻『結婚読本』/【解題】(大村敦志)

■第3集 有閑法学
◇第1巻『有閑法学』/◇第2巻『続有閑法学』/◇第3巻『聖書と法律』/【解題】(大村敦志)

◆フランス民法 日本における研究状況
大村敦志 著

信山社

日本立法資料全集 別巻

地方自治法研究復刊大系

東京市政論 大正12年初版〔大正12年12月発行〕／東京市政調査会 編輯
帝国地方自治団体発達史 第3版〔大正13年3月発行〕／佐藤亀齢 編輯
自治制の活用と人 第3版〔大正13年4月発行〕／水野錬太郎 述
改正 市制町村制逐條示解〔改訂54版〕第一分冊〔大正13年5月発行〕／五十嵐鑛三郎 他 著
改正 市制町村制逐條示解〔改訂54版〕第二分冊〔大正13年5月発行〕／五十嵐鑛三郎 他 著
台湾 朝鮮 関東州 全国市町村便覧 各学校所在地 第一分冊〔大正13年5月発行〕／長谷川好太郎 編纂
台湾 朝鮮 関東州 全国市町村便覧 各学校所在地 第二分冊〔大正13年5月発行〕／長谷川好太郎 編纂
市町村特別税之栞〔大正13年6月発行〕／三邊長治 序文 水谷平吉 著
市制町村制実務要覧〔大正13年7月発行〕／梶康郎 著
正文 市制町村制 並 附属法規〔大正13年10月発行〕／法曹閣 編輯
地方事務叢書 第三編 市町村公債 第3版〔大正13年10発行〕／水谷平吉 著
市町村大字読方名彙 大正14年度版〔大正14年1月発行〕／小川琢治 著
通俗財政経済体系 第五編 地方予算と地方税の見方〔大正14年1月発行〕／森田久 編輯
市制町村制実例総覧 完 大正14年第5版〔大正14年1月発行〕／近藤行太郎 主纂
町村会議員選挙要覧〔大正14年3月発行〕／津田東璋 著
実例判例文例 市制町村制総覧〔第10版〕第一分冊〔大正14年5月発行〕／法令研究会 編纂
実例判例文例 市制町村制総覧〔第10版〕第二分冊〔大正14年5月発行〕／法令研究会 編纂
町村制要義〔大正14年7月発行〕／若槻禮次郎 題字 尾崎行雄 序文 河野正義 述
地方自治之研究〔大正14年9月発行〕／及川安二 編輯
市町村 第1年合本 第1号-第6号〔大正14年12月発行〕／帝國自治研究会 編輯
市制町村制 及 府県制〔大正15年1月発行〕／法律研究会 著
農村自治〔大正15年2月発行〕／小橋一太 著
改正 市制町村制示解 全 附録〔大正15年5月発行〕／法曹研究会 著
市町村民自治読本〔大正15年6月発行〕／武藤榮治郎 著
改正 地方制度輯覧 改訂増補第33版〔大正15年7月発行〕／良書普及会 編著
市制町村制 及 関係法令〔大正15年8月発行〕市町村雑誌社 編輯
改正 市町村制義解〔大正15年9月発行〕／内務省地方局 安井行政課長 校閲 内務省地方局 川村芳次 著
改正 地方制度解説 第6版〔大正15年9月発行〕／挟間茂 著
地方制度之栞 第83版〔大正15年9月発行〕／湯澤睦雄 著
改訂増補 市制町村制逐條示解〔改訂57版〕第一分冊〔大正15年10月発行〕／五十嵐鑛三郎 他 著
実例判例 市制町村制釈義 大正15年再版〔大正15年9月発行〕／梶康郎 著
改訂増補 市制町村制逐條示解〔改訂57版〕第二分冊〔大正15年10月発行〕／五十嵐鑛三郎 他 著
註釈の市制と町村制 附 普通選挙法 大正15年初版〔大正5年11月発行〕／法律研究会 著
実例町村制 及 関係法規〔大正15年12月発行〕自治研究会 編纂
改正 地方制度通義〔昭和2年6月発行〕／荒川五郎 著
都市行政と地方自治 初版〔昭和2年7月発行〕／菊池愼三 著
普通選挙と府県会議員 初版〔昭和2年8月発行〕／石橋孫治郎 編輯
逐条示解 地方税法 初版〔昭和2年9月発行〕／自治館編輯局 編著
市制町村制 実務詳解 初版〔昭和2年10月発行〕／坂千秋 監修 自治研究会 編纂
註釈の市制と町村制 附 普通選挙法〔昭和3年1月発行〕／法律研究会 著
市町村会 議員の常識 初版〔昭和3年4月発行〕／東京仁義堂編集部 編纂
地方自治と東京市政 初版〔昭和3年8月発行〕／菊池愼三 著
註釈の市制と町村制 施行令他関連法収録〔昭和4年4月発行〕／法律研究会 著
市町村会議員 選挙戦術 第4版〔昭和4年4月発行〕／相良一休 著
現行 市制町村制 並 議員選挙法規 再版〔昭和5年1月発行〕／法曹閣 編輯
地方制度改正大意 第3版〔昭和4年6月発行〕／狭間茂 著
改正 市町村会議提要 昭和4年初版〔昭和4年7月発行〕／山田民蔵 三浦教之 共著
市町村税戸数割正義 昭和4年再版〔昭和4年8月発行〕／田中廣太郎 著
改正 市制町村制 並ニ 府県制 初版〔昭和4年10月発行〕／法律研究会 編
実例判例 市制町村制釈義 第4版〔昭和4年5月発行〕／梶康郎 著
新旧対照 市制町村制 並 附属法規〔昭和4年7月発行〕／良書普及会 著
市町村制ニ依ル 書式ノ草稿 及 実例〔昭和4年9月発行〕／加藤治彦 編
改訂増補 都市計画と法制 昭和4年改訂3版〔昭和4年10月発行〕／岡崎早太郎 著
いろは引市町村名索引〔昭和4年10月発行〕／杉田久信 著
市町村税務 昭和5年再版〔昭和5年1月発行〕／松岡由三郎 序 堀内正作 著
市会町村会 議事必携 訂正再版〔昭和5年2月発行〕／大塚辰治 著
市町村予算の見方 初版〔昭和5年3月発行〕／西野喜興作 著
市町村会議員 及 公民提要 初版〔昭和5年1月発行〕／自治行政事務研究会 編輯
改正 市制町村制解説〔昭和5年11月発行〕／挟間茂 校 土谷覺太郎 著
加除自在 参照條文附 市制町村制 附 関係法規〔昭和6年5月発行〕／矢島和三郎 編纂
地租法 耕地整理法 釈義〔昭和6年11月発行〕／唯野喜八 伊東久太郎 河沼高輝 共著
改正版 市制町村制 並ニ 府県制 及ビ重要関係法令〔昭和8年1月発行〕／法制堂出版 著
改正版 註釈の市制と町村制 最近の改正を含む〔昭和8年1月発行〕／法制堂出版 著
市制町村制 及 関係法令 第3版〔昭和9年5月発行〕／野田千太郎 編輯
実例判例 市制町村制釈義 昭和10年改正版〔昭和10年9月発行〕／梶康郎 著
改訂増補 市制町村制実例総覧 第一分冊〔昭和10年10月発行〕／良書普及会 編纂
改訂増補 市制町村制実例総覧 第二分冊〔昭和10年10月発行〕／良書普及会 編

日本立法資料全集 別巻

地方自治法研究復刊大系

改正 市町村制問答説明 明治44年初版〔明治44年4月発行〕／一木千太郎 編纂
改正 市制町村制〔明治44年4月発行〕／田山宗堯 編輯
旧制対照 改正市町村制 附 改正理由〔明治44年5月発行〕／博文館編輯局 編
改正 市制町村制〔明治44年5月発行〕／石田忠兵衛 編輯
改正 市制町村制詳解〔明治44年5月発行〕／坪谷善四郎 著
改正 市制町村制註釈〔明治44年5月発行〕／中村文城 註釈
改正 市制町村制正解〔明治44年6月発行〕／武知彌三郎 著
改正 市町村制講義〔明治44年6月発行〕／法典研究会 著
新旧対照 改正 市制町村制新釈 明治44年初版〔明治44年6月発行〕／佐藤貞雄 編纂
改正 町村制詳解〔明治44年8月発行〕／長峰安三郎 三浦通太 野田千太郎 著
新旧対照 市制町村制正文〔明治44年8月発行〕自治館編輯局 編纂
地方革新講話〔明治44年9月発行〕西内天行 著
改正 市制町村制釈義〔明治44年9月発行〕／中川健蔵 宮内國太郎 他 著
改正 市制町村制正解 附 施行諸規則〔明治44年10月発行〕／福井淳 著
改正 市制町村制講義 附 施行諸規則 及 市町村事務摘要〔明治44年10月発行〕／樋山廣業 著
新旧比照 改正市制町村制註釈 附 改正北海道二級町村制〔明治44年11月発行〕／植田鹽恵 著
改正 市町村制 並 附属法規〔明治44年11月発行〕／楠綾雄 編輯
改正 市制町村制精義 全〔明治44年12月発行〕／平田東助 題字 梶康郎 著述
改正 市制町村制義解〔明治45年1月発行〕／行政法研究会 講述 藤田謙堂 監修
増訂 地方制度之栞 第13版〔明治45年2月発行〕／警眼社編集部 編纂
地方自治 及 振興策〔明治45年3月発行〕／床次竹二郎 著
改正 市制町村制正解 附 施行諸規則 第7版〔明治45年3月発行〕福井淳 著
改正 市制町村制講義 全 第４版〔明治45年3月発行〕秋野沆 著
増訂 農村自治之研究 大正2年第5版〔大正2年6月発行〕／山崎延吉 著
自治之開発訓練〔大正元年6月発行〕／井上友一 著
市制町村制逐條示解〔初版〕第一分冊〔大正元年9月発行〕／五十嵐鑛三郎 他 著
市制町村制逐條示解〔初版〕第二分冊〔大正元年9月発行〕／五十嵐鑛三郎 他 著
改正 市町村制問答説明 附 施行細則 訂正増補3版〔大正元年12月発行〕／平井千太郎 編纂
改正 市制町村制註釈 附 施行諸規則〔大正2年3月発行〕／中村文城 註釈
改正 市町村制正文 附 施行法〔大正2年5月発行〕／林甲子太郎 編輯
増訂 地方制度之栞 第18版〔大正2年6月発行〕／警眼社 編集 編纂
改正 市制町村制詳解 附 関係法規 第13版〔大正2年7月発行〕／坪谷善四郎 著
改正 市制町村制 第5版〔大正2年7月発行〕／修学堂 編
細密調査 市町村便覧 附 分類官公衙公私学校銀行所在地一覧表〔大正2年10月発行〕／白山榮一郎 監修 森田公美 編著
改正 市制 及 町村制 訂正10版〔大正3年7月発行〕／山野金蔵 編輯
市制町村制正義〔第3版〕第一分冊〔大正3年10月発行〕／清水澄 末松偕一郎 他 著
市制町村制正義〔第3版〕第二分冊〔大正3年10月発行〕／清水澄 末松偕一郎 他 著
改正 市制町村制 及 附属法令〔大正3年11月発行〕／市町村雑誌社 編著
以呂波引 町村便覧〔大正4年2月発行〕／田山宗堯 編輯
改正 市制町村制講義 第10版〔大正5年6月発行〕／秋野沆 著
市制町村制実例大全〔第3版〕第一分冊〔大正5年9月発行〕／五十嵐鑛三郎 著
市制町村制実例大全〔第3版〕第二分冊〔大正5年9月発行〕／五十嵐鑛三郎 著
市町村名辞典〔大正5年10月発行〕／杉野耕三郎 編
市町村吏員提要 第3版〔大正6年12月発行〕／田邊好一 著
改正 市制町村制と衆議院議員選挙法〔大正6年2月発行〕／服部喜太郎 編輯
新旧対照 改正 市制町村制新釈 附 施行細則 及 執務條規〔大正6年5月発行〕／佐藤貞雄 編纂
増訂 地方制度之栞 大正6年第44版〔大正6年5月発行〕／警眼社編輯部 編纂
実地応用 町村制問答 第2版〔大正6年7月発行〕／市町村雑誌社 編纂
帝国市町村便覧〔大正6年9月発行〕／大西林五郎 編
地方自治講話〔大正7年12月発行〕／田中四郎左右衛門 編輯
最近検定 市町村名鑑 附 官国幣社及諸学校所在地一覧〔大正7年12月発行〕／藤澤衛彦 著
農村自治之研究 明治41年再版〔明治41年10月発行〕／山崎延吉 著
市制町村制講義〔大正8年1月発行〕／樋山廣業 著
改正 町村制詳解 第13版〔大正8年6月発行〕／長峰安三郎 三浦通太 野田千太郎 著
改正 市町村制註釈〔大正10年6月発行〕／田村浩 編集
大改正 市制 及 町村制〔大正10年6月発行〕／一書堂書店 編
市制町村制 並 附属法 訂正再版〔大正10年8月発行〕／自治館編集局 編纂
改正 市町村制詳解〔大正10年11月発行〕／相馬昌三 菊池武夫 著
増補訂正 町村制詳解 第15版〔大正10年11月発行〕／長峰安三郎 三浦通太 野田千太郎 著
地方施設改良 訓論演説集 第6版〔大正10年11月発行〕／鹽川玉江 編輯
戸数割規則正義 大正11年増補四版〔大正11年4月発行〕／田中廣太郎 著 近藤行太郎 著
東京市会先例彙輯〔大正11年6月発行〕／八田五三 編纂
市町村国税事務取扱手続〔大正11年8月発行〕／広島財務研究会 編纂
自治行政資料 斗米遺粒〔大正12年6月発行〕／樫田三郎 著
市町村大字読方名彙 大正12年度版〔大正12年6月発行〕／小川琢治 著
地方自治制要義 全〔大正12年7月発行〕／末松偕一郎 著
北海道市町村財政便覧 大正12年初版〔大正12年8月発行〕／川西輝昌 編纂

日本立法資料全集 別巻

地方自治法研究復刊大系

国税 地方税 市町村税 滞納処分法問答〔明治23年5月発行〕／竹尾高堅 著
日本之法律 府県制郡制正解〔明治23年5月発行〕／宮川大壽 編輯
府県制郡制註釈〔明治23年6月発行〕／田島彦四郎 註釈
日本法典全書 第一編 府県制郡制註釈〔明治23年6月発行〕／坪谷善四郎 著
府県制郡制義解 全〔明治23年6月発行〕／北野竹次郎 編著
市町村役場実用 完〔明治23年7月発行〕／福井淳 編纂
市町村制実務要書 上巻 再版〔明治24年1月発行〕／田中知邦 編纂
市町村制実務要書 下巻 再版〔明治24年3月発行〕／田中知邦 編纂
米国地方制度 全〔明治32年9月発行〕／板垣退助 序 根本正 纂訳
公民必携 市町村制実用 全 増補第3版〔明治25年3月発行〕／進藤彬 著
訂正増補 議制全書 第3版〔明治25年4月発行〕／岩藤良太 編纂
市町村制実務要書続編 全〔明治25年5月発行〕／田中知邦 著
地方學事法規〔明治25年5月発行〕／鶴鳴社 編
増補 町村制執務備考 全〔明治25年10月発行〕／増澤鐵 國吉拓郎 同輯
町村制執務要録 全〔明治25年12月発行〕／鷹巣清二郎 編輯
府県制郡制便覧 明治27年初版〔明治27年3月発行〕／須田健吉 編輯
郡市町村史員 収税実務要書〔明治27年11月発行〕／荻野千之助 編纂
改訂増補鼇頭参照 市町村制講義 第9版〔明治28年5月発行〕／蟻川堅治 講述
改正増補 市町村制実務要書 上巻〔明治29年4月発行〕／田中知邦 編纂
市町村制詳解 附 理由書 改正再版〔明治29年5月発行〕／島村文耕 校閲 福井淳 著述
改正増補 市町村制実務要書 下巻〔明治29年7月発行〕／田中知邦 編纂
府県制 郡制 町村制 新税法 公民之友 完〔明治29年8月発行〕／内田安蔵 五十野譲 著述
市制町村制註釈 附 市制町村制理由 第14版〔明治29年11月発行〕／坪谷善四郎 著
府県制郡制註釈〔明治30年9月発行〕／岸本辰雄 校閲 林信重 註釈
市町村新旧対照一覧〔明治30年9月発行〕／中村芳松 編輯
町村至宝〔明治30年9月発行〕／品川彌二郎 題字 元田肇 序文 桂虎次郎 編纂
市制町村制應用大全 完〔明治31年4月発行〕／島田三郎 序 大西多典 編纂
傍訓註釈 市制町村制 並ニ 理由書〔明治31年12月発行〕／筒井時治 著
改正 府県郡制問答講義〔明治32年4月発行〕／木内英雄 編纂
改正 府県制郡制正文〔明治32年4月発行〕／大塚宇三郎 編纂
府県制郡制〔明治32年4月発行〕／徳田文雄 編輯
郡制府県制 完〔明治32年5月発行〕／魚住嘉三郎 編輯
参照比較 市町村制註釈 附 問答理由 第10版〔明治32年6月発行〕／山中兵吉 著述
改正 府県制郡制註釈 第2版〔明治32年6月発行〕／福井淳 著
府県制郡制釈義 全 第3版〔明治32年7月発行〕／栗本勇之助 森惣之祐 同著
改正 府県制郡制註釈 第3版〔明治32年8月発行〕／福井淳 著
地方制度通 全〔明治32年9月発行〕／上山満之進 著
市町村新旧対照一覧 訂正第五版〔明治32年9月発行〕／中村芳松 編輯
改正 府県制郡制 並 関係法規〔明治32年9月発行〕／鷲見金三郎 編纂
改正 府県制郡制釈義 再版〔明治32年11月発行〕／坪谷善四郎 著
改正 府県制郡制釈義 第3版〔明治34年2月発行〕／坪谷善四郎 著
再版 市町村制例規〔明治34年11月発行〕／野元友三郎 編纂
地方制度実例総覧〔明治34年12月発行〕／南浦西郷侯爵 題字 自治館編集局 編纂
傍訓 市制町村制註釈〔明治35年3月発行〕／福井淳 著
地方自治提要 全〔明治35年5月発行〕／木村時義 校閲 吉武則久 編纂
市制町村制釈義〔明治35年6月発行〕／坪谷善四郎 著
帝国議会 府県会 郡会 市町村会 議員必携 附 関係法規 第一分冊〔明治36年5月発行〕／小原新三 口述
帝国議会 府県会 郡会 市町村会 議員必携 附 関係法規 第二分冊〔明治36年5月発行〕／小原新三 口述
地方制度実例総覧〔明治36年8月発行〕／芳川顕正 題字 山脇玄 序文 金田謙 著
市町村是〔明治36年11月発行〕／野田千太郎 編纂
市制町村制釈義 明治37年第4版〔明治37年6月発行〕／坪谷善四郎 著
府県郡市町村 模範治績 附 耕地整理法 産業組合法 附属法例〔明治39年2月発行〕／荻野千之助 編輯
自治之模範〔明治39年6月発行〕／江木翼 編
改正 市制町村制〔明治40年6月発行〕／辻本末吉 編輯
実用 北海道郡区町村案内 全 附 里程表 第7版〔明治40年9月発行〕／廣瀬清澄 著述
自治行政例規 全〔明治40年10月発行〕／市町村雑誌社 編著
改正 府県制郡制要義 第4版〔明治40年12月発行〕／美濃部達吉 著
判例挿入 自治法規全集 全〔明治41年6月発行〕／池田繁太郎 著
市町村執務要覧 全 第一分冊〔明治42年6月発行〕／大成会編輯局 編輯
市町村執務要覧 全 第二分冊〔明治42年6月発行〕／大成会編輯局 編輯比較研究
自治要義 明治43年再版〔明治43年3月発行〕／井上友一 著
自治之精髄〔明治43年4月発行〕／水野錬太郎 著
市制町村制講義 全〔明治43年6月発行〕／秋野沆 著
改正 市制町村制講義 第4版〔明治43年6月発行〕／土清水幸一 著
地方自治の手引〔明治44年3月発行〕／前田宇治郎 著
新旧対照 市制町村制 及 理由 第9版〔明治44年4月発行〕／荒川五郎 著
改正 市制町村制 附 改正要義〔明治44年4月発行〕／田山宗堯 編輯